Martha G. Welch
Die haltende Umarmung

Kathy:

fest halten ist mörderisch
   es tötet das lautlose heer
   der lebens-zer-störer
   du siehst deinen ängsten direkt ins auge
   und die wirklichkeit siegt
   wut wird in körperlichem kampf aus-ge-drückt
     sie wird lebendig und töt-bar
   frust-rationen greifen frustrationen an
     wieder und wieder
   manchmal kommt es zu einem aus-bruch
     bevor die genesung vollständig ist

   manchmal überfällt die gefängniswärterin der schlaf
     oder sie wird abgelenkt
   freiheit in diesen momenten
     ist keine wahre freiheit
     denn die gefangene trägt die last
     von schmerz und einsamkeit
   meine gefängniswärterin ist hartnäckig
     lenkt sich fast niemals von mir ab
     ihre konzentration drückt schwer auf mich
     aber das er-hält mich am leben
   manchmal fürchtet sie sich vor den worten
     die ich einfach aus mir hinausschreie
   die kontrolle ist verloren
     adrenalin-geladene glieder
     umschlingen sich fest
   tränen überströmen das schlachtfeld
     aus kämpfern werden liebende

ein hauch von frieden und liebe
   und nähe verbleibt in der luft
die unternehmungen des tages werden
   dreidimensional mit verbindender tiefe
   eine ganz neue bereicherung

halten hat mir meinen verstand gerettet
   und es mir ermöglicht
   frei zu sein
   und wirklich mehr und mehr zu lieben
ich brauche es
   und manchmal möchte ich es auch

Martha G. Welch

Die haltende Umarmung

Mit Geleitworten von
Jirina Prekop und *Niko Tinbergen*

2. Auflage

Ernst Reinhardt Verlag München Basel

Martha G. Welch, Ph. D., ist Ärztin und Psychiaterin. Ihre Spezialgebiete sind die kindliche Entwicklung und die Eltern-Kind-Bindung. International bekannt und ausgezeichnet für ihre Arbeiten über Autismus und Mutterschaft, gründete sie 1977 das Mütterzentrum, das Eltern aus allen Teilen der Welt die Halte-Methode vermittelt. Dr. Welch lebt mit ihrer Familie in New York und Greenwich/ Connecticut. Ihr achtjähriger Sohn äußerte sich spontan zur haltenden Umarmung: "Danach fühlst du dich so, als ob du nie wütend gewesen wärst und es niemals mehr werden kannst."

Titel der amerikanischen Originalausgabe: "Holding-Time"
© 1988 by Martha G. Welch, New York

Aus dem Amerikanischen von Joachim Welsch, Düsseldorf

Die Deutsche Bibliothek – CIP-Einheitsaufnahme

Welch, Martha G.:
Die haltende Umarmung / Martha G. Welch. Mit Geleitw. von Jirina Prekop und Niko Tinbergen. [Aus dem Amerikan. von Joachim Welsch]. – 2. Aufl. – München ; Basel : E. Reinhardt, 1996
  Einheitssacht.: Holding-time 〈dt.〉
  ISBN 3-497-01234-3

© 1996 by Ernst Reinhardt, GmbH & Co, Verlag, München

Dieses Werk, einschließlich aller seiner Teile, ist urheberrechtlich geschützt. Jede Verwertung außerhalb der engen Grenzen des Urheberrechtsgesetzes ist ohne schriftliche Zustimmung der Ernst Reinhardt, GmbH & Co, München, unzulässig und strafbar. Das gilt insbesondere für Vervielfältigungen, Übersetzungen in andere Sprachen, Mikroverfilmungen und die Einspeicherung und Verarbeitung in elektronischen Systemen.

Printed in Germany

Inhalt

Geleitwort von Jirina Prekop 7
Geleitwort von Niko Tinbergen 10
Erster Teil: Die Elemente der Halte-Methode 11
1. Was versteht man unter "Halten"? 11
2. Warum ist die haltende Umarmung notwendig? 18
   Sind ihre Erfolge den Einsatz wert?
3. Wie funktioniert die haltende Umarmung? 28
   Wie stelle ich es an?

Zweiter Teil:
Die haltende Umarmung für Sie und Ihr Kind in der Entwicklung 51

4. Die besonderen Rollen der Eltern 51
   Die Mutterrolle: Warum ich?
   Die Vaterrolle: Was kann er tun?
5. Die werdende Mutter und das heranwachsende Baby
   in ihrem Leib 66
   Die richtige Vorbereitung auf Geburt und Mutterschaft
6. Die erschöpfte Mutter und der unersättliche Säugling . . . 74
   So bereiten Sie sich selbst und Ihrem Baby einen guten Start
7. Der stramme Säugling und die geforderte Mutter 83
   *So bekommen Sie Freude mit Ihrem Krabbelkind, ohne sich
   völlig zu verausgaben*
8. Das schnell wütende Kleinkind und die erschöpfte Mutter . . 95
   So kommen Sie gut durch die Trotzphase
9. Das frühreife Vorschulkind und die überbeanspruchte Mutter . 101
   So fördern Sie Ihr Kind optimal

10. Das unternehmungslustige Kind und die in den Hintergrund
    gedrängte Mutter 108
    *So können Sie und Ihr Mann gemeinsam die bestmögliche
    Entwicklung Ihres Kindes fördern*

Dritter Teil: Die haltende Umarmung in besonderen Situationen . . 117

11. Die berufstätige Mutter und das selbständige Kind 117
    *So bleiben Sie berufstätig und erhalten dabei die gute Beziehung
    zu Ihrem Kind aufrecht*
12. Die in Scheidung lebende Mutter und das gestörte Kind . . . 134
    *So halten Sie die Folgeschäden einer Scheidung so klein wie
    möglich. Wie kann der Vater dazu beitragen?*
13. Die depressive Mutter und das bedrückte Kind 147
    So schützen Sie Ihr Kind vor Ihrer (Ver-)Stimmung
14. Die Konkurrenzkämpfe zwischen Geschwistern und die
    aufgeregte Mutter 153
    So schaffen Sie eine harmonische Atmosphäre bei sich zuhause

Vierter Teil:
Arbeitsmaterial zur Halte-Methode: Wie steht es mit Ihren
Fortschritten? 160

15. Fragen zur Halte-Methode, die immer wieder gestellt werden . 160
16. Nun praktiziere ich das Halten – mache ich es richtig? 181
    Die Checklisten

Nachwort 187

Dankworte 189

Weitere Literatur zum Thema 191

Geleitwort

von Jirina Prekop

Im Originaltext heißt der Titel dieses Buches "Holding time". Ins Deutsche übersetzt und auch im symbolischen Sinne kann man sagen *"die Zeit des Haltens"*. Ja, es gab unterschiedliche Zeiten des Haltens und des Zusammenhaltens. Seit jeher neigen Tiere und Menschen bei Konflikten entweder zur Flucht oder zur Versöhnung, nachdem sie die Spannungen hautnah ausgetragen haben. Je kleiner der Lebensraum ist, um so eher muß sich die Großfamilie bei drohender Gefahr miteinander arrangieren und trotz aller Widerstände den Frieden anstreben. Dazu gehört auch die unmittelbare Nähe, die körperliche Berührung und das in-den-Arm-Nehmen bei Beziehungskrisen. Hautnah, von Angesicht zu Angesicht, von Herz zu Herz, den anderen mit allen Sinnen zu spüren, seine emotionale Lage zu erfühlen und sich selbst so von dem Gegenüber erfühlen zu lassen, ist die Grundlage für das Einfühlungsvermögen. Erst, wenn jeder im Namen der erneuernden Liebe offen seine Kränkungen und Vorbehalte dem anderen mitteilt und sich verstanden fühlt, kann er sich vorbehaltlos geliebt fühlen. Erst auf dem Boden des gegenseitigen Einfühlens entsteht und wächst ein prosoziales Verhalten.

Diesen Umgang mit den affektiven Ambivalenzen lernt ein Kind intuitiv in seinen ersten Lebensjahren, solange es sich noch im Tragtuch befindet. Im Getragenwerden lernt es, daß man sich gegenseitig ertragen kann. In dem Gehaltenwerden lernt das Kind, alle emotionalen Krisen durchzuhalten. Das Tragtuch und die Arme der Bezugsperson gestatten ein Auseinandergehen erst, wenn der Konflikt ausgetragen ist. Auf diese Weise wird dem Kind eingeprägt, daß man bei Konflikten nicht vom Menschen weg darf, sondern *zum Menschen hin*gewandt ist. In den Genuß dieser Herzensbildung kamen und kommen bis heute alle Kulturkreise dieser Erde, die Kinder nicht anders transportieren können, als auf diese Weise dicht am Herzen. Neben dem zweckmäßigen Transport werden auch die Gefühle transparent. Die Bereitschaft zu einem solch bereinigenden Gefühlsbad pflanzt sich das ganze Leben hindurch fort im Sinne von Durchhalten und Zusammenhalten trotz oder gerade wegen aller Nöte. Das Neue

Testament stellt die Weichen für die Reifung der Menschlichkeit, indem es die Liebe zu dem Feind empfiehlt. Du sollst die feindlichen Gefühle gegenüber dem Nächsten und dir selbst zulassen und aushadern, jedoch nur im Sinne der erneuernden Liebe.

Für den Menschen in der technisch hochentwickelten Gesellschaft sind die Zeiten des Haltens vorbei. Das Tragetuch wurde mit dem Kinderwagen und die Mutterbrust mit der Flasche ausgetauscht, und somit setzte die Entfremdung von den instinktgebundenen sozialen Normen ein. Am meisten litten darunter die Konflikt- und Aussöhnungsbereitschaft. Folglich ging auch die vorbehaltlose Liebe unter. Anstelle von Intuition übernahm die Vernunft die führende Rolle, den Eltern wurden statt Liebe und liebevoller Zuwendung die Distanz und sture Erziehungsregeln geraten. Das weinende Baby wurde in seinem Gitterbettchen alleine gelassen mit der Begründung: es solle seine Stimmbänder stärken. Das größere Kind bekam eine Ohrfeige zu seinem Kummer dazu, damit es wußte, warum es weint. Für Zorn wurde das Kind bestraft mit Isolierung in den hintersten Raum des Hauses. Geliebt durfte sich das Kind nur unter bestimmten Vorbehalten fühlen: wenn es seine widerlichen Gefühle hinunterschluckte und nach außen eine freundliche Fassade aufzeigte. Die meisten Menschen aus dieser Generation können sich kaum an einen zärtlichen Hautkontakt mit ihren Eltern erinnern und schon gleich gar nicht an die Möglichkeit, seinen Zorn in den Armen der liebenden Eltern ausschreien zu können. So etablierte sich die neue Norm: *Beim Konflikt weg vom Partner!* Erst, wenn ich mich alleine beruhigt habe, komme ich vielleicht zu ihm zurück, oder auch nicht. Der Mensch kann nicht damit rechnen, daß er in seiner seelischen Not einen Freund findet, der ihn hält und zu ihm hält. Vielmehr kann er damit rechnen, daß die anderen ihm unter dem Deckmantel ihrer Freiheitsideale die Freiheit zur Selbstzerstörung lassen. Von vielen Menschen wird die Tatsache, daß ich mich dem mit mir schicksalhaft verbundenen Menschen aufdränge und ihn an seiner Selbstzerstörung zu hindern suche, ihn solange im Arm halte, bis er seine Wut und seine Trauer ausgeschrieen hat, als Willensbrechen angesehen. Je nach dem Grad der Entfremdung gilt das Festhalten als umstritten. Es ist *"die Zeit des Nichthaltens"* ausgebrochen.

Ausgerechnet in dieser Zeit der Entfremdung, der Überbewertung des technokratischen Lebensstiles, der extremsten Flucht vor Menschen in Form des frühkindlichen Autismus, entdeckte Martha *Welch* die Bedeutung des holdings. Ihre unerschütterliche Intuition ließ sie in wenigen Jahren erkennen, daß holding nicht nur eine Therapie ist, sondern ein grundlegendes Medium zum offenen Austragen von affektiven Ambivalenzen unter den Nächsten.

Als ich im Jahre 1981 durch Vermittlung des Nobelpreisträgers Niko Tinbergen das forced holding von Martha Welch übernahm und es im deutschsprachigen Raum unter dem Begriff "Festhalten" einzupflanzen begann, ahnte ich noch nicht, daß sich vor mir der gleiche Erkenntnisweg auftat: Die Holding-Therapie führt nicht nur bei dem autistischen Kind zur Freude an dem sozialen Kontakt, sondern sie ist in der Lage, der ganzen autistischen Gesellschaft zur Erneuerung der Menschlichkeit zu verhelfen. Denn diese Erneuerung gelingt nur durch die Liebe.

Danke Martha.

Stuttgart, im Dezember 1990   Dr. Jirina Prekop
Diplom-Psychologin
Olgahospital Stuttgart

Geleitwort

von Niko Tinbergen

Seitdem Dr. Martha Welch "Holding Time" (das "Halten") zur Behandlung des frühkindlichen Autismus entdeckt hatte und sie anzuwenden begann, hat eine wachsende Zahl von Therapeuten aus Europa und der Neuen Welt die Methode übernommen. Obwohl leider immer noch größtenteils von der schulmedizinischen Psychiatrie ignoriert, schaffen diese Therapeuten derzeit einen beeindruckenden Erfahrungsschatz über die positiven Langzeitwirkungen dieser Therapie. Die bisher zusammengetragenen Resultate zeigen, daß bei richtiger Anwendung außerordentlich gute Ergebnisse sowohl bei normalen als auch bei autistischen Kindern erzielt werden können. Zu den erfolgreich behandelbaren Störungen zählen unter anderem auch eine große Zahl von "Entgleisungen" in der Entwicklung menschlichen Verhaltens und sogar so alltägliche Probleme wie Wutausbrüche, Geschwisterrivalitäten und ähnliche. Es besteht die Hoffnung, daß die Behandlung nun endlich auf breiter Basis anerkannt und praktiziert wird. Seit immer mehr Klarheit darüber besteht, daß der Erfolg am durchschlagendsten ist, wenn die Behandlung im frühesten Kindesalter begonnen wird, beginnt die Idee des Holding als Vorsorgemaßnahme immer mehr an Überzeugungskraft zu gewinnen. Es ist bereits wohl bekannt und unbestritten, daß die grundlegende Voraussetzung dieser Methode in den naturgegebenen mütterlichen Impulsen zu sehen ist, denn ganz selbstverständlich erleben Kinder sie auf eine natürliche Weise während der ersten Wochen und Monate nach der Geburt.

Oxford, im Frühling 1988   Niko Tinbergen
                                        Träger des Nobelpreises 1973
                                        in Physiologie und Medizin

ERSTER TEIL

Die Elemente der Halte-Methode

1. Was versteht man unter "Halten"?

Die Halte-Methode ist ein praktischer Weg, der es Ihnen als Mutter ermöglicht, eine engere, befriedigendere und wirklich wunderschöne Beziehung zu Ihrem Kind aufzubauen, egal, ob es sich hierbei um ein fünf Monate altes Baby, ein Kleinkind oder ein Kind im schulpflichtigen Alter handelt.

Wenn Sie rund um die Uhr zuhause sind, mag das Gefühl Sie bedrücken, daß alles, was Sie geben, nicht genug zu sein scheint. Sind Sie berufstätig, machen Sie sich vielleicht Sorgen um die Betreuung Ihres Kindes oder fühlen sich enttäuscht, weil Sie nicht mehr Zeit finden, sich Ihrem Kind zu widmen. Vielleicht fühlen Sie sich sogar schuldig, weil es Sie erleichtert, wenn Sie von ihm getrennt sind. Solche Probleme mögen von größerer oder kleinerer Natur sein oder scheinbar gar nicht existieren; ich glaube, daß die haltende Umarmung auf jeden Fall Licht in Ihre Situation bringen wird.

Im 1978 von mir gegründeten Mütterzentrum in Greenwich/Connecticut habe ich mit Müttern in solchen Situationen gearbeitet; die Entwicklung begann jedoch nicht mit relativ "normalen" Kindern, die bisweilen anstrengend sind, oft liebevoll, häufig wütend, begeistert oder in Tränen aufgelöst, wie die Ihren und die meinen. Es begann am Albert Einstein College of Medicine, wo ich während meiner Ausbildung in Kinderpsychiatrie mit autistischen Kindern arbeitete.

Die Chance, autistischen Kindern eine offene, gefühls- und sinntragende Antwort zu entlocken, ist, abgesehen von den außerordentlich seltenen Ausnahmen, fast gleich null. Es gelang mir jedoch, hier bahnbrechende Ergebnisse zu erreichen, die überraschend beständig und signifikant häufig auftraten. Mein Bericht über diese frühen Erfolge wurde in dem Buch "Autistic Children, New Hope for a Cure"[*] des Nobelpreisträ-

---

[*] Die deutschsprachige Ausgabe ist 1984 unter dem Titel "Autismus" im Parey Verlag Berlin/Hamburg erschienen.

gers Niko Tinbergen veröffentlicht. Erst nach diesen Erfolgen kam ich auf den Gedanken, daß die Methode einer weit größeren Zahl von Familien, in denen Störungen der Eltern-Kind-Beziehungen auftreten, helfen könnte. Die grundlegende Methode nenne ich *"holding time"*. (Anm.: Für die deutschsprachige Ausgabe dieses Buches haben der Übersetzer und das Verlagslektorat die Bezeichnungen *haltende Umarmung* oder einfach *Halten* gewählt, manchmal sprechen wir auch vom *Mutter-Kind-Halten*.) Es dreht sich hierbei nicht bloß um die Abwandlung eines therapeutischen Erholungswochenendes oder der berührungsträchtigen humanistischen Psychologiebewegungen der sechziger Jahre, und auch nicht um ein bloßes Umarmen. Es handelt sich um eine ganz spezifische, systematische Methode, die aus meiner Ausbildung am Albert-Einstein-College erwachsen ist. Zu jener Zeit arbeitete ich mit einer schwer gestörten Familie, die eine lange Geschichte von Unterbrechungen in den Mutter-Kind-Beziehungen über Generationen hinweg aufwies. Als kleine Kinder waren sowohl die Großmutter als auch die Mutter während längerer Zeiten von Tanten betreut worden. Zufällig erwähnte die Mutter, daß sie als Baby nie im Arm gehalten worden war, und daß sie selbst nicht in der Lage war, sich zu überwinden, ihren Sohn als Baby in die Arme zu nehmen und zu liebkosen. Das Ergebnis war, daß er während der ersten acht Monate meistens schrie und endlos weinte und sich dann in autistisches Verhalten zurückzog. Nicht lange, nachdem sie mir dies erzählt hatte, brachte die Mutter der Großmutter unerwartet ein Geschenk zum Muttertag. Die Großmutter war so überrascht und außer sich vor Freude, daß sie ihre Tochter packte und in die Arme nahm, wobei sie all die aufgestauten Gefühle der Liebe und Zuneigung ausströmen ließ, die sie zuvor nicht hatte ausdrücken können.

Die Mutter sagte mir später, daß sie in dem Augenblick ihre Mutter einerseits sofort und andererseits gleichzeitig nie wieder loslassen wollte. Nach diesem einen entscheidenden Augenblick sehnsüchtig verlangten Kontaktes mit der Großmutter, wuchs die Fähigkeit der Mutter, liebevoll auf ihr Kind einzugehen. Innerhalb weniger Tage besserte sich das Verhalten des Kindes nachhaltig. Es wurde umgänglicher und begann zunehmend, in Augenkontakt mit der Mutter und anderen Personen zu treten – ein Schlüsselsignal der Besserung bei autistischen Kindern.

Diesem maßgeblichen Ereignis weiter nachgehend, entschloß ich mich zu weiteren Forschungen und bat die von mir in der Klinik betreuten Mütter, ihre autistischen Kinder im Arm zu halten, wenn nötig unter Einsatz ihrer körperlichen Kräfte. Die Kinder wollten nicht gehalten werden. Sie kämpften und traten um sich, spuckten und bissen, schrien und weinten. Der erste kleine Patient, der gehalten werden sollte, war ein dreieinhalbjähriger Junge namens Matt, der sich völlig unkommunikativ verhielt. Er wehrte sich über eine Stunde lang, beruhigte sich aber dann schließlich. Er war zuvor nie wirklich ruhig gewesen. In der sechswöchigen Behandlung hielt ihn seine Mutter täglich, und jedesmal durchlief ihr Sohn die gleichen Phasen in der gleichen Reihenfolge: Auseinandersetzung und Widerstand, gefolgt von Beruhigung und Öffnung. Dann, eines Tages – das Kind hatte nie zuvor ein artikuliertes Wort gesprochen – schaute es der Mutter während der Therapiesitzung direkt in die Augen und sagte: "Danke, daß du mich hältst." Dies überzeugte mich davon, daß ich auf dem richtigen Weg war! Ich stellte mir vor, daß kindliche Entwicklungsprobleme durch einen Bruch oder eine Störung der Zuneigung zwischen Mutter und Kind oder des Bindungsprozesses seit frühester Kindheit verursacht werden könnten, und daß systematisches Halten über einige Zeit diese Beziehung wiederherstellen könnte. Zufällig sprachen die ersten drei Patienten, die ich mit dieser Methode behandelte, noch während desselben Jahres auf die Therapie an. Der kleine Matt entwickelte sich bald zu einem ganz normalen Teenager mit außergewöhnlichen Talenten, die eine hervorragende berufliche Zukunft als Karikaturist oder Stückeschreiber in Aussicht erscheinen ließen.

Ich fuhr fort, andere gestörte Kinder mit der haltenden Umarmung als zusätzlichem Bestandteil der Therapie zu behandeln. Ich sah, wie verletzt und niedergeschlagen die Mütter sich fühlten, wenn ihre Kinder sich vor jeder Annäherung zurückzogen oder nie mit ihr Beziehungen aufnahmen. Eine Mutter nimmt die Weigerung des Kindes, mit ihr in Sprech- oder Augenkontakt zu treten, oder sie überhaupt zu beachten, unweigerlich persönlich. Dies trifft insbesondere auf Mütter autistischer Kinder zu, da diese Kinder mehr auf andere Personen als auf ihre eigenen Mütter reagieren. Derartig "destruktive" Verhaltensweisen sind nicht weniger unangenehm für diejenigen Eltern, die von Fachleuten dazu angehalten werden zu glauben, daß die Funktionsstörung auf chemische, genetische oder physiologische Ursachen und damit nicht auf Fehler der Eltern zurückzuführen sei. Welch ein Trost!

Bei der Beobachtung zurückgewiesener Mütter lernte ich bald, ihre Gefühle in der verzweifelten Situation zu verstehen: Das eigene Kind reagiert ständig ablehnend oder gar nicht auf sie.

Ich erkannte, daß alle Mütter sich, zumindest *manchmal*, ebenso fühlen wie diese wirklich zurückgewiesenen Mütter. Alle Kinder lehnen ihre

Mütter *manchmal* ab. Alle Kinder reagieren *manchmal* negativ. Meine Freundinnen, die auch Kinder haben und mit denen ich diese Beobachtung besprochen hatte, schlugen mir vor, im Interesse ihrer "normalen" Kinder, die *manchmal* schwierig sind, meine Erfahrungen und Erkenntnisse über Bindungen an sie weiterzugeben; aber zu dem Zeitpunkt war ich noch zu sehr in meine klinische Arbeit mit "gestörten" Kindern vertieft. Später, nachdem ich wiederholt Beweise dafür erbracht hatte, daß die haltende Umarmung entscheidende Verbesserungen sowohl für die Mutter-Kind-Beziehung als auch für die gesamte kindliche Entwicklung mit sich bringt, begann ich, die Methode auch bei normalen Kindern anzuwenden, mit denselben mutmachenden Ergebnissen. Die Erfolge haben mich überrascht, fast ebenso wie die Ergebnisse mit den Problemkindern. Der Grad der Vertrautheit und Ausdruckskraft, den die normalen Kinder erreichten, erstaunte mich. Ich hatte angenommen, daß die verschiedenen immer wieder auftretenden Schwierigkeiten wie zum Beispiel im Trotzalter oder Streit zwischen den Geschwistern und pubertäre Aufsässigkeit unvermeidliche Phänomene darstellten. Als sie aber bei den Kindern, die regelmäßig am Halten teilgenommen hatten, nachließen, stellten sich mir neue Einsichten in die kindliche Entwicklung dar. Natürlich ist das Halten eine sichere Methode zum Aufbau einer starken Zuneigung oder Bindung zwischen einer Mutter und ihrem Kind. Dieses Buch umreißt aber nicht bloß eine Methode, es bietet auch das Grundgerüst für eine praktische Philosophie über das Aufwachsen, das Gedeihen Ihres Kindes, die auf Ihren eigenen mütterlichen Erfahrungen aufbaut. Durch den beziehungsfördernden Einsatz der haltenden Umarmung bei jedem Ihrer Kinder werden Sie ein Selbstbild und eine Lebensweise entwickeln, die Ihren Umgang mit den Kindern zum Besseren verändern und Ihnen eine befriedigendere und lohnendere Beziehung mit ihnen ermöglichen werden; Ihre Kinder werden liebevoller, glücklicher und erfolgreicher sein.

Ein Beispiel: Die Mutter von Lisa (8) stand vor einem Rätsel, denn unabhängig davon, wieviel Aufmerksamkeit sie ihrer Tochter schenkte, es schien nie genug zu sein, obwohl sie sich mit all ihrer Kraft während der gesamten acht Jahre für Lisas Wohlbefinden bis aufs letzte aufgeopfert hatte. Nach einem Mutter-Kind-Halte-Kurs stellte Lisas Mutter ein tägliches Programm für ihre beiden Kinder auf. Einige Monate später forderte Lisa nicht mehr so viel Aufmerksamkeit; sie wurde umgänglicher und begann, sich mit ihrem jüngeren Bruder besser zu verstehen; sie war aufmerksam und hilfsbereit. Der jüngere Bruder, der zuvor ängstlich und anlehnungsbedürftig war, gewann Selbstvertrauen und wurde unabhängiger. Der Austausch von Gefühlen unter den Familienmitgliedern nahm außergewöhnlich zu. Diese Kinder, die von jedermann in einer Beurteilung als normal bezeichnet worden wären, erwiesen sich nun in vielerlei Hinsicht als hervorragend. Die haltende Umarmung vermittelte ihnen eine sichere Lebensgrundlage und trug dazu bei, ihre gute Entwicklung fortzusetzen.

Ich könnte noch viele Beispiele normaler Familien anführen, die eine ganze Reihe verschiedener Probleme gelöst haben, von Wutanfällen bis hin zu ständigem Klagen, von Drogen- und Alkoholmißbrauch bis hin zu fremd- und eigengefährdenden Verhaltensweisen.

Es wird oft gefragt, ob das Halten ältere Kinder schwach und abhängig werden läßt. Ich habe festgestellt, daß das Gegenteil der Fall ist. Die gewonnene feste Bindung führt zu einem hohen Selbstwertgefühl, allgemeinen Höchstleistungen und der Fähigkeit, sich in Beziehungen, die auf Gegenseitigkeit beruhen, einzubringen.

Meine Erfahrung hat gezeigt, daß, nachdem die tägliche haltende Umarmung zur Routine geworden ist, ganz neue Grade der Familienzusammengehörigkeit und persönlicher Wärme erreicht werden. Das Kind wird befähigt, Kummer und inneren Schmerz ohne Schwierigkeiten verbal auszudrücken. Eltern berichten, wie sie mit Erstaunen erfahren, was sich mit der Zeit in ihren Kindern aufgestaut hat. Ein Beispiel: Nach mehreren Wochen Halten, das zu tiefem und offenem Austausch geführt hatte, traute sich ein zehnjähriges Mädchen seiner Mutter zu sagen, daß die Klavierlehrerin sie zwei Jahre lang mit bösen Worten beschimpft hatte.

Bei der haltenden Umarmung handelt es sich um eine besondere Erfahrung zwischen Mutter und Kind, in der die Mutter jede Ablenkung von sich fernhält, während sie ihr Kind körperlich fest an sich drückt. Es sind Momente intensiven körperlichen und emotionalen Kontaktes. Es überrascht, daß alle Kinder, selbst relativ gut angepaßte, die wir als normal bezeichnen würden, zunächst auf dieselbe Weise reagieren wie autistische Kinder, indem sie nämlich wütend werden und die Mutter zurückweisen. Dennoch legt sich bei normalen Kindern die Wut schneller und vollständiger als bei den gestörten Altersgenossen. Das Sich-voneinander-Lösen läuft fast immer nach dem gleichen Muster ab: vollkommene Entspannung, offener liebevoller Austausch und zärtliche Liebkosungen. Fast alle Mütter berichten auch von Gefühlen ganz besonderer Nähe zu ihrem Kind, ähnlich denen, die sie ihm in früher Kindheit entgegengebracht haben.

Die herbeigeführten Wandlungen überraschen besonders die Mütter, die gedacht haben, alles liefe bei ihnen bereits so gut wie überhaupt nur möglich. Wenn Sie einmal versuchen, irgendeine Hausarbeit zu erledigen, und sich dies als praktisch unmöglich herausstellt, solange Ihr Kind nicht schläft oder sich außer Haus befindet, so würden Sie sich über die folgenden Ergebnisse freuen:

Ein "Halte"-Kind wird weniger anstrengend oder ängstlich sein.

Ihr Kind wird über mehr Selbstvertrauen, Neugier und Motivation verfügen.

Es wird für Sie weniger Anlässe zur Bestrafung oder Androhung von Verhaltensmaßregelungen geben.

Ihr Kind wird sich nicht nur für Ihre Gefühle im Zusammenhang mit der Erledigung Ihrer Arbeit interessieren, sondern Ihnen auch helfen, indem es selbständig in Ihrer Nähe spielt oder, mit zunehmendem Alter, selbst mit Hand anlegt.

Ihr Kind wird Ihnen gegenüber mehr Gefühl zeigen.

Ihr Kind wird sich weniger mit seinen Geschwistern streiten, und somit werden Sie weniger Zeit damit verlieren, solche Auseinandersetzungen zu schlichten.

1978 gründete ich mit der freiwilligen Unterstützung einiger engagierter Freunde und Eltern, die das Halten ausüben wollten, eine gemeinnützige Klinik für Mütter und Kinder. Hier hat die haltende Umarmung als Teil der Therapie den gesetzten Erwartungen standgehalten und sie noch übertroffen. Daraufhin habe ich mich in den letzten Jahren besonders darum bemüht, die Welch-Methode des Haltens als eine wirksame Behandlungsform bei kindlichen Störungen, von den leichtesten bis zu den schwersten, bekanntzumachen; dank der erfolgreichen Arbeit des Mütterzentrums als Pioniereinrichtung wurde die Methode gut angenommen. Meine Ergebnisse sind von Fachkolleg/inn/en in den USA und in Europa übernommen und bestätigt worden.

Paradoxerweise waren es Therapeuten, die sich immer wieder bemüht haben, uns davon zu überzeugen, daß ein Teil der Frustration, der Wut und der Aggression in Eltern-Kind-Beziehungen nichts Unnormales darstelle. In Wahrheit jedoch ist zumindest die Aggression nicht als normal und zu einem großen Teil sogar als unnötig zu betrachten. Es gibt entscheidende Alternativen, die weder finanziellen Aufwand noch laufende Besuche bei Therapeuten erfordern; sie unterliegen in jeder Hinsicht allein Ihrer persönlichen Kontrolle, und mit der Durchführung können Sie heute schon beginnen.

Lassen Sie mich nun kurz beschreiben, wie diese Methode angewendet wird. Das Kind wird so gehalten, daß die Mutter ihm direkt in die Augen sehen kann, während sie seine Versuche, sich zu wehren, zu kämpfen und zu fliehen unter Kontrolle hält. Auseinandersetzungen werden hier vorweggenommen und sogar leichter möglich, so daß es zu einer Lösung von Problemen kommen kann. Ich fand heraus, daß die Reaktionen von Eltern und Kindern beim Halten gewöhnlich drei Phasen durchlaufen:

1. Konfrontation
2. Ablehnung
3. Völliges Auflösen der Spannung

Die Mutter sitzt möglichst weich und bequem. Sie hält das Kind so auf dem Schoß, daß die Gesichter einander zugekehrt sind und beide sich so gut wie möglich gegenseitig wahrnehmen können. Die Beine des Kindes liegen um die Taille der Mutter, und seine Arme, unter den ihren, umfassen ihren Rücken.

Das Kind protestiert möglicherweise sofort, oder es tauscht sich einige Minuten lang freudig mit der Mutter aus. In dem Augenblick, in dem die eigenen Gefühle des Kindes geweckt werden, sträubt es sich und möchte sich wegdrehen. Die Mutter drückt mit Worten dem Kind gegenüber ihre Empfindungen aus: Sorgen, Enttäuschungen, Hoffnung und Wut ebenso wie Zuneigung und Liebe. Unter beharrlichem Einsatz ihrer Kräfte verstärkt sie den Kontakt und hindert das Kind in seinem Bestreben, sich zu befreien. Dies steigert sich zu einem für beide Seiten verzweifelten Kampf, der durch die konsequente Haltung der Mutter dann in eine Phase der zärtlichen Vertrautheit übergeht, mit intensivem Augenkontakt, tastenderforschenden Berührungen des Gesichts der Mutter und leiser Unterhaltung, die den beiden äußerst wohltut.

Im Laufe weiterer Sitzungen wächst zwischen Mutter und Kind eine immer festere Bindung, die eine grundlegende Bedingung für das Wachstum des Kindes auf anderen Gebieten und für seine allgemeine Entwicklung darstellt. Ebenso tiefgreifend ist die Wirkung auf die Mutter und deren Selbstwertgefühl. Dabei ist jedoch nichts wichtiger als die Freude, die sie nun mehr denn je mit ihrem Kind verspüren kann. Das zunehmende Wohlergehen des Kindes wiederum berührt auch den Vater, dessen Unterstützung und aktive Teilnahme das Ergebnis erheblich verstärken können.

Dies ist der grundlegende Weg, auf dem Mütter entdecken werden, daß sie möglichen Problemen vorbeugen und bereits bestehende Schwierigkeiten abbauen können. In der Tat wird das Mutter-Kind-Halten allen Müttern unentbehrlich werden, die gesunde, fröhliche und erfolgreiche Kinder großziehen möchten, Kinder, die selbst in der Lage sind, andere zu lieben. Dabei wird sich das liebevolle Verhältnis zwischen Eltern und Kind weiter verbessern. Das wird allen zugutekommen, und Sie können jederzeit damit beginnen!

2. Warum ist die haltende Umarmung notwendig?

Sind ihre Erfolge den Einsatz wert?

Die haltende Umarmung ist eine praktische Methode, mit deren Hilfe Sie sich selbst, Ihr Kind und Ihre Familiensituation zum Besseren verändern können; jedoch ist sie weder ein einfacher Weg noch leicht zu handhaben. Wir wollen zuerst einmal darüber nachdenken, warum sie notwendig ist.

Normale Entwicklung geschieht in einem sozialen Kontext; für ein Neugeborenes ist dies die Mutter-Kind-Beziehung. Die bestmögliche Entwicklung des Kindes findet mit Sicherheit dann statt, wenn eine feste Bindung oder Zuneigung vorhanden ist. Diese Bindung entwickelt sich, wenn die Mutter sensibel auf die Bedürfnisse des Kindes reagiert und wenn das Kind spürt, daß seine eigenen Kommunikationsversuche gelingen, indem es der Mutter befriedigende Antworten entlockt. Ohne dieses positive gegenseitige Aufeinander-Eingehen wird der Bindungsprozeß gestört, und es kann zu Problemen kommen. Hieran sind nicht nur Persönlichkeit und Wesensart sowohl der Mutter als auch des Kindes beteiligt, sondern auch sämtliche körperlichen und seelischen Belastungen, die auftreten können, während die Beziehung noch im Entstehen begriffen ist. Kommt es nicht zu einer gesunden Bindung, dann nicht unbedingt deswegen, weil etwas falsch gemacht wurde, sondern höchstwahrscheinlich aufgrund einer Verkettung von Umständen – vom Krankenhausaufenthalt der Mutter oder des Kindes bis hin zu einem Todesfall in der Familie. Aus meiner Arbeit mit Müttern und Kindern geht klar hervor, daß Beziehungsprobleme nicht nur in der frühen Kindheit, sondern zu jedem Zeitpunkt der Entwicklung auftreten können, und daß sie weitverbreitet sind. Glücklicherweise können solche Bindungsstörungen aufgehoben oder zumindest abgemildert werden, und dies in jeder Entwicklungsstufe.

Die Stärke der Zuneigung oder Bindung kann alle Grade von "sehr fest" bis "nicht vorhanden" umfassen. So gibt es die Kinder, die das Glück haben, niemals unter Störungen leiden zu müssen, die von Anfang an mit Interesse reagieren und deren Zuneigung und Bindung zur Mutter sich kontinuierlich fortentwickelt. Was an diesen Kindern besonders auffällt, ist nicht nur ein bemerkenswert guter Verlauf der körperlichen und geistigen Entwicklung, sondern auch eine tiefe Fähigkeit, mit einer anderen Person in einer für beide sehr erfreulichen Weise in Beziehung zu treten. Dies gilt sowohl in bezug auf die Mutter als auch für den Umgang mit anderen Menschen. Wie also kann eine Mutter diese Fähigkeit bei ihrem Kind fördern? Wie kann sie von Anfang an zu einer Harmonie mit ihrem Baby gelangen?

Viele Methoden, mit denen Kinder heute großgezogen werden, sind für die Mutter-Kind-Bindung oft von nachteiliger Wirkung. Trennungen beginnen bei der Geburt und setzen sich während der Entwicklung in leichterer oder schwererer Form fort. Jüngste Studien haben ergeben, daß Säuglinge bereits nach einer nur einstündigen Trennung von ihrer Mutter Anzeichen von Entzugserscheinungen zeigten. Denken Sie einmal daran, wieviele Stunden Ihr Baby nach der Geburt im Krankenhaus oder während der ersten Lebensmonate zuhause von Ihnen getrennt war. Wenn ein Kind ständig mit Trennungen belastet wird, lernt es nicht, sich auf seine Eltern zu verlassen, sondern beginnt, sich auf alle ihm nur möglichen Weisen selbst zu trösten. Als Kleinkind zieht es sich vielleicht in sich selbst zurück; mit zunehmendem Alter gewöhnt es sich unter Umständen daran, in völliger Isolation ein äußerst eingeschränktes Leben zu führen, oder sich ausschließlich an Gleichaltrigen zu orientieren, was dazu führen kann, daß es später unter Umständen auf negative Weise dem Druck und dem Einfluß von manchen Altersgenossen ("peer pressure") unterworfen wird. Wir wollen natürlich, daß unsere Kinder selbständig werden. Kinder jedoch, deren Vertrauen in die Erwachsenen aufgrund zu häufiger notvoller Trennungen von der Mutter während der frühen Kindheit belastet ist, lernen geradezu, übermäßig selbständig und selbstgenügsam zu werden. Sie erlauben es sich nicht, irgendeine wechselseitige emotionale Beziehung einzugehen und zu vertiefen; sie weigern sich schlicht. Unsere Spezies wäre ausgestorben, wenn Menschen nicht in der Lage gewesen wären, mit anderen zusammen wechselseitige Beziehungen zu pflegen.

Kinder, denen es nicht gelingt, Beziehungen aufzubauen, in denen sie sich emotional austauschen können, unterliegen einem höheren Risiko, sich als Erwachsene mit körperlichen Erkrankungen, Nervenzusammenbrüchen und Alkoholismus gegenübergestellt zu sehen. Wenn Selbständigkeit und Unabhängigkeit auf Kosten der Fähigkeit zum Umgang mit anderen Menschen erkauft werden, sind sie nicht länger mehr als nützliche Eigenschaften anzusehen.

Je mehr eine Mutter und ihr Kind zusammen sind, umso besser entwickelt sich eine gute Bindung. Wenn die Mutter ihr Baby am Körper trägt, lernt sie die Bedeutung jeder seiner Bewegungen kennen. So werden z. B. Eskimomütter von "zivilisierten" Müttern bewundert, weil sie bereits im voraus wissen, wann das Baby sein "kleines oder großes Geschäft" machen muß. Je weniger Körperkontakt zwischen einer Mutter und ihrem Kind besteht, um so weniger hat die Mutter Gelegenheit, die Signale des Babys kennenzulernen, und um so stärker müssen sie sein, damit die Mutter sie wahrnimmt. Wenn das Baby zum Beispiel in einem eigenen Zimmer wach in seinem Bettchen liegt, kann die Mutter leise Geräusche von ihm nicht hören. Um die Aufmerksamkeit der Mutter zu erlangen, muß das Baby schreien. Wenn es hingegen am Körper der Mutter getragen wird, braucht es nur leicht zu glucksen, und die Mutter weiß, es ist wach oder hungrig.

Das unter Trennungen leidende Baby muß weinen oder schreien, um sein Bedürfnis anzumelden. Ohne Zweifel steht fest, welche Verständigungsweise für Mutter und Kind besser ist. Wenn das Baby nicht am Körper der Mutter oder zumindest mit ihr im selben Raum sein kann, ist eine Gegensprechanlage zum Kinderzimmer eine gute Alternative. So kann die Mutter das Kind hören, und das Baby wird gar nicht erst dazu erzogen, durch Schreien auf sich aufmerksam zu machen. Ältere Babys oder Kleinkinder reagieren auf unbefriedigte Bedürfnisse häufig, indem sie sich damit abfinden und sich resigniert zurückziehen. Oft lernen Kinder auch, ihre Gefühle abwertend zu sehen; dies beeinträchtigt das Vertrauen zur Mutter und später zu Erwachsenen allgemein. So wird zum Beispiel von Kindern erwartet, daß sie ihre Gefühle der Angst und des Trennungsschmerzes überwinden. Um dieser Erwartung gerecht zu werden, müssen sie ihre gefühlsmäßige Bindung an die Mutter abschwächen. Studien haben gezeigt, daß Kinder erst im Alter von vier Jahren in der Lage sind, eine Trennung von der Mutter zu ertragen, ohne an ihrer Bindungsfähigkeit Schaden zu nehmen. Dabei können sie nicht durch Üben auf eine Trennung vorbereitet werden. Ein Kind mit einer gesunden Bindungsfähigkeit, das in der Lage ist, eine Trennung zu überstehen, klammert sich, im Gegensatz zu einem unsicheren Kind, nicht fest. Natürlich sind aus praktischen Gründen viele Trennungen unvermeidbar, aber wir sollten uns über den Preis dafür im klaren sein; dieser kann kaum nennenswert oder auch sehr hoch sein, je nach dem Ausmaß und der Art, wie damit umgegangen wird. Schon das Bewußtsein um die möglichen Folgen einer Trennung versetzt eine Mutter manchmal in die Lage, entsprechende Gegenmaßnahmen zu treffen; die haltende Umarmung bietet sich hier als ein direkter und effektiver Weg an.

Bindung wird durch verbalen und körperlichen Kontakt gepflegt und so von beiden Seiten als erfreuliches Verhältnis erlebt. Werden die Bedürfnisse Ihres Kindes durch Ihre Ablehnung unterdrückt, wird es auf eine Ihnen unangenehme Weise reagieren. Jeannes Mutter zum Beispiel verbringt weniger als eine halbe Stunde täglich in direktem persönlichem Kontakt mit ihrer Tochter, obwohl sie viel gemeinsam mit ihr unternimmt. Sie gehen beispielsweise zum CVJM oder zum Musikunterricht, aber es besteht kaum ein intensiver und befriedigender Kontakt zwischen ihnen. Jeannes Verhalten zeigt deutlich, daß sie entweder mehr Aufmerksamkeit oder mehr ganz persönliche Zuwendung benötigt. Meistens verhält sie sich widerspenstig oder provokativ. Vor den Augen ihrer Mutter verzehrt sie Lebensmittel, die nicht für sie bestimmt sind, und bittet darum, ihr Einhalt zu gebieten. Sie fängt mit ihrem älteren Bruder Streit an und jammert ständig. Lediglich die Umarmungen ihrer Mutter lassen das unerfreuliche Verhalten für ein paar Minuten verschwinden. Jeanne braucht die haltende Umarmung. Derartiger intensiver Kontakt würde Jeannes Bedürfnis nach Zuwendung befriedigen und ihr ein Ventil für ihre Gefühle geben, so daß sie ihr unliebsames Verhalten ablegen könnte.

Es scheint, daß manche Kinder sehr viel Zuwendung benötigen, während andere mit viel weniger auskommen. Ginny verhielt sich so, als ob sie ständig nach Zuwendung hungerte, unabhängig davon, wieviel Zeit ihre Mutter ihr schenkte; in der Tat ähnelte ihr Verhalten dem von Jeanne. Bobby hingegen, ihr Spielgefährte seit der frühen Kindheit, war leicht zufriedenzustellen. Er nutzte immer die Zeit gut aus, die seine Mutter mit ihm verbrachte, um ihre Beziehung zu ihm zu vertiefen. Als sie dann berufstätig wurde, hatte sie viel weniger Zeit für ihn übrig als Ginnys Mutter für sie. Bobbys Mutter hatte jedoch positivere Erfahrungen mit ihrer eigenen Mutter gemacht, und so kam das gute Verhältnis zu ihrem Kind auf natürliche Weise zustande. Ginnys Mutter hatte an der Seite ihrer Mutter, die sich nie besonders um sie gekümmert hatte, unter mangelnder liebevoller Zuwendung gelitten. Niemand wird von selbst eine gute Mutter. Von selbst werden Sie als Mutter so werden wie Ihre Mutter war. Die haltende Umarmung kann schädliche Verhaltensmuster ausgleichen und gute weiter verbessern. Nach mehreren Sitzungen sagte Ginny eines Tages zu ihrer Mutter: "Mami, du wirst langsam schon so wie Bobbys Mutter." Ginnys Mutter war erfreut, dies zu hören, denn sie hatte die Unterschiede immer als schmerzlich empfunden und sich außerstande gefühlt, ihr Verhaltensmuster zu ändern.

Eine Mutter verständigt sich mit ihrem Kind durch Stimme, Augenkontakt und Berührungen. Der Tastsinn ist gerade im Säuglings- und Kleinkindalter besonders wichtig. Intensiver Körperkontakt kann Reizbarkeit und sogar Verzögerungen in der körperlichen Entwicklung, wie sie bei frühgeborenen Babys gefunden wurden, überwinden helfen. Eine Studie an zwei Gruppen von Neugeborenen, die sich zunächst nicht voneinander unterschieden, ergab, daß die Babys, die von den Kinderschwestern besonders liebevoll betreut wurden, sich ruhig und vergnügt zeigten, während die Babys in der anderen Gruppe ziemlich viel schrien. Dann wurde die Behandlung umgekehrt, und die zweite Gruppe erwies sich bald als ruhig und vergnügt, und die erste Gruppe schrie. Eine andere Studie zeigte, daß Frühgeborene in ihrer Entwicklung und Reifung die normalen Kinder ihrer Altersgruppe im Kindergarten einholten, wenn sie während der ersten Lebensmonate dreimal täglich Massage und passive Bewegungsübungen erhielten.

Körperliche Berührung ist nicht nur für das Überleben sämtlicher lebender Organismen, sondern auch für das Wohlergehen aller Menschen notwendig. Extremer Berührungsentzug kann bei Kindern, wenn der Nachholbedarf nicht beizeiten gestillt wird, zum Entwicklungsstillstand und sogar zum Tod führen.

Die Tatsache, daß sich beim Menschen und bei allen Tieren der Tastsinn als erster der Sinne entwickelt, zeigt, welch große Bedeutung diesem zukommt. In der Haut, dem größten Sinnesorgan, befinden sich verschiedene Tastsinnesorgane in unterschiedlicher Lage und Dichte. Diese teilen dem Gehirn mit, wo am Körper welche Art von Berührung geschieht. Als angenehm empfunden werden Streicheln, Schmusen, Umarmen oder festes Halten.

Jede noch so leichte Berührung übermittelt über elektrochemische Impulse eine Vielzahl von Botschaften an das Gehirn. Eine kleine Berührung kann eine enorme Gehirnaktivität hervorrufen. Wer Sie berührt, übt darum eine enorme Wirkung auf Ihr Gehirn aus. Stellen Sie sich vor, wievielmal intensiver diese Wirkung ist, wenn aus der bloßen Berührung eine Umarmung wird. Nicht nur die körperliche Reaktion ist um ein

Vielfaches stärker, sondern auch die dadurch ausgelösten Vorstellungen und Empfindungen; auf ein Kind haben sie eine tiefe Wirkung. Das Kind fühlt die Umarmung; es empfindet sie als körperlich wohltuend und gibt ihr eine gefühlsbetonte Bedeutung.

Eines Abends war ich mit einer Gruppe zusammen, in der sich ein drei Monate altes Baby ohne seine Mutter befand. Niemand war in der Lage, es zu trösten. Ich nahm das kleine Mädchen ganz fest in den Arm; daraufhin beruhigte es sich. Ließ ich ein wenig los, begann es gleich zu schreien. Drückte ich es fest an mich, beruhigte es sich wieder. Es fühlte sich zweifellos sicher, wenn ich es fest hielt. Zuvor hatte es mehrere Stunden lang geschrien, weil es niemandem gelungen war, es zu beruhigen. Die Mutter hätte ohne Zweifel einen Weg gefunden!

Mein eigener Sohn wollte bereits gestreichelt werden, als er einen Tag alt war. Er legte immer wieder sein Unterärmchen auf meine Fingernägel und bewegte es auf und ab. Zuerst glaubte ich, es mir nur einzubilden, aber wenn ich losließ, fuhr er fort, sein Ärmchen an meinen Nägeln zu bewegen. Es bestand kein Zweifel: Er wollte gestreichelt werden. Ebenso suchte er ausgesprochen häufig Augenkontakt mit mir; dies wäre mir gar nicht aufgefallen, wenn ich nicht gewußt hätte, welch wichtige Rolle der Augenkontakt für unsere Bindung aneinander spielen würde.

Zwei faszinierende Studien zeigen, von welch großer Bedeutung Berührungen auch im späteren Leben sind. In einem Experiment bat ein Mädchen Passanten auf der Straße um eine Münze zum Telefonieren. Wenn sie lediglich nett fragte, bekam sie etwa bei jedem zweiten Versuch das Geld. Wenn sie aber die Leute berührte, um ihre Aufmerksamkeit zu erlangen, bekam sie es von mehr als 90 %. Die zweite Studie zeigte, daß Berührungen, die so fein sind, daß sie nicht bewußt wahrgenommen werden, stärkere Wirkungen zeigen als freundliche Worte. In der Studie gab eine Bibliothekarin Bibliotheksbenutzern den Ausweis zurück: eine Gruppe von Ausleihern wurde von ihr freundlich gegrüßt, die andere bei der Rückgabe der Karte nur unmerklich am Finger berührt. Die beiden Gruppen wurden dann nach ihren Eindrücken von der Bibliothekarin befragt. In der Gruppe, die sie nicht berührt sondern nur sehr freundlich angesprochen hatte, fiel das Urteil wesentlich weniger gut aus als in der Gruppe, die lediglich berührt worden war. Viele weitere Studien sind erstellt worden, und neue sind in Vorbereitung, um die positiven Wirkungen von Berührungen weiter zu erforschen. Ich bin sicher, daß Sie Ihr Kind berühren wollen, und daß Sie körperliche Zärtlichkeiten von Ihrem Kind genießen. Die haltende Umarmung geht jedoch über Berührungen und einfache Umarmungen hinaus. Sie müssen alle Ablenkungen fernhalten, sich mit Ihrem Kind an einen bequemen, ungestörten Platz setzen, um gemeinsam eine intensive körperliche und emotionale Erfahrung zu beginnen. Sie müssen in dieser Verbindung verharren, bis Sie sich beide überglücklich und miteinander fest verbunden fühlen. Wir haben festgestellt, daß Mutter und Kind nach einer gut verlaufenen Sitzung sogar im Einklang miteinander atmen.

Vielleicht fragen Sie sich, ob Sie und Ihr Kind wirklich eine so intensive Erfahrung benötigen. Meine Erfahrungen haben gezeigt, daß es für alle gut ist. Die folgenden Fragen werden Ihnen Hinweise darüber geben, in welchen Situationen die haltende Umarmung für Sie hilfreich sein könnte:

– Wünschen Sie sich manchmal, wenn Sie aus dem Haus sind, länger fortbleiben zu können?
– Müssen Sie drohen oder laut werden, damit Ihre Kinder auf Sie reagieren?
– Haben Sie das Gefühl, daß Sie ständig nur geben und keine Zeit finden, zu sich selbst zu kommen?
– Streiten Ihre Kinder mit Ihnen in der Öffentlichkeit oder bringen sie Sie in Verlegenheit?
– Lehnt Ihr Kind körperliche Zuwendung von Ihnen ab, wenn sie nicht nach seinen Bedingungen geschieht?

Wenn Sie einige oder alle diese Fragen mit ja beantwortet haben, wird die Halte-Methode Ihre Familiensituation verbessern helfen. Dies geschieht zwar in Abhängigkeit von den unterschiedlichen Persönlichkeitsstrukturen, aber viele Veränderungen stellen sich erwartungsgemäß in jedem Fall ein.

Die entscheidende positive Wirkung liegt in der tiefen Beziehung, die Sie mit Ihrem Kind erleben werden, einem Verhältnis zueinander, das enger und befriedigender ist als alles, was Sie bisher für möglich gehalten haben. Sie werden zuversichtlicher sein und sich als fähige Mutter fühlen. Sie werden es genießen, ein fröhliches Kind zu haben, das auf Sie eingeht. Sie werden Ihr Kind besser verstehen, seine Bedürfnisse vollständiger wahrnehmen und Risse in der Beziehung eher spüren.

Die haltende Umarmung kommt auch Geschwistern zugute; sie verringert die Rivalitäten zwischen ihnen, weil Kinder, auf deren Bedürfnisse eingegangen wird, auch einmal von sich absehen können. Sie passen aufeinander auf, nehmen besser Anteil aneinander, gehen körperlich rücksichtsvoller miteinander um und spielen mehr zusammen. Der unterschwellige Grund für Geschwisterrivalitäten liegt in dem Gefühl eines Kindes, nicht genug Liebe und Zuwendung von seiner Mutter zu bekommen. Wenn es dies nicht mehr empfindet, erlebt es seine Geschwister nicht mehr als Bedrohung.

Bereits nach einem vollen Zyklus von Konfrontation, Zurückweisung und völligem Auflösen der Spannung werden Sie und Ihr Kind keine Angst mehr davor haben, Gefühle miteinander zu teilen. Ihr Kind wird unabhängiger, ohne sich isoliert zu fühlen, liebevoller, zärtlicher und kontaktfreudiger, ohne wie eine Klette an Ihnen zu hängen. Wegen des sicheren "Haltes", der ihm von der Mutter geboten wird, wachsen seine Zuversicht, sein Verantwortungsgefühl und die Motivation, seine Fähigkeiten zu entwickeln

Die Öffnung von Kanälen tiefer Kommunikation erlaubt beiden Seiten völlige Ausdrucksfreiheit. Ihr Kind kommt mit seinen Gefühlen in Berührung, Sie mit den Ihren, und beide mit denen der jeweils anderen Seite. Sie und Ihr Kind lernen, daß die Wut des anderen überlebt werden kann und daß Sie sich dadurch sogar einander näherkommen.

Wenn Sie Ihrem Kind ein gut funktionierendes Ventil für seelischen Kummer zur Verfügung stellen, braucht es Sie nicht länger mit Wutausbrüchen oder Trotzhandlungen auf seine Gefühle aufmerksam zu machen. Die Liste der Signale seelischer Leiden, die durch die haltende Umarmung aufgearbeitet werden können, ist lang: Geschwisterrivalitäten, klettenhafte Anhänglichkeit, Schüchternheit, Schlafstörungen, Bettnässen, Stehlen und andere antisoziale Verhaltensweisen, Stottern und Sprachentwicklungsverzögerungen, Weinerlichkeit, Neigung zu zerstörerischen oder gefährlichen Verhaltensweisen und Wutanfälle.

Weiterhin überträgt das Halten den Eltern die Verantwortung für das Kind, das sich somit in der denkbar sichersten Lage befindet. Den Eltern steht hier ein Werkzeug zur Verfügung, mit dessen Hilfe sie Störungen oder negativen Verhaltensweisen des Kindes begegnen können. Es bietet ihnen einen Weg, einander näherzukommen, wenn sie sich entfremdet fühlen, Fehler wiedergutzumachen, die ihnen wie allen Menschen unterlaufen können, und sich mit Verlustsituationen und Schicksalsschlägen wie Krankheit und Tod in der Familie oder anderen Lebenskrisen auseinanderzusetzen. Es gibt ihnen ein größeres Gefühl der Sicherheit in der Elternrolle, da sie wissen, daß sie alles für ihre Kinder tun, was in ihren Kräften steht. Es hilft ihnen, das "Auf und Ab" der kindlichen Entwicklung und das Leben selbst besser zu meistern.

Sogar sehr kleine Kinder können lernen, ihre Verstimmungen in kontrollierte Bahnen zu lenken. Der zweieinhalb Jahre alte Danny, dessen Mutter mehrere Monate lang mit ihm die haltende Umarmung angewendet hatte, begann eines Tages bitterlich zu weinen, als die Mutter ihn für die regelmäßige Sitzung auf den Schoß nahm. Sie vermutete, daß sie ihn versehentlich gekratzt hatte. "Nein", sagte er. "Wendy war heute morgen böse zu mir." Die Mutter war überrascht, daß der kleine Danny den ganzen Tag lang gewartet hatte, um ihr seine Verletzung mitzuteilen. Dank des guten Kontaktes ersparte sie sich einen Zwischenfall mit Danny und Wendy am nächsten Morgen. Ihrem Kind blieb eine unaufgearbeitete Verstimmung erspart, weil es in der Lage war, seine Gefühle der Mutter mitzuteilen, und darüber hinaus half ihm die erfolgreiche Selbstkontrolle dabei, sein Selbstwertgefühl zu stärken.

Durch die enge Verständigung während der haltenden Umarmung lernt die Mutter den Grund kennen, der hinter einem Fehlverhalten des Kindes steckt, so daß sie direkt die Gefühle und die Ursache der Verstimmung ansprechen kann, anstatt das Kind zu strafen und damit eine weitere gegenseitige Entfremdung herbeizuführen. Als mein Sohn im Alter von sieben Jahren auf einmal unausstehlich wurde, stand ich vor einem Rätsel, da er sich im allgemeinen immer gut benahm. Als ich ihn beim nächsten Mal in den Armen hielt, sagte er mir, er sei sehr aufgebracht, weil ich gerade wieder Verhandlungen im Zusammenhang mit dem Schreiben dieses Buches geführt hatte. Er befürchtete, ich würde keine Zeit mehr haben, um während unseres Urlaubes mit ihm zu spielen. Er war erleichtert, als ich ihm sagte, daß ich mich ihm genug würde widmen können, und ich freute mich zu erfahren, warum er sich so provokativ verhielt.

Die haltende Umarmung hilft Ihnen, mit Konflikten umzugehen, die bereits zu Schauplätzen ständigen Kleinkriegs geworden sind, zum Beispiel Schlafen, Essen, Zähneputzen, häusliche Pflichten oder Schulaufgaben. Da Mutter und Kind einen Weg gefunden haben, verständnisvoll mit ihrer Wut umzugehen, müssen Verstimmungen sich nicht länger in schlechtem Verhalten äußern. Wenn sich eine Situation zu verschärfen droht, können Wut und Zorn in der Auseinandersetzung sofort wirkungsvoll aufgearbeitet und Mutter und Kind dadurch enger zusammengeführt werden. Das Kind lernt, nicht nur die zornigen Antworten, sondern auch die Furcht und die Sorgen der Mutter zu sehen, ihre Handlungsweise besser zu verstehen und sich ihren Wünschen gegenüber mehr zu öffnen.

Das Mutter-Kind-Halten hilft der Mutter, Grenzen zu setzen; sie reagiert nicht mehr willkürlich aus ihrer Wut oder Enttäuschung heraus, da diese Gefühle aufgearbeitet sind. Ebenso hilft es ihr von Schuldgefühlen frei zu bleiben, wenn sie nein sagt oder notwendige Grenzen setzt; diese braucht das Kind, damit es sich wohl und sicher fühlen kann. Ein Kind sagte zu der Frau, die es als Babysitter betreute: "Ich möchte, daß Mama mir sagt, daß ich nicht meine Hose naß machen soll."

Mit der engen Verbindung wächst Ihre Fähigkeit, sich ganz auf das Kind zu konzentrieren, wenn Sie in Ihrer freien Zeit zusammen spielen. Sie werden weder eine dritte Person, noch das Fernsehen, noch einen Spielplatz zur Unterhaltung benötigen. Sie werden das Zusammensein zu zweit genießen. Ihr Kind lernt, diese erfreuliche Art des Umganges auf andere Personen innerhalb und außerhalb der Familie zu übertragen. Die Fähigkeit, feste, positive Beziehungen aufzubauen, ist für Sie dann besonders nützlich, wenn Sie Ihr Kind jemandem zur Betreuung anvertrauen. Entsteht zwischen Ihrem Kind und der Betreuerin ein gutes Vertrauensverhältnis, werden Sie eher geneigt sein, die Betreuerin für einen längeren Zeitraum zu behalten; dies ist für Sie und besonders für Ihr Kind von großem Vorteil, zumal Ihr Kind so bereits lernt, was gute Elternschaft bedeutet.

Die dreijährige Emily demonstriert, wie früh Kinder lernen können, sich in eine Elternrolle einzufühlen. Als sie mit ihrem Babysitter in einem Restaurant war, hörte sie, daß eine Mutter am nächsten Tisch ihren Kindern Schläge androhte, wenn sie nicht aufhörten, sich danebenzubenehmen. "Entschuldigen Sie, meine Dame," sagte sie, "aber wir schlagen nicht. Wir sprechen darüber und schmusen und manchmal halten wir uns lieb, ganz fest!" Als die überraschte Mutter Emily fragte, was denn passiere, wenn sie sich danebenbenimmt, antwortete sie: "Mama und ich halten uns lieb und lassen unsere Wut hinaus." Emily hatte nicht nur den Mut gezeigt sich auszudrücken, sondern sie hatte auch schon eine Vorstellung von wirkungsvoller Elternschaft und war in der Lage, Menschen mit einfühlendem Verständnis zu begegnen.

Das Mutter-Kind-Halten hilft Mutter und Kind, mit Trennungssituationen besser fertigzuwerden, indem es ihnen ermöglicht, vorher und nachher eng zusammen zu sein und die beiderseitigen Gefühle im Zusammenhang mit der Trennung zu verstehen. Ist die Mutter berufstätig, kann sie so eine hinreichend gute Verbindung zu ihrem Kind aufrechterhalten ohne das Gefühl zu haben, sich teilen zu müssen, wenn sie durch die Arbeit oder den Aufbau ihrer Karriere beansprucht ist. Die Erfolge der haltenden Umarmung für alle Entwicklungsstufen werden in Teil II besprochen. Jetzt wollen wir das Verfahren zuerst einmal in Wesen und Funktion genauer betrachten.

3. Wie funktioniert die haltende Umarmung?

Wie stelle ich es an?

Niemand wird leugnen, daß es Kindern gut tut, wenn sie in den Arm genommen werden – das gilt übrigens auch für die Mütter. Wie oft haben Sie eine Mutter ihr Kind in Situationen, in denen es unwillig war, bitten hören: "Komm, drück' mich mal ganz fest!"?
Umarmungen ergeben sich aus dem gleichzeitigen und beiderseitigen Wunsch von Mutter und Kind, einander nahe zu sein. Sie können nach ein paar Sekunden abgeschlossen sein; sie tun wohl und übermitteln eine Botschaft warmherziger Sorge und Hingabe. Solches Halten ist in der Regel ein angenehmer, auf gegenseitigem Einverständnis beruhender Austausch, in dem Sie und Ihr Kind die Arme umeinander legen und Ihre Körper sich aneinanderschmiegen. Es ist auch vorstellbar, daß Sie diejenige sind, die beginnt, als die Gebende; dann ist das Kind der empfangende Teil. Diese Möglichkeit kann sich zu dem entwickeln, was ich als Halten bezeichne.

Beim Halten umarmen Sie Ihr Kind unabhängig davon, ob Sie oder es sich in dem Moment danach fühlen. Es beginnt nicht unbedingt mit einer freudigen Phase des Gefühls der Nähe, aber es sollte niemals ohne dieses enden. Die haltende Umarmung verstärkt durch einen intensiven körperlichen und gefühlsmäßigen Kontakt die Verbindung zwischen Ihnen und Ihrem Kind. Je enger diese Verbindung ist, umso besser werden Sie sich verstehen. Je besser Sie sich verstehen, umso offener können Sie voreinander mit Ihren Gefühlen umgehen. Wenn die Schranken fallen, wird eine engere und befriedigendere Beziehung zwischen Ihnen gelingen. Eine Mutter schaffte sich durch eine völlige Umstellung ihrer Lebensweise den nötigen Freiraum, um mit ihren drei Kindern, ihrem Mann und ihrer Mutter die Methode anwenden zu können. Sie sagte: "Dadurch sind in unserer Familie Bande geknüpft worden, die jedes Problem überwinden helfen."

Solange Sie einem Kind keine offenen Verständigungsmöglichkeiten anbieten, die mit bewußter körperlicher Nähe einhergehen, fühlt es sich zurückgesetzt. Auch eine Mutter kann sich manchmal so fühlen, insbesondere, wenn sie eine derartig enge Beziehung bereits mit einem anderen ihrer Kinder oder als Kind mit ihren eigenen Eltern erlebt hat. Wenn sich eine Seite benachteiligt fühlt, entstehen Ärger und Wut. Diese negativen Gefühle äußern sich in Kleinigkeiten, zum Beispiel aufdringlichen Forderungen und unaufhörlichem Jammern des Kindes sowie dem ständigen Drängen der Mutter. Die offene Verständigung und körperliche Nähe, die aus dem Halten resultieren, schließen solche Verhaltensweisen aus, denn Wut und Ärger werden in jeder Sitzung aufgearbeitet, wobei bereits die Verständigung stützend und beruhigend wirkt. Darüber hinaus lernen Sie und Ihr Kind, ihre Bedürfnisse so mitzuteilen, daß sie eine positive Reaktion hervorrufen.

Wenn ein solcher Austausch fehlt, lernt ein Kind, seine wahren Gefühle zu unterdrücken oder zu verleugnen. Wenn Sie Ihrem Kind zum Beispiel sagen, es soll nicht schlagen, nichts herumwerfen, aufhören zu schreien oder zu albern, dann zieht es wahrscheinlich daraus den Schluß, daß es seine Wutgefühle verstecken muß, da es sie nicht wirkungsvoll und annehmbar ausdrücken kann; sie werden stattdessen gestaut und entladen sich vielleicht in destruktiver Form. Da seine Gefühle unannehmbar scheinen, entwickelt das Kind kein großes Selbstwertgefühl. Mit zunehmendem Alter wird seine positive Entwicklung durch sein geringes Selbstwertgefühl immer mehr behindert, und seine unterdrückten Gefühle von Wut und Ärger entladen sich zunehmend in Form von unannehmbarem Verhalten.

Durch die haltende Umarmung übermitteln Sie Ihrem Kind die Botschaft, daß Sie es mit all seinen Gefühle vorbehaltlos annehmen, so negativ oder zerstörerisch sie auch sein mögen. Das Positive besteht darin, daß diese Gefühle in der Erfahrung des Gehaltenwerdens ausgedrückt werden können und sich deswegen nicht in schlechtem Verhalten entladen müssen; sie werden vielmehr geäußert, besprochen, erfahren und mit-geteilt. Indem die Mutter alle Gefühle des Kindes vorbehaltlos zuläßt, erlaubt sie ihm, sie ohne Schuld- oder Schamgefühle zu erleben; das Kind muß sich nicht länger selbst abwerten. Es lernt, daß es sich vor Gefühlen nicht zu fürchten braucht, da es sie innerhalb dieses Rahmens verarbeiten kann: Furcht, Wut, Schuld- und Schamgefühle, Verletzungen, Neid und Eifersucht sowie alle positiven Gefühle.

Wievielen Menschen fällt es leicht, zu ihren Eltern, ihren Kindern oder gar ihren Ehepartnern zu sagen "Ich hab' dich lieb", oder "Ich liebe dich"? Wir haben unsere Ausdrucksfähigkeit für positive Gefühle unterdrückt, indem wir die Fähigkeit, negative Gefühle auszudrücken, blockierten. Wenn eine Seite der Gefühle sich nicht äußern kann, hat dies auch die Blockierung der anderen zur Folge. Um die brodelnden negativen Gefühle zu unterdrücken, neigen wir dazu, auch die positiven gar nicht erst zuzulassen.

Wir wollen nun einmal den Deckel von diesem Topf voll brodelnden Inhalts abnehmen und sehen, wie die haltende Umarmung funktioniert. Sie besteht in der Regel aus drei Phasen: der Auseinandersetzung (Konfrontation), der Zurückweisung (Rejektion) und der völligen Auflösung der Spannung (Resolution).

In der kurzen Phase der Konfrontation kommen Sie und Ihr Kind zusammen, um die Umarmung einzuleiten; diese beginnt, wenn Sie Ihr Kind auf den Schoß nehmen. Dieser Augenblick mag zunächst ruhig und voller Wohlgefühl und inniger Nähe sein. Handelt es sich jedoch um eine unvorhergesehene Sitzung, die Sie wegen eines Mißverhaltens oder eines Wutausbruchs ansetzen, kann es ganz schnell, ja sogar unmittelbar, zur Zurückweisung kommen. In der ersten Phase sind Sie und Ihr Kind mit Ihren je eigenen Gedanken und Gefühlen beschäftigt. Während Sie zunehmend in eine gegenseitige Berührung gelangen, beginnen Sie beide die Verletzung und den Zorn zu spüren, der durch voreinander aufgerichtete Barrieren oder durch in den letzten Tagen oder Stunden erlebte Auseinandersetzungen aufgestaut wurde. Es ist auch möglich, daß das Kind über etwas, das Freunde, Geschwister oder Lehrer ihm angetan haben, verletzt oder aufgebracht ist. Für Sie kann es sehr nützlich sein, manchmal Ihren Zorn auszudrücken, der auf außerfamiliären Ursachen beruht, damit das Kind nicht immer durch den Glauben belastet wird, es sei stets der Grund für Ihre Wut oder Erregung. Die haltende Umarmung erlaubt es Ihnen beiden, die aufgestauten Aggressionen auf sichere Weise abzubauen.

Während Sie Ihr Kind im Arm halten, führt die Auseinandersetzung allmählich oder plötzlich zur zweiten Phase, der Zurückweisung. Das Kind wird versuchen, sich gegen Sie mit körperlichen und/oder verbalen Angriffen zu wehren. Indem Sie trotz seiner flehentlichen Bitten, es loszulassen, fortfahren, beginnt es, die volle Bandbreite seiner Gefühle zu entfalten, in der Regel zunächst die Wut, manchmal aber auch Angst oder Traurigkeit. Es folgen ein oder mehrere Zyklen qualvoller Ausbrüche im Wechsel mit Momenten, in denen das Kind sich beruhigt und die Zurückweisung sich zu legen scheint. Eine erfolgreiche Sitzung wird jedoch erst dann beendet sein, wenn die Phase der Beruhigung in eine wirkliche völlige Auflösung der Spannung übergeht.

Diese letzte Phase ist durch ein körperliches und emotionales, sehr liebevolles Zusammensein gekennzeichnet. Beide ruhen in den Armen des anderen, schauen sich tief in die Augen und tauschen liebevolle körperliche Zärtlichkeiten aus. Die Nähe, die sie miteinander verspüren, geht über bloße Liebkosungen oder Umarmungen hinaus. Diese Phase mag noch so lange andauern, Mutter und Kind wünschen beide, sie solle niemals aufhören. Die Sitzung endet schließlich damit, daß Mutter und Kind zu ihren üblichen Tätigkeiten zurückkehren, aber nun mit Erleichterung, Freude und größerem gegenseitigem Verständnis. Wenn sie später miteinander spielen, läuft dies anders ab als gewöhnlich. Das Kind fließt über vor Begeisterung und Freude und möchte dieses Gefühl der Glückseligkeit mit seiner Mutter teilen. Sogar Mütter, die normalerweise nicht besonders gern mit ihren Kindern spielen, beschreiben ihre große Befriedigung über dieses Ergebnis.

Nun haben Sie einen kurzen Überblick über eine Halte-Sitzung bekommen; als Nächstes wollen wir uns näher mit dem befassen, was Sie möglicherweise erwartet, wenn Sie mit Ihrem Kind ein Programm beginnen. Erlauben Sie mir zuvor jedoch noch ein paar grundsätzliche Anmerkungen.

Erstens gibt es keine "Standardsitzung". Ebenso wie viele andere Aktivitäten, in denen wir uns menschlich engagieren, kann sie von Natur aus unterschiedlich ablaufen. Dies hängt von mehreren Faktoren ab: der seelischen Verfassung der Beteiligten, den zu verarbeitenden Problemen (zum Beispiel Trennung, Wut oder Angst), den Motiven, die zum Beginn einer Sitzung geführt haben, (nach Plan oder als notwendige Reaktion auf ein negatives Verhalten), der Zeit, die seit der letzten Sitzung verstrichen ist, der An- oder Abwesenheit von Vater, Geschwistern oder Großeltern, dem Vorhandensein oder Nichtvorhandensein eines Tagesplanes, der Berufstätigkeit der Mutter, dem Wochentag, dem Grad der Ermüdung von Kind oder Mutter – die Liste ließe sich fortsetzen.

Auch die Dauer der Sitzungen wird in Abhängigkeit dieser Faktoren variieren, insbesondere den anstehenden Problemen, der Leichtigkeit, mit der die völlige Auflösung der Spannung erreicht werden kann und dem Willen der Mutter, ihre eigenen Gefühle zum Ausdruck zu bringen. Wie bei vielen Tätigkeiten beeinflußt auch hier die Übung die Dauer und das Ergebnis. Anfängliche Sitzungen können sich von späteren aufgrund zwischenzeitlich gemachter tieferer Erfahrungen erheblich unterscheiden. In dem Maße, in dem Sie und Ihr Kind sich individuell und als Paar in gegenseitiger Abhängigkeit weiterentwickeln, machen Sie neue Erfahrungen. Durch Übung wird es Ihnen gelingen, eine völlige Auflösung der Spannung manchmal innerhalb von wenigen Minuten herbeizuführen.

Es ist wichtig, sich immer wieder bewußt zu machen, daß Sie und Ihr Kind einmalige Individuen sind, die ihren eigenen passenden Stil selbst herausfinden werden. Probleme, mit denen Sie sich konfrontiert sehen, unterscheiden sich von denen anderer Mutter-Kind-Paare, und auch zwischen Ihren eigenen Kindern werden Sie Unterschiede feststellen. Dennoch gibt es auch so etwas wie frohmachende grundlegende Übereinstimmungen im Mutter-Kind-Halten, und ich hoffe, daß die folgende Erörterung Ihren Sorgen zuvorkommt, vorhandene Fragen beantwortet, Zweifel ausräumt und Ihnen die Möglichkeiten und Erfolge erschließt, die diese Methode engagierten und einfühlsamen Eltern anbietet.

In der Regel gehen die drei Phasen nahtlos ineinander über; es kann jedoch vorkommen, daß Sie sich zwischen der Zurückweisung und dem völligen Lösen der Spannung hin- und herbewegen, wenn ein Problem gelöst und ein neues angeschnitten worden ist. Nun wollen wir diese Phasen einmal näher betrachten.

I. Die Auseinandersetzung (Konfrontation)

Wählen Sie einen Zeitpunkt, zu dem Sie Ihrer ersten Sitzung zumindest eine Stunde widmen können. Ziehen Sie sich an einen ruhigen, bequemen Platz zurück. Idealerweise sollte dieser weit genug von anderen Menschen entfernt sein, so daß Sie später nicht von Lärm gestört werden können. Wenn Sie anschließend jemand fragt, was für einen Krach Sie da gemacht haben, sagen Sie, daß Sie und Ihr Kind eine sichere und harmlose, wenn auch bisweilen laute Art und Weise, Wutgefühle auszudrücken, geübt haben. Wenn die Menschen einmal Bescheid wissen, daß alles in Ordnung ist, verstehen sie es gewöhnlich und interessieren sich auch häufig dafür. Oft erläutern Eltern ihren Wohnungsnachbarn die Methode bereits, bevor sie danach gefragt werden. Kinder haben mir erzählt, wieviel es ihnen bedeutet hat, daß ihre Mütter ihnen schon von vornherein die Sorgen darüber abnahmen, was die Leute über eine zufällig mitgehörte besonders laute Sitzung denken würden.

Sobald sie sich für einen Platz entschieden haben, schließen Sie alles aus, was Sie möglicherweise ablenken könnte: ziehen Sie sich bequeme Kleidung an, gehen Sie auf die Toilette, nehmen Sie den Telefonhörer von der Gabel. Wenn Ihr Kind auch auf der Toilette war, bitten Sie es, zu Ihnen an den von Ihnen ausgewählten Platz zu kommen. Setzen Sie Ihr Kind auf Ihren Schoß, seine Beine um Ihre Taille und seine Arme unter Ihre Achseln. Erklären Sie ihm, daß Sie jetzt ganz nah bei ihm sein möchten, um Gefühle miteinander zu erleben und zu teilen. Wenn Sie diese Position als unbequem empfinden, können Sie das Kind auch quer auf Ihren Schoß setzen, so wie Sie ein Baby halten würden, um es auf den Arm zu nehmen oder es zu stillen. Sie schaffen damit die richtige Entfernung für Augenkontakt, und manche Mütter halten es so länger aus. Mit wesentlich älteren Kindern setzen Sie sich am besten Seite an Seite auf ein Sofa oder legen sich auf ein Bett.

Eine Sitzung verläuft unterschiedlich, je nach den Umständen, die zu ihr geführt haben, und den beteiligten Personen. Manche Kinder beginnen an dieser Stelle zu schmusen. Genießen Sie es, aber geben Sie nicht auf! Das Kind beginnt bald, umständlich hin- und herzurutschen und sich zu winden oder darüber zu verhandeln, daß es hinunter möchte.

Amy, ein dreijähriges Mädchen, das das Mutter-Kind-Halten im Alter von fünfzehn Monaten begann, möchte es nicht missen und bittet täglich darum. Dennoch findet sie immer wieder Einwände, sogar unmittelbar bevor sie sich zu dem Stuhl begibt, auf dem das Halten stattfindet. Wenn ihre Mutter sagt, es sei Zeit, bringt sie Ausreden wie "Du hast mir versprochen, daß ich fernsehen darf", "Ich bin hungrig", "Ich muß mal auf die Toilette", "Ich bin überhaupt nicht wütend" oder "Mein Zorn ist schon wieder verschwunden". So führt für Amy die Phase der Konfrontation gleich zur Ablehnung, sobald ihre Mutter darauf besteht, daß es wirklich Zeit ist und sie festhält, so daß sie nicht entfliehen kann.

Wenn (was selten vorkommt) Amy bald nach dem Beginn keinerlei Gefühle äußert, sucht ihre Mutter nach möglichen Ursachen für Kummer oder Verzweiflung: "Bist du wütend darüber, daß ich heute arbeiten gehen mußte?" "Warum mußt du dich immer sperren, wenn wir den Spielplatz verlassen müssen?" "Es macht mich wütend, wenn du jedesmal fortläufst, wenn ich versuche, dir beim Ankleiden zu helfen, wenn wir nach draußen gehen wollen." "Dann muß ich schreien, und ich möchte dich nicht anschreien." Irgendetwas wird vielleicht beim Kind eine Resonanz hervorrufen, und es wird reagieren, indem es sich wegdreht, kämpft, der Mutter sagt, sie soll nicht darüber sprechen, oder indem es auf eine andere Weise deutlich macht, daß es sich um ein sensibles Thema handelt. Damit beginnt die nächste Phase, die Ablehnung.

Es mag sein, daß Ihr Kind sich in Ihren Armen wohlfühlt und auf Ihre Versuche, seine Gefühle anzusprechen, nicht reagiert, wobei es seine Aufmerksamkeit gleichzeitig auf etwas anderes richtet. Es schaut zum Beispiel aus dem Fenster und versucht, das Gesprächsthema auf die Bäume oder die Wolken zu lenken, oder es konzentriert sich auf irgendetwas im Raum. Die Beharrlichkeit, mit der Sie Ihr Kind, auch unter sanftem Einsatz Ihrer Körperkräfte, auffordern, Sie anzuschauen, wird den Widerstand hervorrufen, der zur Zurückweisung führt.

Schließlich können Sie, wenn Ihr Kind auch im weiteren Verlauf kein Zeichen von Verstimmung zeigt, ihm in der Regel seine Gefühle dadurch entlocken, daß Sie Ihre eigene Wut, Enttäuschung, Ihr Verlangen oder Ihre Wünsche mit zunehmender Eindringlichkeit ausdrücken. Kein Kind hat es je vermocht, nicht zu reagieren, wenn die Mutter schließlich zu den Tiefen ihrer eigenen Verzweiflung darüber vorgedrungen ist, daß die Beziehung so mangelhaft ist. Wenn die Mutter etwas zurückhält, wird das Kind es ebenso machen. Wenn sie aber ihre tiefsten Gefühle auf eine angemessene emotionale Weise ausdrückt, zum Beispiel unter Tränen, wird das Kind unweigerlich reagieren.

II. Die Zurückweisung (Rejektion)

Die Phase der Zurückweisung beginnt, wenn das Kind versucht, Ihrer Umarmung, Ihrem Blick oder Ihren Worten zu entfliehen. Es kann zum Beispiel spucken, treten, sich winden, mit dem Kopf stoßen, schreien, rot vor Wut werden – oder sein trauriges Weinen bricht Ihnen vielleicht Ihr Herz. Wenn Sie aber jetzt durchhalten, bis sein Widerstand aufhört, werden Sie einen Grad der Verständigung erreichen, den Sie bislang nicht für möglich gehalten haben. Die Ausreden, die sich Ihr Kind ausdenkt, um Sie zu überreden, es gehen zu lassen, können sehr erfinderisch sein. Vielleicht entscheidet es plötzlich, daß es etwas zu tun hat, gegen das es sich normalerweise sträubt: "Ich muß gehen, um mein Zimmer aufzuräumen." Sogar von kleinen Kindern können Sie bisweilen die Frage hören, ob es denn fair sei, daß Sie auf diese Weise Ihre Kräfte gegen sie einsetzen. Wenn Sie jedoch unbeirrt fortfahren, sehen Sie, daß Sie lediglich getestet werden; ein Kind beurteilt auf diese Weise Ihre Entschlossenheit und Ihre Bereitschaft, ihm bedingungslos zuzuhören, egal wie unheimlich oder furchtbar ihm das erscheint, was es in sich fühlt. Es mag zum Beispiel so herausfordernde Äußerungen fallenlassen wie "Ich liebe dich nicht!", "Ich will dich nicht!", oder "Ich habe Papa lieb, nicht dich!" Sie können darauf antworten, indem Sie sagen: "Es tut mir weh, wenn du das sagst", oder "Ich liebe dich sehr, und ich brauche deine Liebe auch". Die Bereitschaft Ihrerseits, Ihren Schmerz im Angesicht der Zurückweisung durch das Kind mit ihm zu teilen, wird bei ihm möglicherweise das Mitgefühl und die Zuwendung hervorrufen, die den Beginn der gegenseitigen Öffnung bedeuten, die Sie herzustellen versuchen.

Bisweilen kann es vorkommen, daß das Kind lediglich die nackten Gefühle der Wut oder der Betrübnis mit Schreien oder trauerndem

Weinen ausdrücken kann. Es ist wichtig, dies so zuzulassen, auch wenn es schmerzt, dabei zuzusehen.

Als wir diese Methode zum ersten Mal bei normalen Kindern anwandten, waren wir sehr verblüfft über die Kämpfe, die sie ihren Müttern immer wieder lieferten. Ich fragte einige von ihnen, warum sie sich so kämpferisch verhielten, wenn sie wirklich gehalten werden wollten. Ein Kind antwortete: "Es hilft mir, meine Wut loszuwerden." Ein älteres Kind sagte: "Es gibt mir ein gutes Gefühl zu wissen, daß ich mit all meinem Ärger zu meiner Mutti kommen kann, wenn wir uns liebhalten, was auch immer geschieht." Wir machten die Erfahrung, daß sogar die Zwei- und Dreijährigen ihre Verstimmungen für die haltende Umarmung aufhoben.

Wenn seine Wut auf dem Höhepunkt angelangt ist, wird Ihr Kind es höchstwahrscheinlich vermeiden, Ihnen in die Augen zu sehen; dies mag sogar der Kern Ihrer Auseinandersetzung sein. Sie können es fragen: "Warum kannst du mich nicht anschauen? Was habe ich getan, das dich so wütend gemacht hat, daß du mich nicht einmal anschauen kannst?" Wenn der Kampf vorüber ist und Sie sich gegenseitig voller Liebe tief in die Augen schauen, wissen Sie, daß diese Phase beendet ist, ob Sie nun alle Antworten auf Ihre Fragen erhalten haben oder nicht.

Sie vergrößern die Chance, ein gutes Ergebnis zu erzielen, wenn Sie beide zuvor die gesamte Bandbreite Ihrer Gefühle ausgedrückt haben: Schmerz, Ärger, Furcht. Wenn Sie Ihrem Kind während der festen Umarmung gesagt haben, wie Sie sein Verhalten empfinden, dann haben Sie ihm die Botschaft übermittelt: "Nichts kann zwischen uns gelangen – deine Wut nicht und meine auch nicht."

Wie Sie sehen, sind sowohl Sie als auch Ihr Kind gleichermaßen an dieser Interaktion beteiligt. Es handelt sich nicht einfach um etwas, das Sie ihm überstülpen, sondern um Ihren Versuch, sich ihm als die liebende Vermittlerin seiner Gefühle und Erfahrungen an die Seite zu stellen. Aber Sie können dieser helfenden Aufgabe nur dann gerecht werden, wenn Ihr Kind in der Lage ist, Ihnen ungehindert diese Gefühle und Erfahrungen mitzuteilen. Oft vermittelt Ihnen das Kind im Alltag auf subtile Weise Dinge, die Sie in der Menge der Geschehnisse nicht bemerken; die haltende Umarmung kann Ihnen dabei helfen, die Hinweise nicht länger zu übersehen.

Schließlich werden Sie auch gern wissen wollen, wo die Ursachen für diese Gefühle liegen. Sie können fragen, warum Ihr Kind so traurig oder wütend ist. Wenn es Ihnen nicht antworten kann oder will, haben Sie die Möglichkeit, es nach verschiedenen möglichen Ursachen zu fragen, zum

Beispiel: "Bist du böse mit mir, weil ich so lang am Telefon gesprochen habe?", "Weil ich dich angeschrien habe?", "Weil ich heute arbeiten gehen mußte?". Sie werden es lernen, Signale wahrzunehmen, zum Beispiel vermehrtes Weinen oder verstärkte Versuche, aus der Umarmung zu fliehen, und daran erkennen, daß Sie sich dem wunden Punkt nähern. Diese Methode, nach denkbaren Ursachen zu fragen, kann besonders jüngeren Kindern verstehen helfen, welche möglichen Antworten in Frage kommen.

Manche Mütter befürchten, ihren Kindern Vorstellungen einzureden; diese Sorge teile ich aufgrund meiner Erfahrungen nicht. Wenn ein Vorschlag der Mutter nicht den Gedanken und Gefühlen des Kindes entspricht, wird es ihn verwerfen; lehnt es ihn jedoch ganz besonders heftig ab, haben Sie vielleicht den wunden Punkt getroffen. Auf keinen Fall jedoch werden Sie ihm dabei etwas einreden.

Mütter, die gerade mit der Methode begonnen haben, fühlen sich vielleicht enttäuscht und niedergeschlagen, weil ihre Kinder nicht in der Lage sind, die Ursache ihrer Wut mitzuteilen. Sie werden schließlich über die Leichtigkeit verblüfft sein, mit der sogar sehr kleine Kinder die Ursache ausdrücken können, wenn sie erst einmal Erfahrungen mit dem Mutter-Kind-Halten gemacht haben. Mit der Zeit und der Übung wird ihr Kind es lernen, sich verbal wirksam mitzuteilen.

Ein Beispiel: Als Becky drei Jahre alt war, begann sie, mit Gegenständen nach ihren Eltern zu werfen; dieses Verhalten dauerte zwei Wochen lang an. Es war ungewöhnlich, denn sie hatte mehr als ein Jahr lang ziemlich regelmäßig Mutter-Kind-Halten erfahren, und solche Ausbrüche waren selten und dauerten nie lange an. Schließlich sagte sie während einer Sitzung zu ihrer Mutter: "Ich werfe Sachen umher, weil du mich mit Helen alleingelassen hast." Helen hatte vor zwei Wochen einen Tag lang ihre geliebte Tagesmutter vertreten, als diese einen Tag wegen Krankheit zuhause blieb. Die Eltern waren über diese direkte Antwort überrascht und erleichtert darüber, daß sie nun den Grund des Werfens kannten, das übrigens nach dieser Sitzung aufhörte.

Ich hätte mir nicht vorgestellt, in welchem Maße kleine Kinder in der Lage sind, mit ihren Gefühlen in "Fühlung-nahme" zu treten und sie auf eine anspruchsvolle Weise in Worte zu fassen, die eindeutig über den Altersdurchschnitt hinausgeht. Mit der Zeit gelangte ich zu der Auffassung, daß Kinder in viel höherem Maße zur Verbalisierung fähig sind, als wir es ihnen immer zugetraut haben, und daß wir sie davor bewahren müssen, sie mit ihren Gefühlen dadurch zu konfrontieren, daß wir mit unseren eigenen Gefühlen oder mit den ihren nicht in Tuchfühlung stehen. Nach einer zweijährigen Erfahrung mit dem Mutter-Kind-Halten schrieb eine Mutter: "Ich fühle mich gut als Mutter, weil ich weiß, daß ich alles Menschenmögliche getan habe. Meine Tochter fühlt sich gut, denn sie spürt meine Liebe und sieht, wieviel ich wage, wenn ich mich auf meine tiefsten Gefühle der Ablehnung einlasse. Der Gewinn für uns beide liegt in der Freude, die wir verspüren, wenn wir beieinander sind ... Ich würde sagen, das Liebhalten ist ein Werkzeug, das aus einer formlosen Masse von Ärger, Mißverständnissen, Ablehnung, Wut und Enttäuschung zwei schöne Leben formt, gleich zwei Skulpturen, die einfach schön sind."

Wie Sie sehen, besteht der wichtigste Teil der Phase der Ablehnung für Mutter und Kind darin, ihre tiefsten Gefühle der Verstimmung miteinander auszutauschen. Die Mutter muß dabei eine Vorbildrolle einnehmen, indem sie ihren Gefühlen freien Lauf läßt. Um dies zu verwirklichen, ist manchmal Erfahrung nötig. Manche Mütter haben ihre Gefühle so sehr unterdrückt, daß sie sich anfänglich gezwungen fühlen zu schauspielern; wenn sie aber einen Versuch wagen, gelingt er ihnen meistens. Motivation ist in vielen Bereichen der Schlüssel zum Erfolg, und dies ist keine Ausnahme.

III. Die völlige Auflösung der Spannung

Wenn Mutter und Kind beide zu den Tiefen ihrer Gefühle vorgedrungen sind, findet eine seelische Befreiung (Katharsis) statt, und die völlige Auflösung der Spannung beginnt. Die Auseinandersetzungen, die Kämpfe, das Schreien und das Vermeidungsverhalten der Zurückweisung weichen einer intensiven körperlichen und verbalen Nähe. In der Regel beginnt das Kind damit, das Gesicht der Mutter zu streicheln und sich eng an sie zu kuscheln, so daß es scheint, es verschmelzt mit ihr. Sein Blick ist offen und zärtlich. Die aus der Verletzung heraus mit Entschiedenheit vorgebrachten Äußerungen aus der Phase der Ablehnung weichen Äußerungen von Liebe und Zuneigung: "Mama, du bist schön", "Ich liebe dich", und so fort.

Wenn Sie Ihre eigenen angestauten Gefühle zugelassen haben, mag es vorkommen, daß Ihr Kind Sie tröstet, indem es Ihre Tränen abwischt oder auf andere Weise zu Ihnen zärtlich ist. Es sagt vielleicht: "Du brauchst dir keine Sorgen mehr deswegen zu machen", oder "Bist du deine ganze Wut losgeworden?"

Mit der Phase der Auflösung der Spannung wandelt sich die vorherige

Kampfsituation völlig. Es überrascht zu sehen, wie liebevoll und zärtlich ein Kind sein kann, selbst nachdem es Minuten vorher gekämpft und geschrien hat und alles daran setzte, von Ihnen loszukommen. Wenn es schließlich weiß, daß Sie alles, was es belastet hat, akzeptiert haben, ist es wunderschön zu sehen, wie sein Gesicht von Strömen der Befreiung durchflutet wird. Gefühle von Nähe, Sicherheit, Erleichterung und Freude umgeben Sie. Ihr Kind, das vielleicht für mehr als eine schnelle Umarmung sonst zu beschäftigt ist, verweilt willig in Ihren Armen und schaut Ihnen offen in die Augen.

Mütter erleben diese Phase als höchst erfreulich; sie vergleichen den Zustand der Nähe häufig mit der Zeit, als sie noch ihre Babys stillten oder in den Schlaf wiegten. Manche Mütter äußern sich traurig darüber, daß ihre Kinder nur in den ersten drei Lebensjahren im Arm gehalten werden wollten. Sollte dies auch bei Ihnen der Fall sein, können Sie das jetzt ändern, egal wie alt Ihr Kind ist. Es ist nicht zu spät, um mit dem haltenden Umarmen zu beginnen; Sie sind es Ihrem Kind und sich selbst schuldig.

Manchmal kommt es vor, daß nur eine teilweise Auflösung der Spannung erreicht wird. Viele der angestauten Gefühle sind ans Licht gekommen, andere Ursachen für Verstimmungen aber möglicherweise noch nicht aufgedeckt worden. Wenn es Ihre Zeit und Energie erlauben, sollten Sie solange "durch-halten", bis alles ans Licht gebracht wurde. Sie können spüren, daß beim Kind noch etwas unausgesprochen blieb, wenn es gelöst wirkt und dennoch unruhig bestrebt ist, von Ihrem Schoß herunterzukommen, um sich anderen Dingen zu widmen. Nach einer vollständig abgeschlossenen Phase der Auflösung von Spannungen möchten Sie beide diese herrliche Erfahrung für immer festhalten. Wenn Sie dies noch nicht erreicht haben, wird eine Fortsetzung der aktuellen Sitzung zu einer neuen Phase der Auseinandersetzung, der Ablehnung und schließlich der Lösung führen.

Unter manchen Umständen mag Ihnen eine teilweise Auflösung der Spannung genügen. Wenn Sie die Sitzung wegen einer besonderen, konkreten Angstsituation (zum Beispiel Blitz und Donner) oder wegen eines Mißverhaltens (auf die Straße laufen, ein Spielzeug umherwerfen, Geschwister schlagen) begonnen haben, mögen Sie vielleicht nichts weiter erreichen wollen als eine Auseinandersetzung mit den Gefühlen und Sorgen, die Sie beide in dieser besonderen Situation empfinden. Eine teilweise Auflösung der Spannung wird einige, aber vielleicht nicht alle der oben genannten Merkmale aufweisen; Sie werden versuchen, beim nächsten Mal zu einer vollständigeren zu gelangen.

Es kann vorkommen, daß Ihr Kind zwischendurch einschläft, besonders dann, wenn es wegen der inneren Erregung nicht ausreichend ruhen oder schlafen konnte, was bis zur totalen Erschöpfung führen kann. Ob eine vollständige Auflösung der Spannung erreicht ist oder nicht, werden Sie sehen, wenn das Kind aufwacht: Wenn die oben beschriebenen Anzeichen wie Zuneigung, Zufriedenheit, und der Wunsch, in körperlicher Nähe mit der Mutter zu verweilen, nicht vorhanden sind, kann eine neue Ablehnungsphase folgen, und dies kann sich so lange fortsetzen, bis Sie eine vollständige Auflösung der Spannung erreichen. Bisweilen können Sie beide für eine Fortsetzung zu müde sein; dann können Sie in einer späteren Sitzung bei den angeschnittenen Problembereichen wieder anknüpfen. Selbst wenn Ihnen keine völlige Auflösung der Spannung gelingt, werden Sie eine bessere Verständigung, größere Nähe und erhöhte Hilfsbereitschaft verspüren.

Wie ich schon zuvor bemerkt habe, werden die Halte-Sitzungen von unterschiedlicher Dauer sein; diese kann von Tag zu Tag variieren, je nach den Ereignissen des Tages oder der Woche, den anzuschneidenden Problembereichen und der Fähigkeit von Mutter und Kind, ihre Gefühle zu äußern. Ihre erste Sitzung wird wahrscheinlich eine der längsten sein, da die Erfahrung für Sie beide noch ganz neu ist. Wie lange sie auch dauern mag, das Beste ist, fortzufahren, wenn Sie dazu in der Lage sind. Den größtmöglichen Erfolg erzielen Sie, wenn Sie eine vollständige Auflösung der Spannung erreichen.

Wenn Sie und Ihr Kind während des Haltens die Wut nicht völlig verarbeiten, kann es dazu kommen, daß Sie sich am Ende schlechter fühlen als zu Beginn. Oder Ihr Kind fühlt sich besser, aber Sie fühlen sich schlechter, obwohl Sie an seinem Verhalten sehen, daß es vorangekommen ist. Oft haben Sie in einem empfindlichen, störungsanfälligen Gleichgewicht miteinander gelebt und beide eine gewisse Distanz voneinander gehalten, um dieses scheinbar ausgewogene Verhältnis aufrechtzuerhalten. Dieses unsichere Gleichgewicht ist jedoch auf lange Sicht keineswegs stabil, denn Sie beide können dabei eine Menge Wut und seelische Wunden anstauen, die das Gleichgewicht ohnehin durcheinanderbringen werden. Die haltende Umarmung kann dieses stillschweigende Übereinkommen am Anfang stören; machen Sie sich nichts daraus. Sie werden ganz sicher zu einem besseren Gleichgewicht finden. Je entschlossener Sie durchhalten, bis Sie sich besser fühlen, umso schneller werden Sie dieses glückliche Ergebnis erzielen. Die aus der offenen Verständigung und der körperlichen Nähe gewonnene neue Sicherheit wird alle angenommenen oder wirklich vorhandenen nachteiligen Folgen auf Ihrem Weg zu diesem Ziel überwinden helfen.

Mütter befürchten oft, beim Abbau ihrer negativen Gefühle eine ohnehin schwache Verbindung mit ihren Kindern gänzlich zu zerstören. Solche Sorgen stammen manchmal von Schuldgefühlen, die verschiedene Ursachen haben können: zu wenig gemeinsam verbrachte Zeit, die angenommene Unfähigkeit der Mutter, mit den Gefühlen umzugehen, oder unterschwellig ablehnende Gefühle den Kindern gegenüber, besonders wenn diese sich häufig streiten oder wenn es scheint, daß der Vater ein besseres Verhältnis zu ihnen hat. Wenn Sie von solchen Sorgen geplagt werden, wird die haltende Umarmung Ihnen besonders hilfreich sein.

Vielleicht fragen Sie sich nun, ob Sie es wagen sollen, Ihr Kind gegen seinen Willen zu halten. Urteilen Sie nach dem Ergebnis. Kinder zeigen in der Regel durch ihre Gefühle und ihr Verhalten, wie sehr die unmittelbare Zuwendung und die seelische Befreiung nach einer völligen Auflösung der Spannung ihnen gut getan haben. Sie werden liebevoller, ruhiger und sind eher zur Zusammenarbeit mit Ihnen bereit. Viele beginnen dann darum zu bitten, gehalten zu werden; andere setzen ihren Protest fort und fordern Sie indirekt heraus, indem sie ein Mißverhalten an den Tag legen oder Sie so lange ärgern, bis Sie es wiederholen.

Ob Ihr Kind sich wehrt oder nicht, Sie werden feststellen, daß die haltende Umarmung auf jeden Fall Ihre Beziehung zueinander festigt. Das Wichtigste, was Sie Ihrem Kind geben können, ist eine feste, liebevolle, dauerhafte Bindung zu Ihnen. Eine solche Bindung bietet ihm eine sichere Grundlage, von der aus es die Außenwelt und seine Beziehungen zu anderen Menschen sowie die eigenen Gefühle, Gedanken, Fähigkeiten und Interessen erkunden kann. Je fester Ihre Verbindung miteinander, umso leichter kommt Ihr Kind mit anderen Menschen in Kontakt, und umso besser findet es sich in der Welt zurecht. Wenn Sie darum besorgt sind, bedeutet dies, daß Ihre Beziehung noch gefestigt werden muß.

Auch wenn Sie nicht besorgt sind, wird die haltende Umarmung für Sie von Vorteil sein; Sie können die Situation für sich und Ihr Kind dadurch weiter verbessern, daß Sie sich einander näher kommen und sich ihm als Auffangbecken für seine unverarbeiteten oder angestauten Gefühle anbieten. Wie es Ihnen und Ihrem Kind helfen wird, entdecken Sie, indem Sie es einfach ausprobieren.

Bevor Sie beginnen, füllen Sie bitte diese Checkliste aus. Legen Sie sie dann beiseite. Nachdem Sie die haltende Umarmung durchgeführt haben, werden Sie am Ende dieses Buches noch einmal darum gebeten, sie auszufüllen. Sie werden feststellen, daß Ihre Eintragungen gänzlich anders aussehen werden. Die Checklisten werden Sie auf dem Weg Ihres Fortschreitens begleiten. Wenn Sie sie nach der Lektüre des Buches vervollständigen möchten, dann zunächst nach einer Sitzung, dann wieder nach einigen Wochen und danach von Zeit zu Zeit.

Teil 1: Wer braucht die haltende Umarmung? Checkliste I

Punkte:	1	2	3
1. Würden Sie gern länger fortbleiben, wenn Sie aus dem Haus gehen?	oft____	manchmal____	nie____
2. Wünschen Sie sich, daß sich jemand anders um die Situation kümmert, wenn Ihr Kind schwierig ist?	oft____	manchmal____	nie____
3. Werden Sie eifersüchtig, wenn ihr Kind Ihnen gegenüber jemand anders zu bevorzugen scheint?	oft____	manchmal____	nie____
4. Finden Sie, daß eines Ihrer Kinder leichter zu erziehen ist als ein anderes?	oft____	manchmal____	nie____
5. Fühlen Sie sich einem Kind mehr verbunden als einem anderen?	oft____	manchmal____	nie____
6. Beneiden Sie eine andere Mutter um die Beziehung zu ihrem Kind?	oft____	manchmal____	nie____
7. Finden Sie, daß Sie einem Ihrer Kinder eine bessere Mutter sind als einem anderen?	oft____	manchmal____	nie____
8. Finden Sie, daß manche Mütter besser sind als Sie?	oft____	manchmal____	nie____
9. Verlieren Sie mit Ihrem Kind die Beherrschung?	oft____	manchmal____	nie____
10. Müssen Sie Ihr Kind mehr als einmal darum bitten, bevor es etwas tut?	oft____	manchmal____	nie____
11. Müssen Sie Ihr Kind mehr als einmal darum bitten, bevor es mit etwas aufhört?	oft____	manchmal____	nie____

Punkte:	1	2	3

12. Müssen Sie drohen, um eine Reaktion zu erhalten? oft____ manchmal____ nie____
13. Haben Sie das Gefühl, keine Zeit für sich selbst zu haben? oft____ manchmal____ nie____
14. Haben Sie das Gefühl, daß alles, was Sie tun, nichts ist als immer nur geben? oft____ manchmal____ nie____
15. Streiten Ihre Kinder miteinander? oft____ manchmal____ nie____
16. Hat Ihr Kind Probleme mit Gleichaltrigen? oft____ manchmal____ nie____
17. Klammert sich Ihr Kind an Sie? oft____ manchmal____ nie____
18. Ist Ihr Kind für sein Alter extrem selbständig? oft____ manchmal____ nie____
19. Stimmt Ihr Ehemann nicht mit der Art und Weise überein, wie Sie mit Ihrem Kind umgehen? oft____ manchmal____ nie____
20. Widerspricht Ihr Ehemann Ihnen vor dem Kind? oft____ manchmal____ nie____
21. Ärgern Sie sich über Ihren Ehemann, weil er nicht seinen Teil zur Kindererziehung beiträgt? oft____ manchmal____ nie____
22. Bringen Ihre Kinder Sie durch ihr Verhalten vor Freunden und Fremden in Verlegenheit? oft____ manchmal____ nie____
23. Kann Ihr Kind sich nur schwer an veränderte Situationen anpassen? oft____ manchmal____ nie____
24. Ist Ihr Kind aufsässig? oft____ manchmal____ nie____
25. Trödelt Ihr Kind? oft____ manchmal____ nie____
26. Haben Sie Schwierigkeiten, Ihr Kind daran zu gewöhnen, im Haushalt Pflichten zu übernehmen und mitzuhelfen? oft____ manchmal____ nie____

Summe: _____ _____ _____

Summe Teil 1: _____

Im folgenden werden die Erfahrungen von drei Müttern dargestellt. Alle drei Sitzungen verliefen genau so, wie sie beschrieben werden. Sie sollen als Beispiele für das dienen, was eine Mutter während des Haltens sagen könnte. Dennoch gleicht niemals eine Sitzung der anderen, nicht einmal bei demselben Mutter-Kind-Paar, und Ihre Situation mag völlig anders aussehen.

Beispiel 1

Lisa ist ein süßes, glückliches, liebevolles zweijähriges Mädchen, das in einer engen Beziehung zu Vater und Mutter steht. Ihr einziges Problem besteht in ihrem sechs Monate alten Brüderchen Danny, auf das sie sehr eifersüchtig ist. Oft sagt sie zu ihrer Mutter, daß sie Danny gerne fortgeben würde. Sie nimmt ihm Spielsachen weg und stößt ihn gelegentlich rauh an. Wenn ihre Eltern versuchen, sie davon abzuhalten, bekommt sie einen Wutanfall. Während einer dieser Anfälle entschließt sich Josie, Lisas Mutter, zum ersten Mal das Mutter-Kind-Halten anzuwenden.

Lisa liegt auf dem Boden; sie tritt um sich und schreit. Josie hebt sie auf, steckt ihre Beine zwischen die eigenen und ihre Arme unter ihre Achseln. Sie sagt: "Ich weiß, daß du wütend bist, weil Danny deine Spielsachen nimmt und ich mich um ihn kümmern muß." Lisa schreit weiter und versucht, sich zu befreien; die Mutter bemüht sich, sie in einer festen Umarmung eng an sich zu drücken. Je näher sie einander kommen, umso mehr versucht Lisa auszubrechen. Ihr Wutausbruch klingt nicht ab, der Kampf nimmt zu.

Nach fünfundvierzig Minuten beginnt Josie sich zu fragen, wann dies denn einmal zu einem Ende kommen wird. Sie entschließt sich, die Umarmung zu lockern, und Lisa beginnt sich zu beruhigen. Aber wenn sie versucht sie anzusprechen, beginnt der Wutausbruch wieder von vorn. Josie ist verzweifelt und beginnt leise zu weinen. Während sie Lisa wieder fester umarmt, sagt sie zu ihr: "Es tut mir so weh, wenn du schreist und dich wehrst. Ich kann nicht verstehen, warum du nicht willst, daß ich dich tröste. Bitte, Lisa, schau mich an!" Lisa schaut sie an, aber dies scheint nur zur Folge zu haben, daß sie noch lauter schreit. Josies Weinen wird stärker. Lisa schaut ihre Mutter an und scheint überrascht zu sein. Josie sagt: "Ich habe dich lieb, Lisa. Ich habe auch Danny lieb. Aber du bist mein ganz besonderes Mädchen. Du wirst immer mein ganz besonderes Mädchen sein."

Obwohl Lisa sich zu beruhigen beginnt, will sie immer noch nicht ihre

Mutter anschauen. Josie weint und spricht weiter. "Ich ärgere mich so darüber, wenn du Danny die Spielsachen wegnimmst. Ich weiß, daß es deine Spielsachen sind, aber Danny ist doch noch ein Baby. Ich weiß, daß er viel Pflege braucht und daß ich mich viel um ihn kümmern muß. Ich weiß, wie schwer es dir fällt zu warten, während ich mit ihm beschäftigt bin. Ich werde versuchen, mich mehr um dich zu kümmern. Du bist ja auch mein Baby!"
Lisa gibt ein leises glucksendes Geräusch von sich und zeigt einen zufriedenen Gesichtsausdruck. Sie beginnt, sich an ihre Mutter zu kuscheln. Josie erklärt weiter. "Lisa, du hast mich lieb, und du hast Papa lieb. Du hast genug Liebe für uns beide. Siehst du, ich habe dich lieb und Papa und auch Danny. Ich habe genug Liebe für euch alle." Lisa wird hellhörig. Sie sagt: "Ich habe Granny lieb." Josie erwidert: "Ja, auch ich habe Granny lieb. Wir beide haben genug Liebe für die Menschen um uns herum, meinst du nicht? Du liebst Granny, ich liebe Papa. Und ich liebe auch den kleinen Danny. Aber ich sehe, daß ich mich mehr um dich kümmern muß als bisher. Ich fühle mich jetzt besser. Ich hoffe, daß auch du dich besser fühlst, Lisa. Gibst du mir jetzt einen Kuß?" Lisa küßt ihre Mutter, und die beiden schmusen miteinander. Josie sagt: "Wenn du das nächste Mal wieder wütend bist, wollen wir uns wieder gegenseitig liebhalten." Lisa kuschelt sich, mit sehr zufriedenem Gesichtsausdruck, enger an ihre Mutter. Im weiteren Verlauf des Tages macht sie einen sehr friedlichen und frohen Eindruck. Sie spielt nett mit Danny und gibt ihm immer wieder ihre Spielsachen.

Beispiel 2

Carrie ist ein bezauberndes, sprachlich sehr begabtes dreijähriges Mädchen. Sie hat es gelernt, mit einer häufigen Trennung von ihrer berufstätigen Mutter zu leben, indem sie versucht, alle Menschen um sich herum zu beherrschen. Linda, die Mutter, entschloß sich zum Mutter-Kind-Halten, um ihr einen Ausgleich für die häufigen Trennungen anzubieten.

Kaum hat Linda Carrie in den Arm genommen, beginnt das Mädchen, sich an sie zu kuscheln. Linda sagt: "Carrie, ich weiß, es ist schwer für dich, wenn ich jeden Tag fortgehe." Carrie beginnt zu weinen und ihren Kopf wegzudrehen. Linda versucht, das Gesicht ihrer Tochter zu sich zu wenden, aber diese schließt fest ihre Augen. Linda sagt: "Carrie, mach deine Augen auf. Bitte, schau mich an. Geh nicht von meinem Schoß herunter. Ich möchte dich liebhalten. Laß mich dich anschauen. Carrie, bitte mach deine Augen auf!" Linda bringt ihr Gesicht nahe an das ihrer Tochter, aber diese versucht noch mehr, sich dem Kontakt zu entziehen. Sie beugt ihren Rücken nach hinten, wirft ihren Kopf zurück und schließt ihre Augen noch fester. Sie versucht, ihre Mutter mit den Händen wegzudrücken und beginnt jammervoll zu weinen. Linda überkommt ein niederschmetterndes Gefühl angesichts dieser Ablehnung, und sie bittet Carrie darum, sie anzuschauen. Carrie schreit: "Laß mich weg von hier!" Linda erwidert: "Ich werde dich fest halten, bis wir uns beide besser fühlen." Carrie daraufhin: "Ich fühle mich prima. Laß mich loß!" Linda: "Ich weiß, du bist wütend auf mich, aber ich habe dich immer noch lieb!" Carrie bleibt unnachgiebig. Fünfundvierzig Minuten lang kämpfen die beiden miteinander. Linda, am Boden zerstört, schluchzt laut auf. Carrie schaut sie kurz verstohlen an. Ihre kleine, rundliche Hand legt sich um den Rücken ihrer Mutter. Linda sagt: "Carrie, es tut gut, wenn du mich liebhältst." Carrie schaut ihre Mutter direkt an. Linda sagt: "Oh, Carrie, ich liebe es, wenn du mir in die Augen siehst!" Beide hören auf zu weinen, und Carrie beginnt, sich zu beruhigen und sich an den Körper ihrer Mutter zu schmiegen. Sie berührt ihr Gesicht. Sie streicheln sich einige Minuten lang und schauen einander in die Augen.

Beispiel 3

Der siebenjährige Billy ist im allgemeinen ein wohlerzogenes, glückliches und liebevolles Kind ohne irgendwelche erkennbaren Probleme. Dennoch fällt es seiner Mutter schwer, ein Gleichgewicht zwischen Berufs- und Privatleben zu schaffen. Wenn ihr Zeitplan knapp ist, benötigt sie Billys hundertprozentige Unterstützung. Manchmal fühlt Billy sich enttäuscht und zurückgesetzt, und bisweilen leistet er auf gewisse Weise Widerstand. Ein Gespräch in einer solchen Situation sieht folgendermaßen aus:

Mutter (während sie Billy auf ihren Schoß nimmt): "Billy, ich habe den ganzen Tag lang hart gearbeitet, um mit dir heute nachmittag an die frische Luft zu gehen. Obwohl ich dich darum bat, warst du nicht fertig."

Billy: "Ich will mich aber nicht umziehen!"

Mutter: "Es macht mich ärgerlich, wenn ich mich so beeile, um mit meiner Arbeit fertig zu werden, während du in der Schule bist, damit wir zusammen sein können, und du dich dann querstellst."

Billy: (weint und wehrt sich in der festen Umarmung seiner Mutter): "Es tut mir leid, Mutti."

Mutter: "Ich weiß, aber ich möchte, daß du das tust, um was ich Dich bitte. Du machst mich völlig kaputt, wenn du immer wieder das nicht tust, worum ich dich bitte."

Billy: (weint und wehrt sich): "Ich hasse es, mich umzuziehen!"

Mutter: "Ich habe dir doch erklärt, daß du die Kleidung am Montag für den Schulausflug aufs Land brauchen wirst."

Billy: "Ich dachte, du würdest sie einpacken."

Mutter: "Du hast mich nicht darum gebeten. Aber sowieso hatte ich nicht vor, irgendwelche Taschen zu packen."

Billy: "Das wußte ich nicht."

Mutter: "Wenn du nicht mithilfst, habe ich das Gefühl, daß du mich nicht zu schätzen weißt. In all meinen Planungen stehst du an erster Stelle. Es ist wichtig für mich, daß du nett zu mir bist."

Billy: "Das werde ich, ich verspreche es. Können wir jetzt aufhören?"

Mutter: "Nein, ich möchte, daß auch du mich ganz fest hältst."

Billy: "Ich hasse das! Du tust meinem Rücken weh!"

Mutter: "Wenn du dich nicht so wehren würdest, würde dein Rücken nicht wehtun. Leg deine Arme um meinen Rücken!"

Billy: "Nein, laß mich meine Arme einfach um deinen Hals legen. Wir wollen uns nur so ein bißchen umarmen."

Mutter: "Nein, jetzt wollen wir uns richtig liebhalten Ich möchte, daß du mich fest hältst und anschaust!"

Billy schreit und wehrt sich noch mehr.

Mutter: "Es tut mir weh, wenn du dich weigerst, mich liebzuhalten und anzuschauen!"

Billy weigert sich immer noch. Seine Mutter fühlt sich nun abgelehnt und beginnt zu weinen.

Mutter: "Bitte, bitte, schau mich an!"

Während die Mutter weint, kämpfen sie noch stärker miteinander. Billy fühlt die Trauer seiner Mutter und schaut sie an.

Mutter: "Ich liebe es so sehr, wenn du mir in die Augen schaust. Du hast mich früher als kleines Baby immer so angesehen. Ich war so glücklich, als du geboren warst!".

Billy: "Weine nicht, Mutti!"

Mutter: "Ich hab dich lieb, Billy!"

Billy: "Ich dich auch!"

Nun beginnt Billy wirklich, seine Mutter ganz fest zu halten, und sein Körper schmiegt sich an den ihren. Er schaut tief in ihre Augen und lächelt. Sie küssen sich.

Mutter: "Ich finde es wunderschön, wenn wir uns so liebhalten."

Billy: "Können wir es jeden Tag machen?"

Mutter: "Warum wehrst du dich denn jedes Mal so gegen mich, wenn du es täglich machen möchtest?"

Billy: "Nur hinterher gefällt es mir."

Mutter: "Wie fühlst du dich jetzt?"

Billy: "Es ist so, als ob ich nie wütend gewesen wäre und es niemals mehr werden kann."

Billy und seine Mutter schmusen und sprechen weiter miteinander. Er macht keinen Versuch, von ihrem Schoß herunter zu kommen. Schließlich bittet Billy seine Mutter darum, mit ihm zusammen mit den Bauklötzen zu spielen. Beide sind glücklich während des gemeinsamen Spiels. Billy bleibt den ganzen Tag seiner Mutter gegenüber ganz besonders hilfsbereit; zwischen ihnen herrscht eine offene Atmosphäre.

Dies sind Beispiele von sehr guten Sitzungen mit einer vollständigen Auflösung der Spannung. Manche Mütter berichten von glücklichen Nachwirkungen, selbst wenn sie nicht zu einer vollkommenen Auflösung der Spannung gelangt sind. Manche Mütter haben beschrieben, wie sie das Mutter-Kind-Halten während eines Wutanfalles anwandten, wobei sich das Kind zwar im Verlauf der Sitzung beruhigte, es aber nie zu einer richtigen Phase des Miteinander-Schmusens gekommen ist. Der Widerstand verringerte sich zwar, aber es folgte keine Annäherung. Mutter und Kind beendeten schließlich die Sitzung und gingen zu anderen Tätigkeiten über. Die Mütter berichteten, daß ihre Kinder ganz zufrieden zu sein schienen, obwohl sie selbst sich schrecklich fühlten. Sie waren ruhig, vergnügt, recht hilfsbereit, ja sogar begeistert von dem, was sie als nächstes tun sollten. Eine Mutter sagte: "Selbst ein ganz kleines bißchen Liebhalten hält lange vor." Wenn Sie also nicht jedes Mal zu einer völligen Auflösung der Spannung gelangen, warten Sie ab, um zu sehen, was danach geschieht; Sie können von den erfreulichen Ergebnissen der mangelhaften Sitzung angenehm überrascht sein.

Es ist wichtig zu verstehen, warum das so möglich ist. Es gibt interessante Entdeckungen aus der Psychologie, die erklären helfen können, warum die Auseinandersetzung während des Haltens für beide gut sein kann.

Beginnen wir mit dem, was über die Psychologie der Wut bekannt ist. Wenn jemand wütend ist, werden Adrenalin und dessen Gegenspieler Noradrenalin freigesetzt. Hierbei handelt es sich um zwei sich bekämpfende Hormone, die es Mensch und Tier seit jeher ermöglicht haben, Gefahrensituationen zu überleben. Wenn sie freigesetzt werden, steigen Blutdruck und Muskelspannung, die Frequenz des Herzschlags verändert sich, und die Atemfrequenz nimmt zu. Diese Reaktionen kennzeichnen den körperlichen Zustand, den wir Erregung nennen. Die Erregung ist die Basis für verschiedene Gefühle, nicht nur die Wut: Freude, Aufregung, Furcht, Sorgen, Angst, Frustration und Eifersucht – alle haben die gleichen körperlichen Symptome. Andere mögliche Gründe für einen erhöhten Adrenalinspiegel sind zum Beispiel Lärm, Hitze, körperliche Anstrengungen, Hunger und Menschenmassen. In der Regel verstehen wir je nach Wahrnehmung einer Situation das Gefühl, das eine Erregung begleitet. Zum Beispiel erleben Läufer ihre Freude in der sportlichen Betätigung. Der gleiche Grad der Erregung jedoch kann von derselben Person als sehr unangenehm empfunden werden, wenn er zum Beispiel durch Lärm oder Frustration verursacht wird. Ein Läufer, der durch Wut erregt ist, kann, indem er läuft, seine Wut in die Erregung der sportlichen Betätigung umwandeln. Später wird er vielleicht diese Erregung durch eine andere Betätigung ersetzen, wie zum Beispiel kreative Arbeit oder Sex. Die Dauer der Erregung und die sich anschließende Entspannung können als sehr angenehm empfunden werden; jemand anders mag sich hingegen lediglich erschöpft fühlen: Wer gelernt hat, Erregung als etwas Unangenehmes zu sehen, wird alles daran setzen, jegliche Erregung zu vermeiden.

Es versteht sich beinahe von selbst, daß unsere Wahrnehmungen von Gefühlen gefärbt und umgekehrt unsere Empfindungen von den Wahrnehmungen beeinflußt werden. Eine interessante Katz-und-Maus-Studie illustriert, daß Wahrnehmungen auch von anderen Wahrnehmungen verändert werden können. Die Hörreaktion einer Katze auf ein tickendes Metronom wurde von Elektroden an der Stelle im Gehirn aufgezeichnet, an der sich das Hörzentrum befindet. Wurde aber eine Maus in die Nähe des tickenden Metronoms gebracht, so registrierte das Katzenhirn kein Ticken mehr – die Elektroden erhielten kein Signal! Durch die Wahrnehmung der Maus wurde das Ticken im Gehirn der Katze überdeckt und gelöscht. Machen Sie sich einmal bewußt, wieviele Wahrnehmungen von einem Kind verzerrt oder gar nicht aufgenommen werden, dessen Leben von Sorgen, Enttäuschungen, Ängsten oder Eifersucht beherrscht ist, weil seine Grundbedürfnisse in den ersten Lebensjahren nicht befriedigt worden sind. Es wäre schwerer, dieses Kind davon zu überzeugen, daß Erregung etwas Positives darstellt, als ein Kind, dessen Erregung hauptsächlich von positiven Quellen herrührte. Kinder, die Erregung als eine schmerzvolle Erfahrung oder ein Zeichen von Gefahr kennenlernen, werden mit größter Mühe daran arbeiten, jegliche Erregung zu blockieren, denn eine Blockierung dient ihnen als Schutz vor schmerzhaften Gefühlen. Dabei geschieht es jedoch oft, daß die Blockierung über das Ziel hinausschießt und sie auch von positiven Empfindungen abschirmt. Diese innere Sperre gilt es abzubauen.

Ich gehe davon aus, daß während der körperlichen Auseinandersetzung beim Halten ebenso wie bei einer sportlichen Betätigung Adrenalin und Noradrenalin ins Blut freigesetzt werden, als Reaktion des Herz-Kreislauf-Systems auf die Muskelanstrengung. Die Erregung der körperlichen Auseinandersetzung wandelt sich meist in eine wütende Erregung, wenn die Mutter versucht, ihr Kind gegen seinen Willen fest zu halten. Im Laufe der Auseinandersetzung durchlebt das Kind eine Vielzahl von Gefühlen, aber in der Geborgenheit der haltenden Arme der Mutter. Dabei wird der Erregungszustand mit einer positiven Wahrnehmung verbunden, nämlich resolut, eng und liebevoll gehalten zu werden. (In der Tat haben Kinder mir gesagt, wie dankbar und gelöst sie sind, die Empfindungen der Wut ausdrücken zu können, ohne von der Mutter abgelehnt zu werden.) Wenn ein Kind diese Sicherheit spürt, während seine Mutter nicht locker läßt, nimmt die Erregung der Gefühle immer mehr zu. Nach dem Höhepunkt ist sie meist in Lust und Freude verwandelt, und die beiden beginnen, sich liebevoll zu umarmen. Der Erregungszustand nimmt langsam ab, während Mutter und Kind sich in ihren Armen entspannen und ausruhen.

Die Neurobiologie der Bindung geht davon aus, daß zwei Gruppen von chemischen Stoffen im Gehirn sich gegenseitig in der Waage halten, so daß sie einen angemessenen Erregungsgrad im Kind hervorrufen. Das Erregungshormon, Noradrenalin, verursacht ein Abnehmen von anklammerndem Verhalten, was zu Spiel und Entdeckerfreude führt. Die andere Gruppe chemischer Stoffe im Gehirn, endogene Opioide genannt, konnten für die Abnahme von Trennungsängsten verantwortlich gemacht werden. Sie werden freigesetzt, wenn sich das Kind in angenehmem körperlichen Kontakt mit der Mutter befindet. Es wird angenommen, daß Kleinkinder abwechselnd diese beiden Systeme stimulieren, wenn sie zwischen neugierigen Entdeckungen und körperlicher Nähe hin- und herwechseln.

Ein Kind kann in einem Zustand ständiger Übererregung verharren, wenn seine Mutter nicht in geeigneter Form auf seine Versuche reagiert, angemessen zwischen Anklammern und Loslassen zu wechseln. Es wird angenommen, daß ein ständiger Zustand der Übererregung schädliche Langzeiteffekte im Hinblick auf die Fähigkeit zur Folge hat, intensive Gefühle zu steuern. Ich glaube, daß das Mutter-Kind-Halten Mutter und Kind dabei hilft, das richtige Maß an Erregung zu wahren und somit intensive Empfindungen zu steuern.

Ich gehe davon aus, daß die körperliche Auseinandersetzung während der Ablehnungsphase die Freisetzung von Adrenalin und Noradrenalin bewirkt, während die endogenen Opioide in der Phase der völligen Auflösung der Spannung freigesetzt werden. Die Art und Weise, in der die Kinder wiederholt zwischen der Ablehnung und der Auflösung der Spannung hin- und herpendeln, spiegelt das in der Beobachtung junger Primaten gefundene wechselnde Verhalten zwischen Anklammern und Loslassen wider. Der Wechsel von Noradrenalin und Opioiden und die Art und Weise, wie diese mit den Phasen der Ablehnung und der völligen Auflösung der Spannung übereinzustimmen scheinen, könnte das Geschehen während und nach dem Mutter-Kind-Halten erklären. Nach einer vollständigen Auflösung der Spannung klammern sich die Kinder in einer für beide höchst befriedigenden Weise an ihre Mütter. Diese Klammer- oder Streichelphase kann bis zu dreißig Minuten dauern. Es scheint, daß die Kinder diese Gelegenheit nutzen, um wie selten sonst eine tiefe Verbindung einzugehen. Wenn sie die Nähe ausreichend erlebt haben, beginnen sie, so frei und freudig zu spielen und Entdeckungen zu machen, daß es die meisten Beobachter erstaunt – einschließlich die Mutter!

Lassen Sie uns nun einen Blick in die Entwicklungsstufen Ihres Kindes werfen.

ZWEITER TEIL

Die haltende Umarmung für Sie und Ihr Kind in der Entwicklung

4. Die besonderen Rollen der Eltern

Die Mutterrolle: Warum ich?
Die Vaterrolle: Was kann er tun?

Mütter fragen mich oft, warum sie im Leben ihres Kindes an erster Stelle stehen müssen. Viele Frauen wünschen sich, daß Männer gleichermaßen an der Erziehung ihres Kindes teilhaben oder manchmal sogar vollständig die Mutterrolle übernehmen. Die Mutter ist jedoch für die Entwicklung des Kindes, besonders des Kleinkindes, von entscheidender Bedeutung.

Unabhängig davon, wie sehr versucht wird, Gleichheit der Geschlechter zu praktizieren, gibt es ein Hindernis – die Biologie. Wenn Ihnen diese Feststellung auf den ersten Blick sexistisch erscheint, so haben Sie bitte ein bißchen Geduld mit mir. Die Natur hat Ihnen als Mutter außerordentliche Fähigkeiten mit auf den Weg gegeben. Wenn Sie manchmal das Gefühl haben, von der Verantwortung in die Enge getrieben zu werden, erinnern Sie sich daran, daß Sie sich mit Hilfe der haltenden Umarmung wieder Raum schaffen können. Es ermöglicht Ihnen, ohne besondere negative Auswirkungen Ihr Kind als "Nicht-Vollzeitmutter" zu erziehen.

Was *Sie* brauchen, ist eine starke, dauerhafte und beidseitig befriedigende Mutter-Kind-Bindung. Dann wird Ihnen der Wunsch, daß Ihr Mann Ihre Stelle einnehmen sollte, gar nicht in den Sinn kommen. Vielmehr werden Sie Wege finden, wie er Ihnen eine Stütze sein kann, so daß Sie Kraft bekommen, die feste Bindung zu Ihrem Kind trotz der Belastungen durch die Außenwelt zu erhalten. Sie werden Ihrem Mann dabei helfen, selbst eine starke, gesunde und unmittelbare Beziehung zu Ihrem Kind aufzubauen. Mit Hilfe des Mutter-Kind-Haltens werden Sie feststellen, daß Mutter zu sein eine der dankbarsten und schönsten Erfahrungen in Ihrem Leben ist, und auch Ihr Mann wird zu der Erkenntnis gelangen, daß Vater zu sein eine der befriedigendsten Aufgaben seines Lebens ist. Warum? Weil Sie zusammen ein glückliches und gesundes Kind haben werden, das in der Lage ist, Sie wiederzulieben.

Die normale Entwicklung eines Kindes findet in einem sozialen Kontext statt. Für ein Neugeborenes ist dies die Bindung zwischen ihm und seiner Mutter. Neuere Forschungen zeigen, daß Babys wenige Stunden nach der Geburt die Stimme ihrer Mutter wiedererkennen und zum Beispiel durch kräftiges Saugen an einem Schnuller versuchen, durch das Hören ihrer Stimme belohnt zu werden. Außerdem erkennen sie den Geruch ihrer Mutter und ihr Gesicht.

Sobald das Baby zur Welt kommt, bevorzugt es seine Mutter allen anderen Menschen gegenüber. Sein Überleben hängt fast vollständig von der festen emotionalen Bindung an seine Mutter ab. Es ist bekannt, daß für die mütterliche Bindung an das Kind neben der emotionalen auch eine biologische Grundlage besteht. Tatsächlich ereignet sich etwa drei Wochen vor der Geburt ein einschneidender Wechsel im Hormonhaushalt der Mutter, und Frauen legen in dieser Zeit häufig ein zunehmend mütterliches Verhalten an den Tag. Tierstudien zeigen mögliche Ursachen dafür. Eine jungfräuliche erwachsene Ratte meidet normalerweise den Kontakt mit ganz jungen Ratten, aber wenn sie eine Bluttransfusion von einer Mutterratte erhält, beginnt sie innerhalb von vierzehn Stunden, mütterliches Verhalten an den Tag zu legen. Blut von Ratten, das vor dem Hormonschub oder mehr als vierundzwanzig Stunden nach der Geburt abgenommen wurde, hat diesen Effekt nicht.

Intensiver früher Kontakt zwischen Mutter und Kind wirkt sich beim Menschen anhaltend positiv auf die Mutter-Kind-Beziehung aus, sogar noch Jahre später. Andererseits kann eine Trennung zum Zeitpunkt der Geburt dauerhafte Beziehungsstörungen zur Folge haben. So spielt die Trennung zum Beispiel bei Kindesmißhandlung eine große Rolle. Eine überdurchschnittlich große Zahl frühgeborener Babies, die nach Zeiten längerer, aufgrund der Intensivbehandlung notwendiger Trennungen in einem guten Gesundheitszustand nach Hause entlassen werden, kehren, von ihren Eltern übel zugerichtet und mißhandelt, ins Krankenhaus zurück. Dies wird auf eine schwere Bindungsstörung zurückgeführt. Hingegen wird die Bindung zwischen Mutter und Kind, wenn sie sich normal entwickelt, als für beide Seiten befriedigend erlebt; sie schützt Mutter und Kind erkennbar vor den Folgen von Belastungen.

Jeder kennt zumindest eine Mutter, die vom Augenblick der Geburt an von ihrem Baby vollständig gefangengenommen war. Das beste Beispiel, das ich kenne, ist Susan. Susan hatte den großen Wunsch nach einem Baby. Es dauerte anderthalb Jahre, bis sie schwanger wurde; sie war sehr glücklich, als ihr lang gehegter Wunsch in Erfüllung ging. Gegen Ende der

Schwangerschaft wurde sie jedoch zunehmend aufgeregt, fühlte sich unwohl und machte sich Sorgen um körperliche Beschwerden. Zu allem Unglück hatte sie auch noch lang andauernde und besonders schmerzhafte Wehen. Nach vierundzwanzig Stunden war ihr Sohn geboren. Während sie erschöpft dort lag, ohne Interesse zu zeigen, beugte das Baby, das inzwischen gewickelt und in ein Bettchen gelegt worden war, seinen Körper und drehte sich so lange, bis es ihr in die Augen sehen konnte. Der kurze, aber direkte Blick ließ ihr Herz schmelzen und band sie sofort voll Begeisterung fest an das Kind. Ohne diesen Augenkontakt hätte es aufgrund der Umstände unmittelbar vor und während der Geburt zu Problemen in der Mutter-Kind-Bindung kommen können; perinatale Komplikationen, d. h. Zwischenfälle während der Geburt, haben häufig Störungen in der Mutterbindung zur Folge. Der Augen-Blick verwandelte Susans Desinteresse und Erschöpfung in ein Hochgefühl, ihre Lebensgeister kehrten zurück, und sie erholte sich schnell von der anstrengenden Geburt. Ihre Erfahrung zeigt deutlich, wie die Mutter-Kind-Bindung bereits zu diesem frühen Zeitpunkt vor Belastungen geschützt werden kann.

Vicky, eine andere Mutter, sah ihr Baby zum Zeitpunkt der Geburt nicht. Als man es ihr später brachte, sagte sie, sie wisse nicht einmal, ob es wirklich ihr eigenes Baby sei. Eine Bindung baute sich mit der Zeit auf, aber nicht so intensiv wie bei Susan oder Vickys zweitem Kind; dieses konnte sie gleich nach der Geburt sehen. Das Erstgeborene zeigte Anzeichen mangelhafter Bindung; sie hatte eine große Vorliebe für ihr zweites Kind, bei dessen Geburt es zu keiner Trennung gekommen war.

Auch Mary sah ihr Kind bei der Geburt nicht, weil ein Kaiserschnitt durchgeführt werden mußte. Als sie aus der Vollnarkose erwachte, teilte man ihr mit, sie habe einen kräftigen, gesunden Sohn. Sie konnte es kaum glauben, da sie die Geburt nicht bewußt erlebt und sich darum nicht daran erinnern konnte. Die Krankenschwester fuhr sie zum Säuglingszimmer und deutete auf ihr Kind, aber sie konnte es ohne ihre Brille kaum sehen. Sie sah gerade so viel, daß sie ihren Vater in diesem kleinen rosafarbenen Gesicht wiedererkennen konnte. Aufgrund von Komplikationen wurde ihr Sohn vierundzwanzig Stunden lang und auch danach nicht zu ihr gebracht, weil man feststellte, daß sie angeblich zu viele Medikamente bekommen hatte und zu schwach sei, um ihn zu halten. Da Mary um die Bedeutung der frühen Bindung wußte, war sie verzweifelt und wurde hysterisch. Nach einem Telefongespräch mit einer Freundin über das Mutter-Kind-Halten erkannte sie, daß ein vertiefter Kontakt diesen schlechten Start wieder ausgleichen könnte. Nach einer Woche fast vollständiger Trennung voneinander im Krankenhaus kamen Mutter und Kind gemeinsam nach Hause und verbrachten die folgenden fünfzehn Monate ohne weitere Trennungen. Mary und ihr Mann ließen ihr Baby zwischen sich schlafen, und täglich trugen sie es in einem Tragegurt vor der Brust. Nur die Eltern und Großeltern berührten es während der ersten drei Monate. Es entwickelte sich zu einem glücklichen, zufriedenen Baby, und auch seine weitere Entwicklung war bemerkenswert. Mutter und Sohn standen in einer guten Beziehung zueinander. Mit fünfzehn Monaten wurde er entwöhnt; mit achtundzwanzig Monaten bekam er ein eigenes Bettchen. Er ist sehr kontaktfreudig und neugierig und hat ein gutes Verhältnis zu seinen Eltern und zu gleichaltrigen Kindern.

Marys Erfahrung hätte ohne ihr Wissen über die Bindungstheorie und ihre Anwendung in der Praxis zu einer gestörten Beziehung geführt. Manchen Familien gelingt es, frühe Trennungen instinktiv auszugleichen, aber vielen fehlt das Wissen um die Zusammenhänge.

Tierstudien belegen eindeutig die Wirksamkeit von forcierter körperlicher Nähe, wenn Mutter und Kind bei der Geburt voneinander getrennt wurden. Wenn Schafe und Ziegen bei der Geburt von ihren Jungtieren getrennt werden, weisen sie daraufhin ihren eigenen Nachwuchs zurück. Werden sie jedoch in engen Ställen für eine längere Zeit zusammen eingesperrt, binden sie sich schließlich wieder aneinander; dasselbe gilt für Ratten. Studien belegen auch, daß innige Nähe bei der Geburt die traumatischen Folgen späterer Trennungen ausgleicht. Mutterratten, die unmittelbar nach der Geburt eine enge Bindung an ihre Jungtiere aufbauen, erkennen diese sogar nach einer längeren Zeit der Trennung wieder und nehmen ihr Mutterverhalten wieder auf.

Das Verhalten eines Säuglings der Mutter gegenüber ist einer der wichtigsten Faktoren im Hinblick auf die Gefühle der Mutter und den Aufbau einer Bindung. Ein waches Neugeborenes begeistert die Mutter. Ein Baby, das seine Augen nicht öffnet, gibt ihr Grund zu der Sorge, ob es überleben wird, und flößt ihr auf diese Weise Angst vor einer Bindung ein. Mütter erleben Babys, die sich ohne große Schwierigkeiten beruhigen lassen, als angenehm; Babys, die nicht aufhören zu schreien, verursachen Niedergeschlagenheit und Enttäuschung, da die Mütter sich unfähig und entfremdet, ja abgelehnt fühlen.

Babys geben in der Regel eine Vielzahl von Signalen von sich. Versteht die Mutter diese richtig, wird sie die Bedürfnisse des Babys meistens erfüllen können; hierin liegt auch für sie selbst eine Befriedigung. Versteht sie die Signale nicht richtig, wird das Baby unzufrieden und sie selbst enttäuscht und niedergeschlagen. Die kindlichen Signale zu verstehen ist eine Fähigkeit, die erlernt werden kann, selbst wenn die Erfahrungen mit Ihrer eigenen Mutter Ihnen nicht als Vorbild dienen können. Der optimale Verlauf in der Entwicklung der Mutter-Kind-Bindung würde etwa folgendermaßen aussehen: Die Mutter bleibt während der gesamten Schwangerschaft gesund und unbelastet. Die Geburt verläuft schnell und normal und findet ohne oder unter ganz geringem Medikamenteneinsatz statt, so daß Mutter und Kind wach sind. Sofort nach der Geburt sind sie Haut an Haut beieinander und dürfen eine Stunde lang und während ihres Krankenhausaufenthaltes täglich zumindest einige Stunden lang zusammenbleiben. Die Mutter bleibt zuhause bei ihrem Kind, stillt es und versorgt es selbst. Vom Vater und von den Großeltern bekommt sie manche Hilfe. Andere Mütter oder die Großmutter stehen ihr besonders in den ersten Wochen zur Seite, um sie zu unterweisen und ihr Gesellschaft zu leisten. Sie lernt es, angemessen auf die Signale des Kindes zu reagieren und seine Bedürfnisse zu stillen. Das Baby ist zufrieden, und die Mutter fühlt sich ausgefüllt. So wird die Bindung stark und beständig.

Wenn wir die freie Auswahl hätten und nicht den Realitäten der Wirtschaftswelt ins Auge sehen müßten, könnten vielleicht mehr von uns einen solchen Anfang mit ihren neugeborenen Kindern machen. Da wir aber nicht in einer idealen Welt leben können, lassen Sie uns einige der Schwierigkeiten gedanklich vorwegnehmen. Sie können sie vermeiden oder zumindest versuchen, ihnen dadurch zu begegnen, daß Sie sich bewußtmachen, wie Situationen mißlingen können. Mit Hilfe des Mutter-Kind-Haltens konnten viele Schwierigkeiten gelöst werden. Stellen Sie sich vor, eine Mutter und ihr Neugeborenes haben einen sehr guten Anfang miteinander gemacht. Dann muß die Mutter wieder arbeiten gehen, und eine bezahlte Tagesmutter wird angestellt. Die Mutter findet, daß sie sich zumindest ein bißchen loslösen sollte, damit der Wechsel keine Schwierigkeiten macht. Mit "loslösen" meine ich, daß die Mutter versucht, einmal nicht mehr zu denken, daß ihre persönliche Gegenwart so entscheidend wichtig für das Wohlergehen des Kindes ist, und sich bemüht, sich selbst davon zu überzeugen, daß eine kompetente Ersatzkraft diese Aufgabe ebenso gut übernehmen kann. Sie versucht, sich zu freuen, wenn das Kind auf die Betreuerin genauso gut anspricht wie auf sie selbst, trotz ihrer durchaus normalen Gefühle des Besitzens gegenüber dem Kind. Eine solche Einstellung schwächt unweigerlich die Bindung zu ihrem Baby.

Mütter, lassen Sie es sich sagen: Diese Loslösung ist nicht notwendig!

Wenn eine Mutter ihr Kind so fest an sich bindet wie nur möglich, wird es dem Baby im Gegenteil leichter fallen, Liebe und Trost von einer Tagesmutter zu empfangen. Wenn die Mutter es sich erlaubt, sich vom Kind loszulösen, reagiert das Baby enttäuscht; die beiderseitige Befriedigung besteht dann nicht mehr wie bisher. Es kann sogar vorkommen, daß die Mutter auf den Erfolg der Betreuerin mit ihrem Kind eifersüchtig wird. Sie sagt sich: "Nun gut, letztlich war ich wohl doch nicht so wichtig." Sie führt den Loslösungsprozeß weiter fort, und die Tagesmutter füllt die Lücke immer mehr auf. Das Kind wächst heran und hört zunehmend auf sie. Die Mutter fühlt sich immer weniger mit ihrem Kind verbunden. Häufig kommt es vor, daß das Kind ganz friedlich mit der Tagesmutter den Tag verbringt und dann einen Tumult veranstaltet, wenn die Mutter nach Hause kommt; mitunter verbleibt das Kind in Distanz zur Mutter. In beiden Fällen verhält es sich nicht so, daß seine Bindung zur Mutter dadurch gestärkt werden könnte.

In diesem theoretischen Fall lag zu Beginn eine gute Mutter-Kind-Bindung vor. Stellen Sie sich vor, was geschieht, wenn zu dem Zeipunkt, wo zum ersten Mal ein Kindermädchen kommt, Mutter und Kind in einer nur schwach ausgeprägten Beziehung zueinander stehen.

Ich kannte ein Kind mit einer solchen Vorgeschichte. Er war ein netter dreieinhalbjähriger Junge, und ich hatte die Gelegenheit, ihn einmal in der Woche in der Gymnastikstunde beobachten zu können. Er verhielt sich unsicher und anklammernd. Im Verlauf von zwei Monaten bemerkte ich eine Veränderung. Seine sprachliche Entwicklung nahm einen sprunghaften Schub; er schien glücklicher zu sein und zeigte ein viel größeres Selbstvertrauen. Ich entschloß mich, sein Kindermädchen zu fragen, ob er einmal zu uns kommen könnte, um mit unserem Sohn zu spielen. Das Kindermädchen sagte, sie werde nach Ablauf dieser Woche ihre Arbeit in der Familie beenden; ich müßte die Mutter fragen. Ich fand heraus, daß diese während der vergangenen zwei Monate viel zuhause gewesen war und das Zusammensein mit Andy so sehr genossen hatte, daß sie ihre Arbeit nun für ein Jahr aussetzen wollte, um zuhause zu bleiben. Ich lachte über mich selbst, daß ich nicht darauf gekommen war, daß die Veränderung des Kindes auch mit einer erhöhten Mutter-Kind-Bindung einhergegangen sein mußte. Ich hätte es mir denken können!

Wir haben damit in eine Familie geschaut, in der ein Kindermädchen zwischen Mutter und Kind geraten war.

Nun wollen wir eine andere Situation betrachten, in der ein Vater die Rolle des Kindermädchens übernahm. In seltenen Fällen habe ich Väter gesehen, die zwischen Mutter und Kind gerieten, was noch schlimmer endete als im Falle eines Kindermädchens. Betreuerinnen gehen in der Regel nicht so weit, die Mutterrolle gänzlich zu übernehmen. Jeder erkennt die Mutter an. Wenn aber der Vater einspringt, hat die Mutter oft das Gefühl, daß er ihr vorgreift, selbst wenn er lediglich versucht, vorübergehend eine Lücke zu schließen. Viele Mütter geraten sogar mit den Vätern in Streit, und es entsteht eine wachsende Entfremdung sowohl vom Kind als auch vom Vater. In manchen Fällen kam es zur Scheidung, bevor die Mutter die gute Beziehung zu ihrem Kind wiederherstellen konnte, oder auch in Familien, in denen die Beziehung zwischen Vater und Kind schlecht oder wenig ausgebildet war.

Sue und Peter waren viele Jahre lang verheiratet, bevor sie ihr erstes Kind bekamen. Sue hatte schon die Hoffnung aufgegeben, noch schwanger zu werden, und sich auf eine berufliche Karriere eingelassen. Als Renee geboren wurde, wollte sie nicht zuhause bleiben. Peter füllte die Lücke. Im Laufe von zwei Jahren bahnte sich langsam eine Annäherung zwischen Sue und Renee an, aber die Mutter war eifersüchtig auf das innige Verhältnis zwischen Renee und ihrem Mann. Dennoch führten sie ein glückliches Familienleben, und einige Jahre später entschlossen sie sich, ein zweites Kind zu bekommen. Als Helen geboren war, kümmerte sich Peter überhaupt nicht um sie. Das verletzte Sue und machte sie wütend. Jetzt war sie von Anfang an sehr mit der Pflege des Babys beschäftigt. Peter war immer noch eng mit Renee verbunden, aber trotz der Bemühungen seiner Frau hielt er sich von dem neuen Baby fern. Der Konflikt zwischen Sue und Peter wegen ihrer Beziehungen zu den Kindern spitzte sich zu, und ihr Verhältnis zueinander verschlechterte sich immer mehr. Sue entschloß sich zu einer Scheidung. Die Ehe hätte vielleicht gerettet werden können, wenn sie eine Therapie gemacht hätten, die ihnen in ihrer Beziehung zueinander geholfen hätte.

Im Gegensatz dazu möchte ich ich Ihnen eine ähnliche Familie vorstellen. Das haltende Umarmen wurde bald nach der Geburt des ersten Kindes eingeführt, denn der Mutter gefiel es nicht, daß der Vater sich ihre Rolle gegen ihren Willen aneignete. In den ersten Monaten konnte die Mutter eine feste Bindung zu ihrem Kind aufbauen. Der Vater wurde ermutigt, sowohl die Mutter als auch das Baby zu halten. Die Mutter war nicht länger eifersüchtig auf die enge Beziehung ihres Mannes zu ihrem Kind, da das Verhältnis zu ihrem Kind sehr gut war und sie sich auch mit ihrem Mann enger verbunden fühlte. Als das zweite Kind kam, konnte es ebenso wie das erste in einer festen Familienbeziehung aufwachsen. Die Eltern vermieden jeglichen Streit sowohl unter sich als auch unter den Geschwistern; sie sind eine glückliche Familie. Bis heute setzen sie die haltende Umarmung ein; dieses führt dazu, daß die Ehepartner miteinander und mit ihren Kindern in eine vertiefte Beziehung treten, die von diesen auch beantwortet wird.

Im Fall von Darlene und Ron hatten beide Elternteile eine starke Bindung an ihr erstes Töchterchen erlangt. Aber die Mutter wurde auf die Vater-Kind-Beziehung eifersüchtig, weil ihr Mann sich außerordentlich viel um das Baby und nur sehr wenig um sie kümmerte. Dennoch verlief während der ersten beiden Jahre alles relativ gut. Dann wurde die Mutter unerwartet schwanger. Keiner der beiden war auf ein zweites Kind vorbereitet. Als das Baby geboren war, wurde das erste Kind sehr eifersüchtig. Die Eltern besänftigten es, indem sie das Baby kaum beachteten; es war ein ruhiger, anspruchsloser Säugling, der gleich schlief, sobald man ihn in die Wiege legte.

Dieses zweite Kind entwickelte sich nicht gut. Als ich das Mädchen im Alter von sieben Monaten zum ersten Mal sah, war es ganz zurückgezogen, unbeweglich und reagierte kaum. Wir begannen mit dem haltenden Umarmen, und das Mädchen entwickelte sich langsam besser. Der Geschwisterneid bei der älteren Tochter nahm auffallend ab. Die Mutter fühlt sich nun mit beiden Kindern fester verbunden; mit ihrem Mann zusammen arbeitet sie gemeinsam an ihrer Beziehung zueinander.

Der Grad, bis zu dem ein Vater in die pflegerische und erzieherische Rolle mit hineingenommen werden soll, muß individuell festgelegt werden. Manche Mütter akzeptieren die traditionelle Vaterrolle mit ihrem geringen direkten Vater-Kind-Kontakt, solange der Vater das Mutter-Kind-Verhältnis unterstützt. Für andere Mütter ist ein reichlicher Vater-Kind-Kontakt obligatorisch. Manche Mütter, die "Nur"-Hausfrauen sind, wünschen, daß der Vater bei seiner Rückkehr von der Arbeit sofort mit der Erledigung der Hausarbeiten beginnt. Wenn diese Arbeitsteilung jedoch funktioniert, sieht die Mutter das Engagement des Vaters nicht als Eingriff in ihre Aufgaben oder als Mutterersatz an, sondern vielmehr sich selbst im Vordergrund und den Vater als willkommene Hilfe.

Wer sagt, daß Väter in keiner Hinsicht wie Mütter sein sollen, wird der Bedeutung der Vaterrolle nicht gerecht, denn sie steht der Mutterrolle in nichts nach. Die Art und Weise, wie beide zusammenwirken, um ein bestmögliches Heim zu schaffen, ist von Ehepaar zu Ehepaar verschieden.

Kathleen und Cal sind ein Beispiel für ein Ehepaar, dessen Lebensstil in den frühen Jahren ihres Familienlebens gut funktioniert hat. Cal war die ganze Woche verreist und kam an Wochenenden nach Hause. Wenn er unterwegs war, rief er jeden Abend an. Er brachte Kathleen Geschenke mit und überschüttete sie mit Aufmerksamkeiten, wenn er nach Hause kam. Zuhause widmete er sich vollkommen dem Familienleben. Kathleen fühlte sich sicher und glücklich.

Nach der Geburt des zweiten Kindes machte Cal sich selbständig. Er brauchte nicht mehr zu reisen, arbeitete aber an sieben Tagen in der Woche. Kathleen erwartete nun täglich die Hilfe und Unterstützung mit der Hingabe, die sie von den früheren Wochenenden her gewohnt war; stattdessen bekam sie weniger. Sie fühlte sich verletzt, wütend und enttäuscht. Die Pflege des zweiten Kindes wurde durch diese Veränderungen in der Familie gestört. Das Kind wurde zu einem Problem. Auch das ältere Kind mußte darunter leiden. Die Ehe stand kurz vor dem Zerbrechen, als es ihnen doch noch gelang, ihr Gleichgewicht zurückzugewinnen. Der veränderte Arbeitsaufwand des Vaters hatte sich nachhaltig negativ auf die Mutter ausgewirkt. Diese Situation zeigt noch einmal, wie Veränderungen im inneren Gleichgewicht der Familie und des Umganges der Familienmitglieder miteinander die Bindung der Eltern zueinander und zu ihren Kindern und die Bindung der Kinder an ihre Eltern beeinflussen können.

Jody und Bill sind ein Paar, das die Erziehung ihrer Kinder an die traditionellen Vorstellungen anlehnte: Die Mutter kümmerte sich um das Haus und die Kinder, der Vater um die geschäftliche Seite und die Finanzen; beide waren mit dieser Einteilung zufrieden. Häufige arbeitsplatzbedingte Wohnungswechsel aber brachten die Stabilität der Familie ins Wanken. Dies wirkte sich negativ auf die Entwicklung der Kinder aus. Zwischen Mutter und Kindern sowie zwischen den Eltern wurde die haltende Umarmung eingeführt. Bill begann, sich mehr um die Erziehung der Kinder zu kümmern, er und Jody kamen einander näher, und die Entwicklung der Kinder machte entscheidende Fortschritte.

Kinder überleben viele traumatische Erlebnisse; überleben aber ist nur eine klägliche Alternative im Vergleich zu einer optimalen Entwicklung. Eine feste, gesunde und dauerhafte Bindung zwischen Mutter und Kind stellt die Basis für eine gesunde Entwicklung dar. Selbst eine gute Betreuung durch andere Verwandte kann die Mutter-Kind-Bindung nicht ersetzen.

Jill und Ryan trennten sich, als ihr Sohn John drei Jahre alt war. Ryans Mutter übernahm die Pflege des Jungen, nachdem Jills Freund das Kind mißhandelt hatte. Jill sah John während der nächsten acht Jahre nicht mehr. Er wurde zu mir gebracht, weil er Schwierigkeiten im Umgang mit

Gleichaltrigen hatte und in der Schule schlecht lernte. Ich schlug John vor, seine Mutter einmal wiederzusehen, woraufhin Jill und Ryan zusammen mit John zu einer Sitzung kamen. Ein freudiges Wiedersehen fand in meiner Praxis statt. Jill begann, John regelmäßig zu treffen. Johns Beziehungen zu Gleichaltrigen normalisierten sich sofort und seine Schulleistungen wurden allmählich besser. Heute studiert er an einer Hochschule und erhält ein kleines Stipendium. Obwohl dieser Junge in der liebevollen Umgebung seiner leiblichen Großeltern aufgewachsen war, brachte ihn erst die erneuerte Beziehung zu seiner Mutter auf den Weg einer guten Entwicklung zurück.

Hilary stellt ein extremes Beispiel für die Notwendigkeit einer guten Mutter-Kind-Bindung dar. Mit neunzehn Jahren wurde sie nach einem Selbstmordversuch in eine Nervenheilanstalt eingewiesen. Zur Zeit des Krankenhausaufenthaltes lebten ihre Eltern getrennt; es war die fünfte Trennung innerhalb von vier Jahren. Hilary hatte mit ihrem Vater zusammengelebt, zu dem sie ein recht gutes Verhältnis hatte; von Jo, ihrer Mutter, war sie ganz entfremdet.

Jo war wegen ihrer eigenen Depressionen zu mir gekommen. Ich erklärte ihr, daß es einer Mutter in der Regel auch nicht gut geht, wenn sich ihr Kind in ernsten Schwierigkeiten befindet. Ich bat sie, nach Hause zurückzukehren, sich mit Ron, ihrem Ehemannn, zu versöhnen und Hilary aus der Nervenklinik herauszuholen. Sie hatte sich nach langem Hin und Her nach zwanzig Jahren aus einer unglücklichen Ehe befreit und sich endlich ein eigenes Leben und eine berufliche Karriere geschaffen. Ich bestand auf der Erfüllung meiner Bedingungen, wenn sie die Therapie mit mir beginnen wollte. Sie stimmte zu. In der darauffolgenden Woche brachte sie Hilary und Ron zu einer gemeinsamen Sitzung, die gut verlief. In dieser Nacht schlitzte sich Hilary beide Pulsadern auf – *aber nur leicht*. Die örtliche Notfallambulanz rief mich an und fragte, ob ich die Verantwortung für die Patientin übernehmen wollte. Ich lehnte ab mit dem Hinweis, dies könne nur die Mutter übernehmen. Jo war einverstanden. In der folgenden Woche tat Hilary nach unserer Sitzung so, als schnitte sie sich eine Pulsader auf. Von dem Tag an blieb Jo fünf Monate lang rund um die Uhr bei ihr. Täglich nahmen sie sich mehrere Stunden lang Zeit für die haltende Umarmung, ebenso auch Ron und Jo. Ann, eine jüngere Tochter, die aufgrund der Familienprobleme abgelehnt worden war, wurde auch in die tägliche Therapie mit einbezogen. Bald ging es Hilary besser, sie wurde unabhängig, und es gelang ihr zum ersten Mal in ihrem Leben, eine verantwortungsvolle Arbeitsstelle zu übernehmen. Sie heiratete, und auch

Jo und Ron wurden ein glückliches Ehepaar, zum ersten Mal innerhalb von zwanzig Jahren.

Diese Familie war fast vollständig auseinandergebrochen. Die haltende Umarmung erlaubte es allen Familienmitgliedern, gegenseitig befriedigende Beziehungen in einer zuvor nicht gekannten Intensität zu erreichen. Hilary drückte es so aus: "Es ist nicht möglich, draußen erfolgreich zu sein, wenn es zuhause nicht stimmt. Wer es nicht schafft, eine ausgeglichene Beziehung insbesondere zur Mutter zu erreichen, bevor er als Erwachsener das Elternhaus verläßt, wird das ganze Leben lang in seinen Beziehungen zum anderen Geschlecht nach einem Ersatz für Mutter und Vater suchen."

Ann, die jüngere Schwester, sagte: "Das Liebhalten ist eine vorbeugende Maßnahme selbst für Familien, deren Probleme nicht so offen zutage treten wie in unserem Fall. Meine Schwester war selbstmordgefährdet, aber es war wohl eher so, daß sie um jeden Preis Aufmerksamkeit erlangen wollte. Jahrelang hat sie geschrien, und es wurde schlimmer mit ihr. 'Hört mir zu! Schaut mich an! Seid doch gute Eltern zu mir! Gib mir etwas!'"

Hilary fügte hinzu: "Wäre es nicht schön, mit dem Segen der Eltern, dem Gefühl um ihre Nähe und ihrem und dem eigenen inneren Frieden aus dem Haus zu gehen, in dem Bewußtsein, jederzeit wiederkommen und mit inniger Zuneigung empfangen werden zu können?"

Hilarys Fallgeschichte zeigt deutlich, wie die Beziehung der Mutter zum Kind und die unterstützende Haltung des Vaters zu diesem Verhältnis den Verlauf der kindlichen Entwicklung positiv beeinflussen können. Aus Hilarys Geschichte und den anderen Beispielen läßt sich ein Muster ableiten. Störungen in der Mutter-Kind-Bindung verursachen Probleme: bei der Mutter, dem Kind, in der Ehe oder bei allen dreien. Eine Wiederherstellung der innigen Beziehung zwischen Mutter und Kind kommt allen dreien zugute.

Wenn es Ihnen gelingt, eine gesunde, feste, beiderseitig befriedigende Mutter-Kind-Bindung aufzubauen, werden Sie feststellen, daß Mutter zu sein zu den dankbarsten und schönsten Erfahrungen Ihres Lebens gehört. Sie werden den Wunsch verspüren, diese Erfahrung mit Ihrem Ehemann zu teilen, aber niemals diese Vorrangstellung aufgeben wollen, die die bestmögliche Entwicklung des Kindes und der Familie ermöglicht.

Die Rolle des Vaters unterscheidet sich von der der Mutter. Es gibt eine Redensart, die sagt: "Das Beste, was ein Vater für seine Kinder tun kann, ist, ihre Mutter zu lieben." Die Tatsache, daß die Bindung des Kindes an die Mutter an erster Stelle steht, schmälert in keiner Weise die Bedeutung des Vaters. Eine innige Beziehung zwischen Mutter und Kind ensteht unabhängig davon, ob der Vater dabei ist oder nicht. Jedoch ist er von entscheidender Bedeutung für die Dauerhaftigkeit der Bindung. Die haltende Umarmung hat sich bei einer Vielzahl psychologischer Störungen im Kindesalter erwiesenermaßen als nützlich herausgestellt oder kann in manchen Fällen zur Heilung führen. Eine entscheidende Besserung trat jedoch nur in solchen Fällen ein, in denen der Vater nicht nur die Mutter liebte, wie die Redensart sagt, sondern auch das haltende Umarmen mit ihr praktizierte und gleichfalls aktiv daran teilnahm. Dieses unerwartete Ergebnis wurde durch über fünf Jahre lang beobachtete Korrelationen zwischen väterlichem Verhalten und Anteilnahme einerseits und Ergebnissen der Behandlung andererseits bestätigt. Nichts anderes konnte als Grund für die unterschiedlichen Ergebnisse infrage kommen; die einzige unveränderliche Variable war der Vater. Kinder mit engagierten Vätern erholten sich schnell von ihren emotionalen Problemen, wohingegen solche mit unbeteiligten Vätern sich nur langsam in Richtung einer Besserung entwickelten. Kinder ohne Väter erholten sich nur ein wenig und nur sehr, sehr langsam. Die Kinder mit den unbeteiligten Vätern begannen zuerst, sich zu erholen, und erreichten dann einen Zustand, von dem aus sie keine weiteren Fortschritte mehr machten. Sobald dieser Unterschied festgestellt wurde, wurden manche der Väter mit eingebracht, deren Kinder sich daraufhin weiterentwickelten. Die gestörten Kinder, die nie zu einer Heilung gelangen, sind die, deren Väter unbeteiligt blieben. Sie mögen sich fragen, warum ich die Fälle von Problemkindern in der Diskussion über die Vaterrolle betone. Der Grund hierfür liegt darin, daß die Vaterrolle bei normalen Kindern noch nicht so sehr erforscht worden ist wie bei gestörten Kindern, aber die Grundsätze sind die gleichen.

Studien haben gezeigt, daß Kinder, besonders Jungen, ohne Väter häufig Lernprobleme und eine delinquente Jugend haben. Andere Studien belegen den Typ des Vaters, der ausgeglichene und fähige Kinder hervorbringt. Die Formel für den Erfolg sind ein wohlwollender, interessierter, engagierter, nicht autoritärer, hegender Vater und eine liebevoll erziehende, positiv verstärkende Mutter. Damit eine Mutter nachhaltig wirksam erziehen kann, braucht sie Verstärkung und Auftrieb durch den Ehemann und muß bei ihm Kraft schöpfen können; manchmal braucht sie ihn auch, damit er einmal ihre Stelle einnimmt.

Eine Mutter machte diese Bedürfnisse auf ergreifende Weise deutlich, als sie während einer Mutter-Kind-Halte-Sitzung ihren Sohn anschrie, weil er seinen Vater schlug. Sie sagte: "Wenn deinem Vater irgendetwas zustößt, kann ich überhaupt nichts mehr für dich tun. Ohne deinen Vater bin ich nichts!" Ihr Mann war ein guter Vater. Er hatte immer schwer gearbeitet, um seiner Familie finanziellen Wohlstand bieten zu können, und dennoch hatte er stets Zeit für seine Frau und die Kinder gefunden. Er half ihr bei den Hausarbeiten und nahm ihr zu einem großen Teil das Kochen ab. Auch auf der Gefühlsebene verstand er sich gut mit ihr. Wenn sie weinte, tröstete er sie. Wenn die Kinder ungehorsam waren, gab er ihr Rückendeckung. Kurz, er liebte sie und zeigte dies deutlich mit Worten und gefühlsbetontem Verhalten. Die Mutter hatte eine sehr traurige Kindheit erlebt und früh ihre Mutter verloren. Mutter zu sein fiel ihr nicht in den Schoß; jedoch war sie mit Hilfe ihres Mannes eine gute und erfüllte Mutter geworden. Dieser Vater schuf die bestmöglichen Voraussetzungen für ein glückliches Familienleben.

Die Menschenaffen zeigen dasselbe Bedürfnis nach Vätern. Schimpansenväter sorgen für eine sichere Umgebung bei der Pflege ihrer Jungen; sie stellen eine gutmütige, aber wachsame Autorität dar und unterhalten eine ausgesprochen verspielte Beziehung zu ihrem Nachwuchs.

Eine hochpsychotische Mutter kam eines Tages mit zwei aufgeweckten Kindern in meine Praxis. Es war schwer, sich vorzustellen, wie die Bedürfnisse dieser Kinder gestillt worden waren, wenn man den Zustand der Mutter berücksichtigte. Nachdem ich die Familie etwas beobachtet hatte, fiel mir auf, daß die Kinder stets zum Vater schauten, um für etwas um Erlaubnis zu bitten, zum Beispiel, um die Nase zu putzen, einfach um alles. Sie machten einen sehr zufriedenen Eindruck, obwohl die Mutter ja praktisch ausfiel. Alles klärte sich auf, als die Mutter den Raum verließ, um auf die Toilette zu gehen. Die Kinder wurden plötzlich völlig kopflos und verzweifelt. Sie konnten von ihrem Vater keinen Gebrauch machen, wenn ihre Mutter nicht anwesend war. Da ihre Bindungen an die Mutter aufgrund des psychotischen Zustandes belastet waren, litten sie unter schwerer Trennungsangst. Wenn beide Eltern anwesend waren, konnten sie das nehmen, was jeder von ihnen zu geben in der Lage war. Dieses Beispiel unterstreicht die vorherrschende Rolle der Mutter, zeigt aber auch, wie erfolgreich ein Vater in seinen Bemühungen sein kann, den Kindern eine hegende Umgebung zu schaffen, wenn es ihm gelingt, sogar eine Familie zu stabilisieren, in der die Mutter praktisch ausfällt. Die Kinder werden dann in die Lage versetzt, sich aufgrund der Pflege, die sie doch noch erhalten, normal zu entwickeln.

Die Mutter, die ihrem Sohn sagte, daß sie ohne den Vater nichts für ihn tun könne, war weit davon entfernt, psychotisch zu sein; aber da sie selbst ihre Mutter kaum erlebt hatte, hätte sie als Mutter ohne die durch den Vater geschaffene hegende Umgebung ihre Mutterrolle nur schwerlich ausfüllen können.

Kinder lernen, während sie aufwachsen, ihre Impulse unter Kontrolle zu halten. Der Hauptgrund dafür besteht zunächst darin, daß diese Selbstkontrolle bei den Eltern Freude und Zustimmung hervorruft. (Schließlich verinnerlichen Kinder den Wunsch nach Selbstkontrolle.) Zunächst ist es hauptsächlich die Mutter, die die Kinder dazu motiviert. Mit zunehmendem Alter jedoch nimmt der Vater mehr und mehr an Bedeutung zu. Als erstes werden Kinder sich der Gefahr von außen bewußt. Ihre idealisierte Vorstellung von einem mächtigen Vater hilft ihnen dabei, sich vor jeglicher Gefahr sicher zu fühlen. Man kann Kinder sagen hören: "Mein Vati kann alles hochheben, und wenn es noch so schwer ist." oder: "Mein Vati kann deinen Vati schlagen, also laß mich besser lieber in Ruhe." Noch wichtiger ist, daß diese Vorstellung vom Vater als letzte machtvolle Instanz das Kind vor seinen eigenen Impulsen schützt. Grenzen sind notwendig, damit ein Kind sich sicher fühlen kann.

Ein weiterer Bereich, in dem dem Vater eine entscheidende Bedeutung zukommt, ist die Identifikation der Geschlechter. Anscheinend hängt es in erster Linie vom Vater ab, daß ein Junge männlich und ein Mädchen weiblich aufwächst. Man mag der Meinung sein, man solle doch in einer Gesellschaft, die das Gleichheitsprinzip vertritt, eine solche Rollenstereotypie abschaffen. Dies wäre jedoch ein Fehler, denn um letztlich erfüllende Beziehungen eingehen zu können, müssen sich Männer männlich und Frauen weiblich fühlen. Echte Geschlechtsidentifikation verurteilt in keiner Weise eine Frau dazu, ihren Erfolg in der Welt draußen aufgeben, noch einen Mann dazu, auf erfolgreiche Beziehungen verzichten zu müssen. Sich gut mit sich selbst zu fühlen hilft sowohl in der Arbeitswelt als auch in privaten Beziehungen. Wenn Sie versuchen, die weibliche Identifikation in einem Mädchen oder die männliche Identifikation in einem Jungen zu unterdrücken, gefährden Sie ihre Selbstannahme, was wiederum ihre Fähigkeit, Beziehungen mit anderen einzugehen, beeinträchtigt. Jungen und Mädchen unterscheiden sich nun einmal voneinander. Freuen Sie sich über die Unterschiede zwischen Ihren Kindern, dann werden auch sie sich darüber freuen. Es mangelt an Männern und Frauen, die in der Lage sind, einander zu lieben und sich gegenseitig aufeinander einzulassen. Wir brauchen keine Väter, die sich wie Mütter verhalten, und umgekehrt. Ein Kind braucht eine Mutter, die ihre Aufgaben als Mutter erfüllt, und einen

Vater, der seine Aufgaben als Vater erfüllt. Jede der Rollen bietet genug persönlichen Freiraum, um sich ausgefüllt fühlen zu können, wenn jeder sich selbst und den anderen in dem, was er ist, annimmt. Die Beschäftigung des Vaters mit seinen Kindern kann diese Art der gesunden Entwicklung fördern.

Väter sind in gleicher Weise als Vorbild für Mädchen wie für Jungen wichtig. Jungen übernehmen die Verhaltensmuster ihrer Väter. Der Vater wird zum Vorbild für den Ehemann, den die Tochter einmal auswählen wird, unabhängig davon, ob das Familienleben zufriedenstellend ist oder nicht. Darüber hinaus übernehmen Mädchen einige Verhaltensweisen ihrer Väter, ebenso wie die Jungen. (Diese übernehmen übrigens auch Verhaltensweisen ihrer Mütter.) Wenn alles gut verläuft, sind diese Rollenübernahmen später von großem Nutzen. Im Falle einer Problemfamilie übernehmen Kinder jedoch häufig das problematische Verhalten. Manchmal versuchen Kinder, negative elterliche Verhaltensmuster zurückzuweisen und sie blindlings nach eigenen Vorstellungen zu verändern, um später dann feststellen zu müssen, daß sie doch dasselbe wiederholt haben – nur vielleicht noch schlimmer.

Die Gefühle, die während des Haltens zum Ausdruck kommen, geben Eltern auch Auskunft darüber, welche Verhaltensmuster wahrgenommen und übernommen werden. Dies gibt Ihnen somit eine bessere Möglichkeit, jetzt in die Entwicklungen Ihrer Kinder korrigierend einzugreifen. Darüber hinaus haben Sie als Eltern so die Chance, Ihr eigenes Verhalten neu zu bewerten. Wenn Sie sich dessen einmal richtig bewußt geworden sind, steht Ihnen eine größere Möglichkeit offen, Ihr Verhalten laufend zu kontrollieren. Sie können selbst darüber entscheiden, wie Sie sich verhalten wollen, anstatt immer nur als Opfer Ihrer Vergangenheit zu reagieren. Die Wahrnehmung kann Ihnen dabei helfen, zum bestmöglichen Vater oder zur bestmöglichen Mutter zu werden.

Obwohl Müttern und Vätern verschiedene Rollen zukommen, sind beide für die gesunde Entwicklung ihrer Kinder absolut notwendig, und beide Rollen bringen ihre eigene besondere Befriedigung mit sich.

5. Die werdende Mutter und das heranwachsende Baby in ihrem Leib

Die richtige Vorbereitung auf Geburt und Mutterschaft

Die Schwangerschaft stellt sowohl für die werdende Mutter als auch für das heranwachsende Kind in ihrem Leib eine sehr wichtige Phase des Bindungsprozesses dar. Es mag Sie überraschen, daß Bindung sich bereits während der Schwangerschaft ereignet. Tatsächlich glaube ich, daß die zukünftige Mutter-Kind-Bindung sogar von den Kindheitserfahrungen der Mutter insofern beeinflußt wird, als diese sich mit ihrer eigenen Mutter identifiziert und zunehmend den Wunsch verspürt, selbst Mutter zu werden. Das Spiel mit Puppen verstärkt dies noch: Das kleine Mädchen ahmt nach, was es sieht, und stellt sich vor, Mutter zu sein. Im Laufe seiner Entwicklung baut es auf diesen Vorstellungen und Phantasien auf. Die Erfahrungen mit der eigenen Mutter sind ein Schlüsselelement in dem Verhaltensmuster, das das Mädchen erwirbt. Seine Vorstellungen von Mutterschaft rühren größtenteils von seinen eigenen Wahrnehmungen und Erfahrungen mit der eigenen Mutter her. Es ist wichtig, sich hieran zu erinnern, wenn Sie Ihr Kind großziehen, denn damit legen Sie gewissermaßen jetzt schon fest, wie es sich einmal als Mutter verhalten wird.

Das kleine Mädchen wächst demnach mit Vorstellungen über seine eigene zukünftige Rolle als Mutter heran. Die Tatsache, daß die meisten Frauen irgendwann den Wunsch verspüren, Mütter zu werden, läßt die Wirkung des Beispiels der eigenen Mutter erkennen. Viele Frauen wünschen sich sogar die gleiche Anzahl Kinder, die auch ihre Mutter hatte, besonders, wenn sie positive Erinnerungen an ihre Kindheit haben. Manche bekommen ihr erstes Kind im gleichen Alter wie ihre Mutter damals, unabhängig von guten oder schlechten Kindheitserinnerungen. Es ist hilfreich, einmal über Ihre eigenen Vorstellungen und Wünsche bezüglich der Mutterschaft nachzudenken. Sprechen Sie während Ihrer Schwangerschaft mit Ihrer Mutter darüber. Fragen Sie sie, wie es war und was sie empfand, als sie mit Ihnen schwanger war. Finden Sie heraus, welche Fehlvorstellungen Sie vielleicht über ihre Mutterschaft gehabt haben. Das Bewußtsein um diese Ansichten wird Ihnen dabei helfen, vorbehaltlos auf Ihre eigene Schwangerschaft und bevorstehende Mutterschaft zu reagieren. So werden Sie nicht von falschen Vorstellungen gefangengehalten werden oder in zwangsläufige Reaktionen verfallen, weil Sie von der Vergangenheit her in bestimmten Verhaltensmustern reagieren; diese könnten sonst Ihre Freude abschwächen und Sie in der gesunden Erfüllung Ihrer Aufgaben als Mutter behindern.

Hormone haben einen enormen Einfluß darauf, wie Sie sich während der Schwangerschaft fühlen, und dies wiederum beeinflußt Ihre Bindung an das Kind. Manche Frauen genießen die Schwangerschaft in einem regelrecht euphorischen Zustand. Sie aalen sich in dem Gefühl der körperlichen und geistigen Verlangsamung. Ihre Gedanken sind nach innen gerichtet. Sie beschäftigen sich mit ihrem Körper, den Gefühlen, mit Gedanken um das Baby. Diese freudige Reaktion auf ihren körperlichen Zustand kann einer Frau dabei helfen, die Bindung an ihr ungeborenes Kind zu festigen. Ich denke, daß die alte Gewohnheit des Einsperrens während der Schwangerschaft vielleicht den Frauen dabei helfen sollte, sich zu verwöhnen, und daß die Bindung an das Kind durch den vegetativen Zustand der Schwangerschaft gefördert wurde. Die Frau wurde mit Speisen und Getränken versorgt, sie wurde bedient und beschützt. Wenn eine Frau heutzutage mit sich selbst zu beschäftigt ist, kann es ihr am Ende geschehen, daß sie sich von der Außenwelt total abgeschnitten fühlt.

Die Hormonwechsel können auch eine negative Wirkung auf die Frau haben. Wenn sie sich gerne stets unter Kontrolle hat, wird die Schwangerschaft einen ernsten Konflikt in ihr verursachen. Zunächst sind die Veränderungen an ihrem Körper kaum zu bemerken, aber nach einer Weile werden sie innerlich und äußerlich wahrgenommen. Wenn eine Frau versucht, dies zu ignorieren oder ihre Arbeit wie gewohnt zu verrichten, können diese Veränderungen als Störung empfunden werden. Reagiert sie darauf mit Ablehnung, wird sich dies sehr negativ auf die Bindung zum Kind auswirken. Andererseits geschieht das Gegenteil, wenn sie all diese Wandlungen genießt: die Bindung wird gestärkt.

Wenn Sie zu denjenigen Frauen zählen, die vermutlich negativ auf den Zustand der Schwangerschaft reagieren, kann Ihnen das Wissen über bestimmte innere Vorgänge vielleicht dabei helfen, sich doch darüber zu freuen. Schwangerschaftsbücher könnten hilfreich sein, besonders solche mit Fotos vom Kind im Mutterleib in den verschiedenen Phasen seiner Entwicklung. Wenn Sie zum Beispiel wissen, daß die Hormone, die Ihr morgendliches Unwohlsein verursachen, als chemische Stoffe dafür zuständig sind, daß sich der Fötus an der Gebärmutterwand einnisten und dort verbleiben kann, können Sie trotz des elendigen Gefühls über das morgendliche Unwohlsein staunen. Die Begeisterung über die Vorgänge, die in Ihnen stattfinden, kann Sie durch die schwierige Zeit hindurchtragen und sie Ihnen lindern helfen. Das Wissen darum, daß die Hormone Sie reizbar und weinerlich machen, wird Sie vor der Annahme bewahren, Sie stünden kurz vor dem Verrücktwerden. Stattdessen werden Sie sich möglicherweise sagen: "Mensch, jetzt fühle ich mich wieder so labil, aber ich weiß ja, es kommt von den Schwangerschaftshormonen." Es wird Ihnen nicht mehr wie ein Angriff von außen vorkommen.

Es gibt neuere Studien, die aufschlußreiche Erkenntnisse über das Gefühlsleben des ungeborenen Kindes bieten. Die interessanteste von allen deutet an, daß der Fötus auf einen Reiz ebenso reagiert wie ein Erwachsener reagieren würde. Wird ein Reiz auf die Bauchdecke der Mutter gegeben, beginnt das Herz des Fötus wenige Sekunden, bevor er sich zu bewegen beginnt, schneller zu schlagen. Es ist wie beim Erwachsenenherzen, das kurz vor einer Handlung, während man noch daran denkt, seine Schlagfrequenz erhöht. Ob der Fötus tatsächlich denkt oder nicht, mögen wir niemals erfahren, aber wir nehmen lieber an, daß ungeborene und neugeborene Kinder in der Lage sind, wahrzunehmen und zu fühlen, als das Gegenteil zu vermuten. Wenn wir davon ausgehen, daß ein ungeborenes Kind fühlt und hört, werden wir uns in seiner Gegenwart vorsichtiger verhalten. Beginnen Sie, mit ihm zu sprechen. (Manche Leute sprechen mehr mit einem Haustier als mit einem Kind!) Die Schwangerschaft ist die beste Zeit, Verhaltensweisen einzuüben, die Sie nach der Geburt beibehalten wollen. In der Zwischenzeit wird ihr Baby sich an Ihre Stimme gewöhnt haben und sich nach der Geburt leichter durch sie beruhigen lassen.

Mütter haben festgestellt, daß ein Fötus durch vermehrte oder verminderte Bewegungen auf Musik reagiert. Nach der Geburt reagieren die Babys ähnlich wie vorher im Mutterleib, wenn sie die gleiche Musik wieder hören. Ähnliches wird von Müttern berichtet, die ihrem Baby vor der Geburt vorgelesen haben. Einige Fälle legen die Vermutung nahe, daß ein Baby sich mit großer Wahrscheinlichkeit an den Inhalt traumatischer Streitgespräche aus der Zeit, als es noch in der Gebärmutter war, erinnert. Auf jeden Fall ist das Hörvermögen eines Fötus so fein, daß es durch extreme Geräusche geschädigt werden kann.

Bestimmte Nervenzellen im Vorderhirn spielen eine Rolle für das Gedächtnis. Wenn diese Neuronen verlorengehen, geht auch die Erinnerung verloren. Normalerweise funktionieren diese Neuronen in der frühen Kindheit nicht, aber vielleicht sind die Kinder, die von vorgeburtlichen Erinnerungen berichten, eine Ausnahme; bei ihnen waren diese Zellen schon vor der Zeit entwickelt. Ob ein Fötus sich an etwas erinnern kann, ist bis heute unbekannt. Sicher ist, daß Aufregungen der Mutter

Veränderungen in ihrem Körper zur Folge haben, die den Fötus schädigen. Wenn ihr Herz zum Beispiel schneller zu schlagen beginnt, kann der Fötus dies hören und fühlen. Auch wenn im Körper der Mutter Hormone freigesetzt werden, wirkt sich dies auf das Baby aus. Das Gehirn des Fötus ist komplex von Anfang an. Dies überrascht nicht. Was erstaunen läßt, ist die Tatsache, daß die Teilung der Nervenzellen zwischen der sechzehnten und zwanzigsten Woche nach der Empfängnis vollendet ist. Nach diesem Zeitpunkt werden keine neuen Nervenzellen mehr gebildet. Deshalb dürfen Sie in der frühen Schwangerschaft keinerlei Arzneimittel oder Drogen zu sich nehmen, sonst riskieren Sie, daß die Nervenzellen Ihres Babys sich nicht richtig ausbilden können. Obwohl nach diesem Zeitpunkt keine neuen Nervenzellen mehr wachsen, werden in den folgenden zwanzig Jahren Millionen neuer Verbindungen zwischen Nervenzellen entstehen.

Ihre Aufgabe ist es, dafür zu sorgen, daß die Umgebung, in der Ihr Kind aufwächst, die bestmöglichen Voraussetzungen für die Schaffung der Zellverbindungen bietet. Während der Schwangerschaft müssen Sie auf eine gute Ernährung achten, um die Vitamine, Mineralien und Aufbaustoffe, die für das Wachstum benötigt werden, zur Verfügung zu stellen. Zinkmangel zum Beispiel wird mit einer verzögerten Entwicklung in Zusammenhang gebracht; Alkohol und Nikotin sind für ein geringes Geburtsgewicht und damit möglicherweise verbundene medizinische Komplikationen mit verantwortlich.

Wenn eine Mutter ihrer Schwangerschaft negativ gegenübersteht, macht sie sich in der Regel wenig Gedanken um sich selbst. Fehlende vorgeburtliche Gesundheitspflege kann zu Frühgeburten und zu Bindungsstörungen führen. Wenn eine Mutter gut für sich sorgt, spürt sie, daß sie ihrem Kind etwas Gutes tut; die damit verbundene Befriedigung erhöht die Bindung der Mutter an das Baby.

Da nun feststeht, daß sich die Beziehung zwischen Mutter und Kind bereits während der Schwangerschaft aufbaut, wird alles, was dazu beiträgt, daß diese Zeit zu einer positiven Erfahrung für Sie wird, auch beim Aufbau dieser Bindung helfen. Folgende Ratschläge werden Ihnen dabei nützlich sein:

1. Verbessern Sie die Beziehung zu Ihren Eltern. Wenn Sie bereits ein gutes Verhältnis zueinander haben, versuchen Sie, einander noch näher zu kommen. Haben Sie Probleme miteinander, dann versuchen Sie, diese jetzt zu überwinden. Tun Sie den ersten Schritt. In jeder Phase Ihrer eigenen

Entwicklung (und die Schwangerschaft ist eine davon) haben Sie eine neue Chance, gefühlsmäßig zu wachsen und unaufgearbeitete Probleme zu klären. Auch Ihre Eltern stehen Ihnen nun offener als sonst gegenüber; sind sie doch dabei, Großeltern zu werden, eine entscheidende Phase in ihrer Entwicklung.

2. Genießen Sie mehr noch als sonst die Nähe zu Ihrem Ehemann. Er spielt eine Schlüsselrolle als der Mann, der Sie in Ihrer Mutterrolle unterstützen wird.

3. Sorgen Sie gut für sich selbst und damit für Ihr heranwachsendes Kind im Mutterleib, indem Sie sich ausruhen und für eine gute Ernährung sorgen. Vermeiden Sie Zigaretten, Alkohol, Medikamente und Drogen sowie seelische Verstimmungen wie Ärger und Aufregung.

4. Sprechen Sie mit Ihrem ungeborenen Kind. Stimulieren Sie es durch Schaukeln, Reden, Singen, lautes Lesen, Musik und indem Sie Ihren Bauch mit den Händen bewegen.

5. Lassen Sie in Gedanken Ihre Vergangenheit und Ihre Gegenwart revue passieren. Das Bewußtsein um ungelöste Konflikte kann Sie davor bewahren, daß diese sich negativ auf Sie als Mutter auswirken.

6. Schließen Sie sich mit anderen schwangeren Frauen und Müttern neugeborener Kinder zu einer Selbsthilfegruppe zusammen, so daß Sie als Mutter nicht alleingelassen sind. Vorbereitungsgruppen für eine natürliche Geburt und die "La Leche"-Liga (la leche = span., die Milch, Anm. d. Übers.), eine Mütter-Still-Gruppe, sind gute Möglichkeiten, um mit Gleichgesinnten in Kontakt zu kommen.

7. Informieren Sie sich über das Stillen. Entdecken Sie, wie man es macht, auch wenn Sie planen, bald nach der Geburt arbeiten zu gehen und nur zeitweise zu stillen.

Natürlich können auch die Reaktionen der anderen Familienmitglieder die Bindung der Mutter an das Kind erleichtern oder erschweren. Wenn der Vater zum Beispiel an der Schwangerschaft kein Interesse zeigt, kann sich die Mutter alleingelassen fühlen und Aversionen gegen das ungeborene Kind aufbauen. Wenn er Begeisterung empfindet, ist die Mutter stolz darauf, schwanger zu sein, und fühlt sich eng mit dem Kind verbunden. Wenn es dem Vater Freude macht, zu fühlen, wie das Baby zum Beispiel gegen die Bauchdecke tritt, und wenn er mit ihm spricht, schenkt er damit auch der Mutter Aufmerksamkeit. Das Baby ist dann der Grund des Austausches zwischen Mutter und Vater, dessen positive Reaktion die Bindung zwischen ihm und der Mutter verstärkt. Auch wenn die Großmutter von der Schwangerschaft ihrer Tochter begeistert ist, stärkt dies ebenso die Beziehung zum Baby.

Kendra wurde ganz verwirrt, als ihre Mutter die Schwangerschaft ablehnte. Ohne ersichtlichen Grund wollte diese, daß ihre Tochter das Baby zur Adoption freigebe, obwohl Kendra und ihr Mann über die Schwangerschaft glücklich waren. Als das Baby geboren war, sah Kendra sich außerstande, es als ihr eigenes Kind zu versorgen. Sie sagte, sie könne es nicht einmal aufnehmen, wenn es schreie, und unterließ es auch meistens. Das Baby zog sich mit der Zeit in sich selbst zurück. Als die Großmutter zusammen mit Kendra und ihrem Kind später in eine Therapie eingebunden wurde, arbeiteten sie an ihren Gefühlen zum Kind und zu ihren Beziehungen zueinander; Kendras Reaktionen auf das Kind normalisierten sich; sie begann, sich weniger in sich selbst zurückzuziehen, und hörte schließlich ganz damit auf.

Die beste Versicherung für eine gute vorgeburtliche Bindung ist eine größtmögliche Nähe zum Vater des Kindes und zu Ihren eigenen Eltern. Machen Sie sich mehr bewußt, daß Sie sie brauchen. Wenn Sie dies einmal akzeptiert haben, versuchen Sie, es auf eine positive Weise auszudrücken. Sprechen Sie mit Ihren Eltern über die Schwangerschaft. Machen Sie sich mit der Entwicklung des ungeborenen Kindes und mit der Geburt vertraut und teilen Sie Ihr Wissen mit ihnen. Beziehen Sie Ihren Mann und Ihre Eltern mit ein. Sprechen Sie mit Ihrer Mutter über ihre Schwangerschaft damals, auch mit Ihrer Schwiegermutter. Das wird Ihnen zeigen, daß Sie mit Ihren Erfahrungen nicht allein dastehen. Sprechen Sie auch mit anderen Müttern.

Machen Sie sich mit dem Kaiserschnitt ebenso vertraut wie mit der natürlichen Geburt. Ungefähr 20% aller Kinder in den USA kommen durch Kaiserschnitt auf die Welt. Nur für den Fall, daß er bei Ihnen notwendig werden sollte, ist es gut, wenn Sie Bescheid wissen. Es handelt sich dabei um eine sehr sichere Methode für das Kind, die aber für Sie mit unangenehmen Begleiterscheinungen verbunden ist. Wenn Sie darauf vorbereitet sind, kann der Kaiserschnitt für Sie zu einer positiven Erfahrung werden. Besprechen Sie die Möglichkeit mit Ihrem Mann und mit Ihren Eltern.

Überlegen Sie sich, wie Sie es mit der Ernährung halten wollen. Stillen ist die bestmögliche Form für Ihr Kind, und es stärkt seine Bindung zu Ihnen.

Manche Mütter möchten gern, daß ihre Ehemänner sich an der Fütterung des Babys beteiligen. Dies ist sogar dann möglich, wenn Sie Ihr Baby stillen. Sie können Ihre Milch abpumpen und in einer Flasche aufbewahren. Diese Extraportion kann Ihr Mann oder jemand, den Sie dafür auswählen, dem Baby geben.

Die Muttermilch hilft beim Aufbau und bei der Stärkung des kindlichen Immunsystems und kann dazu beitragen, Allergien vorzubeugen, besonders dann, wenn das Kind bis zum achten oder neunten Monat nichts anderes zu sich nimmt. Mütter, die bald nach der Geburt wieder ins Berufsleben zurückkehren wollen, lehnen häufig das Stillen ab mit der Begründung, es wäre ja ohnehin nur für einen kurzen Zeitraum. Aber allein die positive Wirkung auf das kindliche Immunsystem sollte Ihnen die Mühe wert sein. Im Hinblick auf die Mutter-Kind-Bindung mag es gerade unter Berücksichtigung der zukünftigen Trennung durch die Berufstätigkeit von großer Bedeutung sein, da die Folgen durch das vorherige Stillen abgemildert werden können. Kürzlich wurde ein Hormon entdeckt, eine opiumähnliche Substanz, die um ein Vielfaches stärker ist als Morphium. Sie wird von der Bauchspeicheldrüse der Mutter und des Babys während des Stillens freigesetzt und verursacht ein tiefes, freudiges Wohlgefühl. Dieses fördert die emotionale Bindung und das Vertrauen zwischen Mutter und Kind.

Die "La Leche"-Liga ist eine Mütterselbsthilfegruppe, die werdenden Müttern dabei hilft, sich mit dem Stillen vertraut zu machen. Sollten Sie bereits stillen, so werden Sie dort praktische und emotionale Hilfe erhalten. Wenn Sie nicht planen zu stillen, bereiten Sie sich aber darauf vor, zumindest die Erfahrung der Nähe nachzuvollziehen. So können Sie Ihr Neugeborenes zum Beispiel an sich halten, am besten Haut an Haut, als ob Sie es stillen würden. Es ist sehr wichtig, daß Sie sich und Ihrem Baby die Möglichkeit geben, die Nähe zu erleben und einander tief in die Augen zu schauen, während Sie es füttern. Die Entfernung, die Ihre Gesichter beim Stillen zueinander haben, ist für Neugeborene optimal. Für die Entwicklung der Sehfähigkeit ist der tiefe gegenseitige Blick in die Augen zwischen Mutter und Kind während der ersten sechs Monate von entscheidender Bedeutung.

Die Schwangerschaft bietet die Möglichkeit, über die bevorstehenden schwierigen Monate nach der Geburt schon einmal nachzudenken. Beginnen Sie, wenn möglich, noch eher damit. Versuchen Sie, über Ihr Baby nachzudenken, während Sie versuchen, schwanger zu werden. Im Durchschnitt benötigt eine amerikanische Frau achtzehn Monate bis zu einer

Empfängnis. So können Sie schon früh mit Ihren Vorstellungen über die Mutterschaft beginnen.

Mary hatte zwei Fehlgeburten erlitten und wurde dann achtzehn Monate lang nicht mehr schwanger. Während dieser Zeit fragte sie sich: "Würde ich jetzt lieber joggen gehen oder lieber schwanger werden? Lieber schwanger werden oder ins Konzert gehen? Lieber dieses oder jenes tun oder lieber schwanger werden?" Als sie dann schwanger wurde, jubelte sie über die Schwangerschaft und über die wundervolle Erwartung und begann sich auch schon vorzustellen, wie sie das Baby in ihren Armen halten würde. Als es dann geboren war, war sie gefühlsmäßig auf die Bedürfnisse eines Neugeborenen vorbereitet. Mehr als zwei Jahre lang hatte sie sich in Gedanken vorgestellt, wie sie dieses Baby lieben und pflegen würde! Über zwei Jahre lang hatte sie schon eine Bindung an das Baby aufgebaut, das nun geboren war. Vielleicht sollte ich noch hinzufügen, daß sie für alle Fälle auch auf einen Kaiserschnitt vorbereitet war, und daß sie positiv dazu stand, weil sie sich mit den Vorteilen für das Baby vertraut gemacht hatte. Darüber hinaus wußte sie, daß sie den Bindungsmangel zum Zeitpunkt der Geburt wieder aufzuholen hätte. Auf diese Weise vorbereitet, konnte Mary eine gute Beziehung zu ihrem Kind aufbauen und auch die zunächst nicht mögliche Bindung aufgrund einer Gelbsuchtbehandlung beim Baby während der ersten Wochen wieder wettmachen.

Wenn Sie bereits Kinder haben, bietet die Schwangerschaft Ihnen die Gelegenheit, die Beziehung zu ihnen zu festigen; ihre zu erwartende negative Reaktion darauf, das neugeborene Kind mit Ihnen teilen zu müssen, kann damit so klein wie möglich gehalten werden. Oft geschieht es, daß eine Mutter sich während der Schwangerschaft von einem älteren Kind zurückzieht, teilweise wegen der körperlichen Folgen der Schwangerschaft selbst, teilweise aus der Vorstellung heraus, daß das Kind schneller selbständig werden soll, um dem neuen Baby Platz zu machen. *Sich zurückzuziehen* ist ein Fehler. Zwingen Sie sich stattdessen, noch aufmerksamer und unmittelbarer im Umgang mit dem Kind zu werden. Besondere Aufmerksamkeit wird es stärken, so daß es später die zu erwartende verminderte Zuwendung nach der Geburt besser verkraften kann. Bemuttern Sie es. Zeigen Sie ihm, daß Sie wirklich in der Lage sind, seine Bedürfnisse zu stillen. Die meisten Kinder entwickeln sich zurück, wenn ein neues Baby kommt oder unterwegs ist. Aus einer natürlichen Neigung heraus versuchen Sie vielleicht, Ihrem Kind seine Sorgen auszureden. Tun Sie das nicht. Kommen Sie seinen Wünschen nach, die besondere Stelle innehaben zu wollen. Wenn seine Bedürfnisse gestillt sind, wird es eher dazu neigen, auf seiner Entwicklungsstufe zu verbleiben. Sprechen Sie mit ihm über seine Gefühle. Wenn Sie seine negativen Gefühle annnehmen können, werden sie ihm keine Ängste mehr bereiten. Es wird Ihnen dabei helfen, mit ihnen fertig zu werden. Wenn die Gefühle Ihres Kindes Sie nicht mehr befremden, wird es sich sicher fühlen. Wenn es sich in seinen Beziehungen zu Ihnen sicher fühlt, braucht es keinen Neuankömmling zu fürchten. Es wird sich über das neue Baby so freuen, wie es für ein älteres Kind eben möglich ist. Darin sind ihm Grenzen gesetzt; versuchen Sie nicht, ihm einzureden, es müsse von dem Baby begeistert sein. Lassen Sie es auf natürliche Weise geschehen, indem Sie das Kind im Vergleich zum Neugeborenen nicht benachteiligen.

Nutzen Sie die Zeit der Schwangerschaft, um Ihre Beziehungen innerhalb der ganzen Familie zu festigen. Dadurch werden Sie einen glücklichen familiären Rahmen schaffen, in den das Baby dann hineinwachsen kann.

6. Die erschöpfte Mutter und der unersättliche Säugling

So bereiten Sie sich selbst und Ihrem Baby einen guten Start

Der Augenblick der Geburt ist für die Bindung zwischen Ihnen und Ihrem Baby von entscheidender Bedeutung. Versuchen Sie im voraus, mit dem Arzt zu vereinbaren, unmittelbar nach der Geburt eine Weile mit Ihrem Mann und dem Baby allein sein zu können. Legen Sie das Baby Haut an Haut auf Ihren Körper. Wenn die Umstände der Geburt dies nicht gleich ermöglichen, holen Sie es so bald wie möglich nach. Wickeln Sie Ihr Baby jedesmal aus, wenn Sie ihm Milch geben. Lassen Sie es den Hautkontakt spüren. Wenn Sie wieder zuhause sind, tragen Sie es so oft wie möglich in einem Tragegurt vor Ihrer Brust. Lassen Sie es zwischen Ihnen und Ihrem Mann schlafen. Sprechen Sie so viel wie möglich zu ihm. Schauen Sie ihm in die Augen. Halten Sie es eng an sich, wenn Sie es füttern. Beruhigen Sie es, sobald es Anzeichen von Verstörung zeigt. Sie können gar nicht zu viel für es tun. Keine zärtliche Behandlung ist zuviel. Sie können Ihrem Baby nur auf eine Weise schaden: indem Sie ihm die Befriedigung seiner Bedürfnisse verweigern und ihm damit die Voraussetzung für die Bildung von Vertrauen nehmen. Wenn Sie seine Bedürfnisse stillen, wird die

Bindung gelingen. *Das Kind wird Ihnen vertrauen und Sie lieben. Es wird zufrieden sein, und Ihr Leben wird erleichtert.*

Eltern eines neugeborenen Kindes zu sein ist eine große Aufgabe. Um das, was jeder Elternteil von vornherein schon mitbringt, richtig beurteilen zu können, ist es erforderlich, den Familienhintergrund beider Ehepartner zu berücksichtigen. Studien haben ergeben, daß Eltern sich in ihrer Bindung an die Kinder so verhalten, wie die eigenen Eltern sich früher ihnen gegenüber verhalten haben. Ausnahmen bilden die Eltern, die ihre Vergangenheit erforscht und aufgearbeitet haben und so, wenn nötig, ihre Bindungs- und Verhaltensmuster verändern konnten. Sogar unabdingbare Schicksalstatsachen wie der Standort in der Geschwisterkette können sich tief auf die Bindung zu einem eigenen Kind auswirken. Wenn Sie zum Beispiel ein Vater sind, dessen kleine Schwester immer im Zentrum der elterlichen Aufmerksamkeit stand, mag es Ihnen sehr schwerfallen, ein kleines Mädchen zu haben.

Eine solche Sitation trat in Joes Familie auf. Der kleine Junge und seine Mutter erlitten eine schwere Bindungsstörung aufgrund einer zwei- und dann noch einmal vierwöchigen Trennung während der ersten beiden Lebensmonate. Joe und seine Mutter überwanden diese Trennung nie. Als Joes Schwester geboren wurde, gelang die Bindung zwischen ihr und der Mutter sehr gut. Joe strengte sich sehr an, um lobende Aufmerksamkeit zu erlangen, indem er sich immer bemühte, ein anständiges Kind und ein ausgezeichneter Schüler zu sein. Er wurde ein guter Arzt. Als er später heiratete, hoffte er auf einen Sohn. Sein geheimer Wunsch war ein Ausgleich für seine traurige Kindheit; er wollte seinem Sohn all die Aufmerksamkeit schenken, die ihm selbst nie zuteil geworden war. Als seine Tochter geboren wurde, war er sehr enttäuscht. Seine Frau konnte nicht verstehen, warum er ständig versuchte, ihre Aufmerksamkeit von der Tochter fortzulenken. Immer wenn Joe sich mit seiner Tochter beschäftigte, tat er es auf die Art, wie ein Vater normalerweise mit seinem Sohn umgeht. Zu einem frühen Lebenszeitpunkt verspürte das Mädchen den starken Wunsch, ein Junge zu sein. Sie erhielt vom Vater nur dann Bestätigung, wenn sie sich wie ein Junge verhielt. Dies ist ein ziemlich offensichtlicher Fall der Beeinflussung des Vaters durch seine Vergangenheit. Es mag Ihnen gar nicht bewußt sein, auf welche Weise Sie Ihre Vergangenheit ausleben, bevor Sie sich nicht selbst einmal von Nahem betrachten.

Jill ist ein etwas weniger offensichtliches Beispiel. Sie war mit ihrer Tochter extrem nachsichtig und verwöhnte sie auf übertriebene Weise. Als

Kind war sie selbst nicht so behandelt worden, und es war ihr nicht bewußt, daß sie damit auf ihre eigene Vergangenheit reagierte. Jill hatte sich von ihrer Mutter immer vernachlässigt gefühlt, weil diese nie daheim war, da sie außer Haus ging, um gute Werke zu tun. Darum wollte sie ihrer eigenen Tochter all die Liebe und Aufmerksamkeit zukommen lassen, die sie selbst immer vermißt hatte. Sie sah ihr verwöhnendes Verhalten als Liebe an. Ihre Tochter fühlte die Unsicherheit aufgrund der fehlenden Grenzen und deutete sie als mangelndes Interesse der Mutter. Wenn sie keine Hilfe erhalten hätten, hätte die Tochter sich weiterhin ungeliebt gefühlt und sich ebenso unkontrolliert entwickelt. Grenzenlose Verwöhnung darf nicht mit Nähe verwechselt werden.

Mütter und Väter können dem zu einem gewissen Grade vorbeugen, indem sie über ihre Vergangenheit miteinander sprechen. Sie können sich gegenseitig mitteilen, was Sie Ihren Eltern gegenüber empfinden, wie Sie von ihnen behandelt worden sind, wie Sie gerne behandelt worden wären, was Sie mit Ihren Kindern genauso oder anders machen würden. Es wäre wunderbar, wenn Sie darüber auch mit Ihren Eltern sprechen könnten. Sie finden dann vielleicht heraus, daß Sie Ereignisse und Verhaltensweisen aus der Vergangenheit ganz anders wahrgenommen haben, als es bei Ihren Eltern der Fall war. Wenn werdende Eltern diese Themen mit ihren eigenen Eltern besprechen, geschieht es häufig, daß sie Dinge in einem neuen Licht zu sehen beginnen. Das macht es ihnen leichter, manche der erlittenen seelischen Verletzungen zu verzeihen. Vergebung hilft ihnen, aus dem Kreis des Fehlverhaltens auszubrechen, und bewahrt sie auch vor dem möglichen Fehler, ins Gegenteil dessen zu verfallen, was ihnen ihrer Meinung nach angetan worden ist; das wäre nicht minder gefährlich. Vielmehr werden sie in die Lage versetzt, einen Weg einzuschlagen, der den jetzigen Bedürfnissen der Eltern und des Kindes entgegenkommt, unbelastet von Gefühlen aus der Vergangenheit.

Eine weit verbreitete Meinung ist, daß einer Mutter alles Wissen und Können in den Schoß fällt. Wie ich bereits oben erwähnte, bringt eine Mutter als natürliche Mitgift die Art und Weise des Umgangs mit dem Kind mit, die sie in ihrer eigenen Kindheit bei ihren Eltern gelernt hat. Wenn es dort vorbildlich zuging, können Sie sich glücklich schätzen. Wenn nicht, haben Sie nun eine Chance, es besser zu machen. Es ist nichts verkehrt daran, die Befriedigung, die Sie als Kind vermißt haben, dadurch zu erlangen, daß Sie mit Ihrem eigenen Kind nicht dieselben Fehler wiederholen, sondern es besser machen. Seien Sie sich nur darin sicher, daß das, was Sie tun, wirklich besser ist.

Ein weiterer wichtiger Faktor ist der derzeitige Zustand der ehelichen Beziehung. Oft sind Eltern durch die Pflege eines Säuglings so eingebunden, daß sie keinen Augenblick Zeit mehr finden, um aneinander zu denken. Mehr als je ist es nun notwendig, daß Sie übereinander nachdenken und miteinander sprechen. Mütter brauchen eine Menge Unterstützung, hegende Zuwendung, Liebe, Zärtlichkeit und Begleitung von seiten der Väter, um neben der Versorgung eines Neugeborenen Kräfte schöpfen zu können. Die hormonellen Umstellungen neben dem verminderten Schlaf lassen Mütter in dieser Zeit sehr anfällig werden. Auch ein Vater befindet sich in einer prekären Lage. Er hat soeben den Verlust oder zumindest einen Rückgang der Zuwendung erlebt, die er vorher von seiner Frau erhalten hatte. Zu alledem muß er gerade in dieser Zeit seiner Frau mehr Aufmerksamkeit zukommen lassen, ebenso dem Baby. Und auch er bekommt weniger Schlaf.

Wenn der Vater bei der Geburt dabei war, wird er eher in der Lage sein, dieser Aufgabe gerecht zu werden, da er sich dem Baby mehr verbunden fühlt. Die Teilnahme an Vorbereitungsgruppen auf die natürliche Geburt während der Schwangerschaft helfen ihm, auch dann eine enge Beziehung zum Kind aufzubauen, wenn er unmittelbar bei der Geburt nicht anwesend sein kann, zum Beispiel bei Kaiserschnittoperationen. Je mehr der Vater sich vor und während der Geburt um seine Frau und nach der Geburt um Mutter und Kind kümmert, umso mehr wird die Bindung zwischen ihm und dem Kind und in der Regel auch zwischen ihm und seiner Frau gefördert. Diese Bindung an den Vater ist aus vielen Gründen äußerst wichtig.

Zum einen wird die Bindung der Mutter an das Kind dadurch verstärkt. Das Interesse anderer Menschen an dem Baby trägt zu einer solchen Verstärkung bei. Eine entsprechende Studie hat den Beweis dafür erbracht, daß allein durch das Interesse an ihr eine Mutter ihr Verhalten dem Kind gegenüber verbessert. Ein anderer positiver Effekt einer guten Vater-Kind- und Mutter-Vater-Bindung besteht darin, daß der Vater weniger eifersüchtig wird und sich trotz der wachsenden Liebesbeziehung zwischen Mutter und Kind nicht vernachlässigt fühlt. Eine tiefe Bindung zwischen Vater und Mutter kann nicht nur dazu beitragen, Entwicklungsrückstände beim Kind aufzuholen, sondern sie spielt für eine gesunde Entwicklung überhaupt eine grundlegende Rolle.

Es gibt nichts Besseres für das Baby, als bei den Eltern zu schlafen. Väter mit einer innigen Beziehung zu ihrem Kind werden es eher zulassen oder es sich sogar wünschen, daß das Baby mit im elterlichen Bett schläft. Es ist am einfachsten, wenn das Baby auf ein Tuch gelegt wird, das an zwei Nackenrollen befestigt ist. Das Baby wird auf das Tuch zwischen die beiden Nackenrollen gelegt, so daß es nicht gegen die Eltern rollen kann. Viele Eltern fürchten sich davor, ihr Baby im Schlaf zu erdrücken. Seien Sie darüber unbesorgt. Babys beginnen zu schreien, wenn sie angestoßen werden. Das einzige Problem besteht darin, daß das Baby sich zu ihnen hinüberbewegen und *Sie* aufwecken könnte.

Unabhängig davon, wie glücklich Sie darüber sind, ein Baby zu haben – es ist mit harter Arbeit und einer enormen Umstellung verbunden. Alles geht aber wesentlich leichter, wenn das Baby zufrieden ist und auf Ihre liebevolle Zusprache und Pflege entsprechend reagiert. Vielleicht sagen Sie sich selbst: "Großartig, wenn das das Kind ist, das ich bekommen habe." Eine weitverbreitete Vermutung lautet, daß Babys so oder so auf die Welt kommen: umgänglich oder sehr eigen, zärtlich-liebevoll oder distanziert; manche lassen sich angeblich gern in die Arme nehmen, während andere angeblich lieber in der Wiege alleingelassen werden. Glauben Sie nicht daran! Studien haben gezeigt, daß zusätzliche Massage, besonders liebevoller Umgang und die haltende Umarmung griesgrämige Kinder in fröhliche verwandeln können, und daß die Krankenhauspflege das Gegenteil bewirkt. Tatsächlich schreien Kinder, die zu Koliken neigen, seltener, wenn sie öfters im Arm gehalten werden.

Eine andere Studie hat ergeben, daß ein auf den Schultern getragener Säugling einen Grad der Wachheit erreicht, der ihn von Atemstörungen oder gar -ausfällen bewahrt, die mit dem plötzlichen Kindstod in Verbindung gebracht werden. Darüber hinaus geht aus anderen Forschungsergebnissen hervor, daß Kinder, die bei ihren Müttern schlafen, durch deren Atemgeräusche daran "erinnert" werden, selbst zu atmen. Sie atmen sogar im gleichen Rhythmus.

Babys nehmen unsere Liebe und Zuwendung wahr und werden durch sie beeinflußt. Wir brauchen ein schwieriges Kind nicht in Grund und Boden zu schimpfen, wenn es sein Benehmen nicht bessert. Und wir sollten nicht zulassen, daß ein ausgeglichenes, zufriedenes Baby schwierig wird.

Die meisten Fachleute sind sich darüber einig, daß die Bedürfnisse eines Säuglings so schnell und umfassend wie möglich gestillt werden sollen. Es ist äußerst wichtig, auf jegliches Signal von Verstimmung seitens des Kindes zu reagieren, um sein Vertrauen in die Bezugsperson auf keinen Fall zu zerstören. Anstelle des "Verwöhnens" entwickelt diese unmittelbare Aufmerksamkeit in ihm die Sicherheit, die es später braucht, um nicht zu verzweifeln, wenn es lernen muß, auf irgendetwas zu warten. Es ist natürlich schwierig, immer gerade dann zur Stelle zu sein, wenn das Baby etwas braucht. Aber wenn Sie sich bewußt machen, daß es ja auch gut für Sie selbst ist, wird es Ihnen leichter fallen. Wenn Sie heute alles daran setzen, auf die Signale Ihres Babys sofort zu reagieren, werden Sie jetzt schon ein zufriedeneres Baby und später ein glücklicheres, ausgeglicheneres Kind haben.

Signale ergehen an Sie in vielfältiger Form. Schreien ist ein universelles, immer wieder vorkommendes Signal. Es gibt verschiedene Weisen zu schreien. Versuchen Sie, die Unterschiede herauszuhören. Versuchen Sie dem Ton des Schreies nach herauszufinden, was nicht in Ordnung ist. Wenn Ihr Baby schreit, nehmen Sie es auf den Arm. Sprechen Sie mit ihm. Wenn es trocken und satt ist und immer noch schreit, sehnt es sich vielleicht nach Kontakt. Nehmen Sie es in den Arm. Gurren Sie es zärtlich an. Die meisten Babys mögen das und beruhigen sich dabei. Ist Ihr Baby immer noch nicht beruhigt, drücken Sie es fester an sich. Schaukeln Sie es. Streicheln Sie es. Halten Sie es weiter. Gehen Sie ein bißchen umher, drücken Sie es dabei fest an sich. Hören Sie nicht auf, bevor Ihr Baby nicht zufrieden ist und sich wohlfühlt. Manche Babys müssen erst lernen, die Möglichkeit der Beruhigung richtig zu nutzen. Sehr häufig kommt es vor, daß extrem intelligente Kinder sich in sich zurückziehen, weil sie sich von Reizen überflutet fühlen. Sie würden sich eher zurückziehen als die Beruhigung durch die Bezugsperson annehmen. Für ein solches Baby ist es viel besser, wenn es von Anfang an lernt, beruhigt zu werden, als sich ein Verhaltensmuster des Sich-Zurückziehens anzugewöhnen.

Erinnern Sie sich daran, daß unsere Spezies nicht überlebt hätte, wenn Babys es nicht lernen würden, sich von ihren Müttern beruhigen zu lassen, sich an ihre Körper zu schmiegen und trotz ihrer heftigen Bewegungen beim Gehen oder gar Schwanken einzuschlafen. Jeder hat schon einmal Filme oder Fotos gesehen, die friedliche Babys in Stammesgesellschaften zeigen, welche von ihren Müttern am Körper getragen werden; sie sehen entweder sehr wach und neugierig aus oder sehr zufrieden und schläfrig. *Sie können einen Säugling gar nicht genug halten oder tragen.*

Teilweise können Sie mangelnde körperliche Zuwendung ausgleichen, indem Sie Ihr Baby drei- oder viermal am Tag mit Babyöl sanft massieren und seine Gelenke bewegen. Bewegen Sie seine Ärmchen und Beinchen in alle Richtungen. Beugen Sie die Beine an der Hüfte, am Knie, am Fußgelenk, die Arme an Schulter, Ellenbogen und Handgelenk. Bewegen Sie seine Zehen und Fingerchen. Drehen Sie behutsam sein Köpfchen. Massieren Sie sein Bäuchlein sanft mit Ihrer Hand. Küssen Sie sein Bäuchlein. Säuglinge haben Freude am Blickkontakt. Wenn Sie Ihrem Baby in die Augen schauen, vergrößern Sie die im Entstehen begriffene Bindung zwischen Ihnen und ihm. Wenn Sie Ihr Baby füttern, sei es durch Stillen oder mit der Flasche, halten Sie es eng an Ihre Brust und schauen Sie ihm in die Augen. Machen Sie ein paar Geräusche. Sprechen Sie mit ihm. Manche Mütter sprechen nicht mit ihren Kindern, weil sie meinen, das Baby verstehe die Worte noch nicht. Ich habe ein hochbegabtes vierjähriges Mädchen gesehen, das in seiner Sprachentwicklung sehr zurückgeblieben war. Dies ging zu einem großen Teil darauf zurück, daß die Mutter während der ersten beiden Lebensjahre kaum mit ihrem Kind gesprochen hatte. In der Tat erwirbt das Baby im ersten Jahr die gesamte Grundlage der Sprache, einschließlich und insbesondere die Grammatik und Satzbaulehre. Wenn Sie nicht direkt und persönlich mit ihm sprechen, ist es für das Kind um einiges schwerer, die Sprache zu erlernen. Natürlich wird es auch dadurch lernen, daß es mithört, wenn man sich in seiner Umgebung unterhält. Dennoch sollten wir alles in unseren Möglichkeiten stehende tun, um den Spracherwerb anzuregen. Mit einem Baby zu sprechen ist eine Art des Kontaktes, die besonders dann wichtig wird, wenn Sie sich in der Nähe des Kindes befinden, es aber nicht in den Arm nehmen können oder wollen. Da Kinder vom Hören und Sehen lernen, lange bevor sie körperlich handeln können, sagen Sie Ihrem Baby, was Sie gerade machen und wie Sie es tun. Ihr Kind wird sich durch diese Art des Kontaktes leichter mit Ihnen verbunden und zufrieden fühlen; dies gilt auch für Sie selbst.

Viele Menschen sind der Auffassung, ein Säugling bemerke nichts von dem, was in seiner Umgebung geschieht. Neueste Studien haben eine niemals vorgestellte Empfindsamkeit und Ansprechbarkeit bei Neugeborenen festgestellt. Sie sind zum Beispiel in der Lage, Stimme und Gerüche ihrer Mutter wiederzuerkennen, und beginnen, sich in sich zurückzuziehen, wenn sie nur eine einzige Stunde von ihrer Mutter getrennt werden. Viele Vermutungen bestehen über die fehlende oder mangelnde Sehfähigkeit von Säuglingen. Tatsache ist, daß im Alter von vierzehn Wochen die Sehfähigkeit fast vollständig ausgebildet ist. Zu diesem Zeitpunkt kann der Säugling auf alle Entfernungen scharf sehen, und kurz nach der Geburt kann er bereits Ihr Gesicht erkennen.

Säuglinge schauen sich um; sie hören auf ihre eigenen sowie auf fremde Geräusche; sie nehmen Gegenstände in den Mund; sie trainieren die Muskulatur von Kopf und Gliedmaßen; sie signalisieren der Mutter gegenüber ihre Bedürfnisse. Sie sind in der Lage, ihrer Wut Ausdruck zu geben, wenn sie sich unwohl fühlen. Wenn die Mutter bereits auf kleine Signale reagiert, lernen selbst Säuglinge, zu warten, bis ihre Bedürfnisse gestillt werden. Wütendes Toben ist die Reaktion eines Babys auf Unwohlsein, wenn es nicht erwartet, jemals aus dieser Situation errettet zu werden. Viele der Entwicklungsstufen, die für Babys und Kinder formuliert wurden, werden bereits zu einem früheren Zeitpunkt von den Babys erreicht, die am Körper der Mutter getragen werden, mit denen häufig gesprochen wird, die massiert und geschaukelt werden und nachts mit im Bett ihrer Eltern schlafen können. Kinder hingegen, die die meiste Zeit in Kinderwagen, Sportwagen, Plastik-Kindersitzen und Kinderbettchen verbracht haben, erreichen die Entwicklungsstufen später.

Die Mutter-Kind-Bindung wird dadurch gefördert, daß dem Kind durch beständige liebevolle Behandlung das Gefühl vermittelt wird, geliebt und umsorgt zu sein. Ein Kind wird keineswegs einer Reizüberflutung ausgesetzt, wenn es in den Armen der Mutter oder in einem Tragegurt am Körper getragen wird. Sie können gar nicht genug tun, um die Bedürfnisse eines Säuglings zu stillen. Sofortige Reaktionen auf seine Signale führen zu einer stärkeren Bindung; dies gilt auch, wenn Sie Ihr Kind mündlich ansprechen, mit ihm Haut an Haut zusammenliegen, tief in seine Augen schauen, mit ihm schmusen, bei ihm schlafen und es an Ihrem Körper tragen. Babys brauchen keine Stille, um schlafen zu können. Wenn Ihr Kind durch leise Geräusche aufwacht, tragen Sie es täglich mehrere Stunden lang in einer Tragetasche oder an Ihrem Körper. Ihr Baby wird ruhiger werden und weniger leicht reizbar sein. Es wird lernen, mitten im größten Lärm zu schlafen oder gar kopfüber, wenn Sie gerade den Flur putzen. Wenn Ihr Baby zu Koliken neigt, tragen Sie es häufiger. Eine Studie hat ergeben, daß die Koliken um die Hälfte zurückgehen, wenn ein Baby drei Stunden täglich getragen wird. Wenn Sie es in einem Babytragegurt vor sich am Körper tragen, können Sie dabei Ihrer Beschäftigung weiter nachgehen.

Wenn Sie zum Zeitpunkt der Geburt von Ihrem Kind getrennt wurden, können Sie dies nun durch zusätzlichen Kontakt wieder ausgleichen. Es dauert Monate, bis die Folgen einer frühen Trennung überwunden sind. Je mehr Zeit Sie mit dem Baby zusammen verbringen können, umso besser werden Sie die negativen Folgen der Erfahrung nach der Geburt in Bezug auf die Bindung überwinden können.

Wenn Sie Ihr Baby bei der Geburt nicht gesehen oder ein Baby adoptiert haben, brauchen Sie zusätzlichen Kontakt, um die Bindung sicherzustellen. Gehen Sie ein paar Tage lang mit dem Kind zusammen zu Bett. Es ist interessant, daß manche Eingeborenenstämme genau dieses praktizieren, wenn eine Mutter ein Kind auf die Welt gebracht hat. Die Mutter und das Baby werden zusammen in eine Hängematte gelegt und dort einige Tage lang bedient und verpflegt. Legen Sie Ihr Kind auf Ihren Oberkörper, Haut an Haut. Sprechen Sie mit ihm. Schauen Sie ihm in die Augen. Lassen Sie es auf Ihrem Oberkörper schlafen. Schon nach wenigen Tagen haben Sie ein großes Stück des Weges zu einer festen Bindung zurückgelegt. Sie werden feststellen, daß Ihr Baby zufrieden, ansprechbar und leichter zu beruhigen sein wird. Sie werden die Signale Ihres Kindes viel aufmerksamer wahrnehmen und viel eher in der Lage sein, richtig und rasch zu reagieren. Viele Mütter sind, besonders bei ihrem ersten Kind, ängstlich, weil sie nie Erfahrungen mit einem Neugeborenen gemacht haben. Eine starke Bindung mit ihrem gegenseitigen innigen Einvernehmen gleicht den Mangel an Erfahrung vollkommen aus.

Wenn während der ersten Monate etwas nicht gut läuft, wenn Ihr Baby reizbar und unruhig ist oder Sie sich erschöpft und aufgelöst fühlen, bleiben Sie zusammen mit Ihrem Baby im Bett, bis Sie sich beide besser fühlen. So oft wird Müttern dazu geraten, auswärts essen zu gehen oder einmal etwas Zeit ohne das Baby zu verbringen. Das funktioniert nur selten, eher verschlimmert es die Situation, denn die Mutter wird sich noch Vorwürfe machen, daß sie Freizeit vom Kind benötigt, und Sorgen darüber, daß sie als Mutter ihren Erwartungen nicht gerecht wird, sondern versagt hat. Das Baby wird ängstlicher, da es noch weniger von dem bekommt, was es braucht – engen Kontakt mit der Mutter. Es ist eine Spirale, die ins Abwärts führt. Immer wenn Sie sich fragen, wie Sie sich verhalten sollen, überlegen Sie, welche Folgen es für die Bindung zwischen Ihnen und Ihrem Kind haben könnte. Versuchen Sie das zu tun, was Ihrer Meinung nach die Bindung fördert und festigt.

Sportliche Betätigung ist beim Wiederaufbau Ihrer Kräfte und der Wiederherstellung des chemischen Haushalts in Ihrem Körper nach der Geburt und dem häufigen Schlafentzug sehr wichtig. Versuchen Sie, regelmäßig Sport zu treiben. Wenn Sie andere Formen sportlicher Betätigung nicht mögen, gehen Sie zumindest viel zu Fuß; ein forscher Schritt ist übrigens eine der besten körperlichen Betätigungen. Nehmen Sie Ihr Baby mit, in einem Tragegurt vor der Brust. Sie werden sich besser fühlen. Sie werden besser schlafen.

Ob Sie stillen oder nicht, achten Sie auf Ihre Ernährung. Ihr Körper muß die Vorräte wieder auffüllen, die er während der Schwangerschaft verbraucht hat. Bei guter Ernährung werden Sie sich nach der Geburt schneller erholen. Wenn Sie stillen, achten Sie darauf, daß Sie genügend Eiweiß, Vitamine und Mineralien zu sich nehmen.

Sie mögen sich fragen, wie Sie all die Vorschläge aus diesem Kapitel in die Tat umsetzen sollen, wenn Sie bereits erschöpft und bis zum äußersten gefordert sind. Sie werden sehen, daß die Vorschläge Ihnen helfen werden, Zeit zu sparen und die Zeit mit Ihrem Säugling angenehmer zu gestalten. Anstatt bereits an der Vorstellung zusätzlicher Aufgaben zu verzweifeln, probieren Sie sie aus und finden Sie für sich selbst heraus, welche Ihnen helfen. Denken Sie vor allem daran, daß Sie Ihr neugeborenes Kind nicht genug im Arm halten können, auch wenn Sie nicht wie bei älteren Kindern die drei Phasen der haltenden Umarmung realisieren. Je mehr Sie Ihr Baby liebhalten, umso fester wird die Bindung, und umso fröhlicher und umgänglicher wird Ihr Kind sein.

7. Der stramme Säugling und die geforderte Mutter

So bekommen Sie Freude mit Ihrem Krabbelkind, ohne sich völlig zu verausgaben

Sie haben die ersten sechs Monate mit Ihrem Baby verlebt, Sie sind erschöpft, aber noch auf den Beinen. Ihr Baby schläft jetzt ein wenig länger und verlangt seltener nach Milch. Sie können etwas aufatmen. Aber wenn Sie gerade eine kleine Ruhepause haben, wird Ihr Baby munter. Es beginnt, sich für alles zu interessieren. *Neugier* lautet das Schlüsselwort dieser Altersstufe. Das Kind interessiert sich einfach für alles. Obwohl Sie Ihre Wohnung schon entsprechend eingerichtet haben, müssen Sie es auf Schritt und Tritt beobachten. Auf jeden Fall möchte es in Ihrer Nähe bleiben und sich Ihrer Aufmerksamkeit sicher sein.

Die meisten Mütter berichten, daß ihre Babys in dieser Zeit ihre Aufmerksamkeit in Anspruch nehmen, aber nicht für eine längere Dauer im Arm gehalten werden wollen. Eher windet sich das Kind, um wieder auf den Boden zu gelangen. Normalerweise setzen Mütter ihre Kinder auf den Boden in der Meinung, es sei gut für sie, wenn sie auf Entdeckungen gehen. Studien aus der Neurobiologie der Bindung und Trennung an Primaten zeigen, wie wichtig es für Mutter und Kind ist, zu einer festen Bindung zu gelangen, bevor und nachdem das Baby sich in seiner Umgebung auf Entdeckungen begibt. Eine Gruppe chemischer Stoffe im Gehirn löst Gefühle der Trennung aus, während eine andere zu Loslösungs- und Entdeckungsverhalten führt. Diese Befunde legen nahe, daß das Kind abwechselnd die beiden Systeme aktiviert, indem es zwischen Körperkontakt mit der Mutter und selbständigem Spiel (Interesse an seiner Umwelt) abwechselt. Mütter, die auf diesen Wechsel nicht eingehen, der zum Erreichen eines optimalen Erregungsgrades beim Kind notwendig ist, bringen es in einen Zustand ständiger Übererregung. Übergroße Erregung gilt als eine Ursache für Langzeitschäden bei der Fähigkeit, starke Gefühle zu verarbeiten.

Marilee war eine solche Mutter. Seit vier Jahren mit einem liebevollen und sportlichen Mann glücklich verheiratet, war sie nun Mutter eines hübschen acht Monate alten Jungen, Nicholas. Jedoch waren sie und ihr Mann durch die Anforderungen von seiten des Kindes völlig mit ihren Kräften am Ende. Länger als ein paar Minuten wollte er nicht in seinem Autositz bleiben, ohne wieder herausgenommen zu werden. Er begann bereits, laufen zu lernen, und übte ununterbrochen. Wenn Marilee sich jedoch für ein paar Augenblicke von ihm abwandte, begann er zu schreien und wollte auf den Arm genommen werden. Weder seine Tagesmutter noch seine Großmutter gaben ihm nach. Wenn Marilee ihn jedoch auf ihren Arm nahm, begann er sofort wieder zu schreien und wollte auf den Boden zurück. Alle waren schon ganz erschöpft von den zahllosen Versuchen, ihn bei Laune zu halten. Immer aufs neue wiederholte er das Spiel. Er schrie los, bis seine Mutter ihn in den Arm nahm, und brüllte dann wieder, um auf den Boden hinuntergelassen zu werden. Eine genaue Untersuchung dieser Situation ergab, daß er anscheinend nur dann nicht schrie, wenn er von einem Erwachsenen bewußt abgelenkt wurde. Sogar der Versuch, ihn zum Einschlafen zu bewegen, wenn er todmüde war, erwies sich als Schwerstarbeit. So sehr schien der Junge an dem interessiert zu sein, was um ihn herum vorging.

Wie sich herausstellte, hatte Marilee Nicholas an zwei oder drei Tagen in der Woche während mindestens fünf Stunden an einem Stück mit der Tagesmutter alleingelassen, ohne sich bei ihrer Rückkehr nach Hause so mit ihm zu beschäftigen, daß der tagsüber verlorengegangene Kontakt wieder richtig hergestellt werden konnte. Seine Hyperaktivität war mit großer Wahrscheinlichkeit eine Reaktion auf die Trennung. Wie ich bereits oben erwähnte, haben Studien deutlich gemacht, daß bereits eine einstündige Trennung des Säuglings von der Mutter zur Folge hat, daß er sich in sich zurückzuziehen beginnt. Auf jeden Fall zeigte das Mutter-Kind-Halten eine beruhigende Wirkung auf dieses hyperaktive Baby.

Aber was für eine Auseinandersetzung lieferte es Marilee, bevor sie die völlige Auflösung der Spannung erreichten! Es weinte und schrie, bis es rot anlief. Marilee sagte, daß ihr dabei zum ersten Mal klar wurde, woher der Ausdruck "rot vor Wut" stammt. Sie fragte mich, ob ein Kleinkind seine Enttäuschungen und Wut ansammelt, wie es ältere Kinder tun. Ich kann nur vom Verhalten eines acht Monate alten Babys aus schließen, aber ich vermute, daß Marilees kleiner Sohn es gelernt hatte, Distanz zu halten, um sich vor den starken Gefühlen zu schützen, die ihn überkamen, wenn seine Mutter nicht bei ihm war. Das anschließende Zusammensein mit ihr konnte ihn nicht beruhigen, weil es ihn nur an die Wut über das erlittene Alleinsein erinnerte, die die Abwesenheit der Mutter in ihm hervorrief. Bei älteren Kindern haben wir festgestellt, daß das zärtliche Verhalten im Anschluß an eine Trennung wenig später in eine wütende Ablehnung gegen die Mutter umschlägt, wenn die Trennung das erlaubte Maß überschritten hat. Kinder haben ihren Müttern offen ins Gesicht gesagt: "Wo warst du denn, als ich dich brauchte?" Ähnlich verhält es sich mit Erwachsenen. So sehr einer vom anderen im Arm gehalten werden möchte, bringt die Umarmung manchmal einen Wutausbruch hervor. Möglicherweise zerstören manche Leute darum oft einen glücklichen Augenblick zwischen sich und einem geliebten Menschen. Wenn sie endlich den Kontakt finden, nach dem sie sich so gesehnt haben, werden auf einmal alle ihre negativen Gefühle darüber, daß sie ihn so lange vermißt haben, lebendig.

Wenn der Augenblick gekommen ist, daß Marilee fortgeht und Nicholas zurückbleibt, schreit er los, als ob sie sich nie wiedersehen würden. Sobald sie ihn auf den Arm nimmt, wird er ruhig, beginnt aber dann sofort darum zu kämpfen wieder auf den Boden gelassen zu werden, sichtbar darum bemüht, die damit verbundenen angstmachenden Gefühle nicht erleben zu müssen. Der in diesen Augenblicken erlebte Kontakt zu seiner Mutter bleibt ohne eine positive Wirkung. Würde er es sich erlauben, die Sicherheit in den Armen der Mutter zu genießen, könnten sich seine aufgestauten Gefühle entladen. Genau dies geschah, als sie ihn eines Tages in den Arm nahm und fest hielt, nachdem er wieder einen dieser panischen Momente aus Angst vor dem Verlassenwerden durchlebt hatte. Er weinte, schrie, kämpfte und beruhigte sich schließlich so sehr, daß er in der Lage war einzuschlafen. Marilee dachte, er sei einfach vor Erschöpfung eingeschlafen. Er wachte jedoch glücklich und ruhig auf und beobachtete, ohne einen Ton von sich zu geben, wie sie das Haus verließ, um in Richtung Supermarkt zu gehen. Marilees Bereitschaft, seiner Wut in der Geborgenheit ihrer Arme freien Lauf zu lassen, gab ihm ein Gefühl der Sicherheit, und so konnte er sie gehen lassen.

Die haltende Umarmung erwies sich als eine große Hilfe für Marilee. Aber wie erging es ihrem Mann? Was ihn betraf, hatte er einen glücklichen, gesunden Sohn, der keinerlei besonderer Hilfe bedurfte. Er ärgerte sich zunächst darüber, daß seine Frau eine Methode benutzte, die er nicht verstand und mit der er nicht einverstanden war. Nachdem sie ihm jedoch erklärt hatte, daß es dem Baby helfen würde, sich geborgener und ruhiger zu fühlen, begann er, sich dafür zu interessieren. Auf einmal wurde ihm klar, daß das Baby die ganze Zeit schon verzweifelt und niedergeschlagen gewesen war. Als er es anschließend immer so glücklich und ruhig sah, war er davon überzeugt, daß sie die haltende Umarmung regelmäßig anwenden sollten.

Marilees weitere Hürde war die Tagesmutter. Als diese von der neuen Methode erfuhr, war sie zunächst nicht davon überzeugt. Als sie Nicholas die ersten beiden Male schreien hörte, lief sie herbei um zu sehen, was geschehen war. Nachdem sie aber selbst die positiven Auswirkungen auf das Baby gesehen hatte, begeisterte sie sich dafür.

Marilees Baby war übermäßig aktiv, ängstlich und leicht niedergeschlagen. Doch auch das Gegenteil davon ist nicht weniger Anlaß zur Sorge. Ein ruhiges, anspruchsloses, "sehr liebes" Baby, kann unter ähnlichen Problemen leiden. Solche Kinder sind nicht richtig auf das Leben eingestellt. Wenn ein Baby sich geborgen fühlt, steht ihm seine Energie zur Verfügung, um die Welt zu entdecken. Wenn ein Kind keinerlei Eifer dazu zeigt, müssen wir uns fragen, was es mit seiner Energie macht.

Solche "Kinder" kann man zusammen mit ihren Kindermädchen im Central Park von New York begegnen. Meistens sitzen sie unbeweglich in ihren Sportwagen und geben keinen Ton von sich. Ich habe gesehen, wie manche dieser Kinder sich ganz anders verhalten, wenn sie mit ihren Müttern zusammen sind. Dann fühlen sie sich geborgen und können ihrer Energie und ihrem Entdeckerdrang freien Lauf lassen. Ich vermute, sie verbrauchen den Rest ihrer Energie mit dem Versuch, die Trennung von der Mutter zu überwinden.

Als Holly neun Monate alt war, war sie ein bezauberndes, aufgewecktes Mädchen, das sich für seine Umgebung interessierte. Sie war sehr freundlich und kontaktfreudig. Jeder, der sie nur angluckste, bekam ein glückliches Lächeln und einige Laute von ihr zur Antwort. Sie widersetzte sich jedoch nie. Bereitwillig blieb sie stundenlang in ihrem Kinderbettchen liegen oder in ihrem Laufstall sitzen. Im Alter von zweieinhalb Jahren war sie bereits in ihrer Entwicklung zurückgeblieben. Ihr Sprachverhalten war nicht altersentsprechend, und sie versuchte keine der Tätigkeiten, die Kinder in ihrem Alter normalerweise gerne verrichten. Wenige Monate nach Einführung der haltenden Umarmung war sie sprachlich ihrer Altersstufe voraus und erwies sich als außerordentlich fähig und intelligent. Diese Zeitspanne war viel zu kurz, um den Erfolg einer anderen Ursache als der Geborgenheit und der Bindung zuzuschreiben, die ihre Mutter ihr durch das Mutter-Kind-Halten geboten hatte.

Die haltende Umarmung kann dem anspruchslosen Kind helfen, das nie Forderungen stellt, und dessen Bedürfnisse darum nie gestillt werden können. Ich will nicht behaupten, daß alle diese Kinder später Probleme haben werden, wenn sie nicht mit der haltenden Umarmung behandelt werden. Oft geschieht es, daß ein überaktives Baby von selbst ruhiger und ein passives Baby aktiv wird; da wir aber nun wissen, was für eine gesunde Entwicklung notwendig ist, wollen wir unseren Kindern eine solche auch ermöglichen. Oft berichten ratsuchende Eltern, daß ihr Kind in der Vergangenheit Zeichen von ungenügender Bindung gezeigt hat.

Jedes Kind zeigt hin und wieder bis zu einem gewissen Grad eines oder mehrere dieser Anzeichen, besonders in Zeiten körperlicher Krankheit. Dennoch kann es sich dabei um ein Signal für ungestillt gebliebene Bedürfnisse handeln, die durch das Mutter-Kind-Halten angesprochen werden könnten. Im folgenden finden Sie einige Symptome einer ungenügenden Bindung zwischen Mutter und Kind:

- fehlende Bereitschaft, sich an den Körper der Mutter zu schmiegen, wenn es gehalten wird
- häufiges Winden, um hinunterzukommen, wenn die Mutter es aufnimmt
- häufiges Vermeiden von Blickkontakt
- Zufriedenheit, wenn es für längere Zeit im Kinderbettchen oder im Laufstall alleingelassen wird
- Anklammern an strenge Routineregeln
- heftige Reaktionen auf kleine Veränderungen
- Stillstand oder Verlangsamung der Sprachentwicklung
- fehlende Ansprechbarkeit durch Beruhigen oder Trösten
- übermäßiges Weinen oder Schreien
- Zähneknirschen
- manche Schlafstörungen
- manche Eßstörungen

- zerstörerisches Verhalten, einschließlich häufiger Unfälle oder Verletzungen

Raymond konnte seit dem achten Lebensmonat gut aufrecht gehen. Aber mit zwölf Monaten begann er auf einmal, sich an Möbeln oder anderen Gegenständen selbst zu verletzen. Er hatte ständig einen blauen Fleck oder einen großen Kratzer im Gesicht. Christopher konnte auch mit acht Monaten aufrecht gehen, aber mit zwölf Monaten hatte er sich noch nicht einmal gestoßen. Lag es lediglich daran, daß er seine Bewegungen besser koordinieren konnte? Während der zwölf Monate seit seiner Geburt war Christopher fast ständig mit seiner Mutter zusammen gewesen, oftmals mit der Mutter und dem Vater. Sie waren sehr fest mit Christopher verbunden und interessierten sich für jede seiner Bewegungen. Raymonds Mutter war durch den Umbau des Hauses erheblich abgelenkt. Obwohl sie Raymond gewöhnlich in ihrer Nähe behielt, beschäftigte sie sich täglich nicht mehr als ein paar Minuten intensiv mit ihm. Nachdem sie begonnen hatte, das Mutter-Kind-Halten regelmäßig anzuwenden, arbeitete sie weiter mit am Haus, konnte aber mit Raymond besser in Kontakt bleiben. Die tägliche Sitzung erwies sich als eine Quelle gegenseitiger Nähe, und die Mutter konnte sich tagsüber nun auch in kleinen Dingen mit ihrem Sohn verständigen, der auch aufhörte, immer hinzufallen.

Raymonds und Christophers Erfahrungen erinnern an eine Studie an einem Stamm in Papua – Neu-Guinea. Bevor die Zivilisation die Lebensweise der Eingeborenen änderte, wurden die Kinder während der ersten beiden Jahre fast ständig am Körper der Mutter und während der folgenden beiden Jahre von jemand anders getragen. Diese Babys kamen in den Genuß der denkbar bestmöglichen Bindung. Sie spielten in der Nähe von offenen Feuern und scharfen Messern, ohne sich je zu verletzen; es geschahen keine Unfälle. Die Forscher waren auch von der Zusammensetzung der Charakterzüge bei den Erwachsenen beeindruckt. Sie schienen selbstsichere Menschen zu sein, und gleichzeitig waren sie sehr selbstlos. Vielleicht können wir von diesen "primitiven" Menschen etwas darüber lernen, wie man erfolgreich Kinder erzieht, die in der Lage sind, andere zu lieben.

Bis jetzt haben wir vor allem über die Bedürfnisse von Babys gesprochen. Wir dürfen nicht vergessen, daß das Mutter-Kind-Halten für Mütter gleichermaßen hilfreich ist. Sie reagieren auf diese Bemerkung vielleicht mit Erstaunen: "Braucht man so etwas denn als Mutter?" Ja, manche Mütter haben entdeckt, daß das Mutter-Kind-Halten für sie auch dann hilfreich war, wenn mit dem Baby alles in Ordnung zu sein schien. Manchmal fühlen Sie sich von den Bedürfnissen Ihres Krabbelkindes in die Enge getrieben. Es hat Ihnen während der ganzen Monate schon so viel abverlangt. Wenn Sie berufstätig sind, versuchen Sie, die auswärts verbrachte Zeit wieder auszugleichen, indem Sie für den Rest des Tages für Ihr Baby da sind. Selbst wenn Sie nicht arbeiten gehen, können Sie von der ständigen Wachsamkeit, die dieses Alter erfordert, aufgerieben werden.

Druck von außen kann eine wichtige Rolle spielen. Vielleicht merken Sie, daß Sie bereits auf das kleinste Fehlverhalten Ihres Kindes unangemessen scharf reagieren, weil Sie von anderen Dingen in Anspruch genommen sind. Die haltende Umarmung kann Ihnen helfen, Ihren Ärger zu verringern. Gelegentlich kommt es vor, daß Mütter sich verletzt oder von ihren Babys abgelehnt fühlen, wenn diese nicht auf die Weise oder nicht so intensiv reagieren, wie sie es erwartet haben. Manche Mütter haben auch durch die hormonelle Umstellung nach der Geburt Depressionen bekommen und diese noch nicht überwinden können.

Wie auch immer Ihre Situation aussieht, das haltende Umarmen wird Ihnen helfen, sich mit sich selbst, mit Ihrem Kind und in Ihrem Leben überhaupt besser zu fühlen. Wenn eine Mutter sehr fest an ihr Kind gebunden ist, wird sie durch zusätzliche körperliche Zärtlichkeiten, eine glückliche Stimme, eine intensive Spielbereitschaft belohnt werden. Negatives Verhalten wird es kaum mehr geben; das Leben macht so viel mehr Freude.

Darlene ist ein gutes Beispiel für eine Mutter, die selbst das Mutter-Kind-Halten benötigte. Eine Depression im Anschluß an die Geburt ihres zweiten Kindes verschlimmerte sich noch durch die Tatsache, daß sie auf eine weitere Schwangerschaft nicht vorbereitet war. Nachdem ihre zweite Tochter geboren war, wurde das erste Kind, hochintelligent, aber sehr anspruchsvoll, noch extremer in seinen Forderungen. Darlene dachte, welches Glück, daß sie nun ein anspruchsloses, "liebes Baby" hatte. Das liebe Baby entwickelte sich jedoch nicht normal, wurde außergewöhnlich passiv und teilnahmslos. Nach einigen Monaten haltender Umarmung wurde der Umgang mit dem ersten Kind leichter, und das Baby entwickelte sich zu einem aktiven, gefühlvollen Kleinkind. Obwohl Darlene sich immer noch nicht vollständig von ihrer Depression erholt hat, freut sie sich an ihren Mädchen und fühlt sich durch die Beziehung zu ihnen sehr befriedigt.

Lee machte sich Sorgen, weil sie sich entschlossen hatte, nach der Geburt wieder arbeiten zu gehen. Sie fühlte sich innerlich zerrissen. Ihr sechs Monate altes Baby war ein aufgewecktes, bezauberndes Mädchen, und sie wußte, sie würde sie vermissen und eine wunderbare Zeit ihrer Entwicklung verpassen. Obwohl sie eine warmherzige, kinderliebende Tagesmutter für Susie bekommen hatte, wußte sie, es würde anders sein, als wenn sie selbst zuhause bliebe. Andererseits würde sie sich eingesperrt und benachteiligt fühlen, wenn sie ihre Karriere aufgeben würde. Als Lee vom Mutter-Kind-Halten erfuhr, entschloß sie sich, wieder arbeiten zu gehen und zu sehen, ob diese Methode ihr helfen könnte, die feste Bindung mit Susie trotz ihrer täglichen Abwesenheit aufrechtzuerhalten. Lee war entsetzt, als sie die Wut sah, die Susie während der täglichen Sitzung nach ihrer Rückkehr von der Arbeit zum Ausdruck brachte. Danach war der Abend jedoch mit der zärtlichen, spielfreudigen und glücklichen Susie jedesmal wunderschön. Wenn die Sitzung einmal ausfiel, war Susie mit Sicherheit griesgrämig, fordernd und ablehnend. Der Unterschied war so extrem, daß ihr Mann sie darum bat, die haltende Umarmung täglich zu praktizieren. Auch Lee selbst war von seinem Nutzen überzeugt und bemühte sich sehr, den täglichen Rhythmus einzuhalten.

Lees beste Freundin, Ellen, hatte zu der gleichen Zeit von dieser Methode gehört. Sie hatte sich die gleichen Fragen über eine Rückkehr ins Berufsleben gestellt. Sie war nach der Geburt ihres Sohnes sechs Monate lang zuhause geblieben und dann zu ihrer Vollzeitstelle zurückgekehrt. Zwei Jahre später brachte sie eine Tochter zur Welt, ging aber weiterhin arbeiten. Sie sagte Lee, daß ihre Erfahrungen mit den beiden Kindern und ihren Gefühlen zu ihnen sehr unterschiedlich gewesen seien. Dann führte sie der Firmenumzug ihres Mannes in eine andere Stadt, in der sie keine Arbeit hatte. Sie mußte sich entscheiden, ob sie diese Zwangspause ausnutzen und zuhause bleiben oder wieder eine Arbeitsstelle finden wollte. Genau wie Lee befürchtete Ellen, sich eingesperrt und benachteiligt zu fühlen, und vielleicht sogar Depressionen zu bekommen. Die beiden Kinder stritten sehr viel miteinander, was sie oft den Wunsch verspüren ließ, das Haus zu verlassen und arbeiten zu gehen. Sie entschloß sich, das haltende Umarmen zu versuchen, um zu sehen, ob sie es zu Hause aushalten würde. Innerhalb von zwei Monaten wandelte sich die häusliche Situation vollkommen. Es gab fast keine Spur mehr von Streit zwischen den Geschwistern. Während Ellen eines der Kinder hielt, saß das andere entweder zu ihren Füßen und wartete darauf, auch zu beginnen, oder es spielte selbständig, bis das andere fertig war. Dies war für Ellen eine große Überraschung, denn sie waren vorher sehr ungeduldig und vom Konkurrenzdenken geprägt gewesen. Sie hatte nie eine Minute für sich selbst gehabt, weil sie ständig etwas forderten und sich immer gegeneinander auszuspielen versuchten. Wenn eins auch nur ein wenig Aufmerksamkeit erhielt, wollte das andere sofort dasselbe bekommen. Das ging sogar soweit, daß sie nur selten einen Augenblick Zeit hatte, um allein auf die Toilette zu gehen, ganz zu schweigen ein Buch zu lesen oder in Frieden ein entspannendes Vollbad zu nehmen.

Eines Tages stellte Ellen fest, daß sie das Abendessen komplett zubereitet hatte, ohne auch nur einmal von ihren Kindern unterbrochen worden zu sein. Sie ging sofort nachsehen, was mit ihnen geschehen war. Als sie sie friedlich miteinander spielen sah, wurde ihr bewußt, daß die Kinder für sie nun keine Last mehr waren. Im dritten Monat nach dem Beginn des Mutter-Kind-Haltens spürte sie eine einschneidende Veränderung in dem, was sie von den Kindern erhielt. Nicht nur ihr schlechtes Benehmen war ziemlich, um nicht zu sagen vollständig verschwunden, sondern sie vermittelten ihr auch ein Gefühl von Erfüllung und Freude, das sie nicht für möglich gehalten hatte. Obwohl sie die geistige Herausforderung ihrer Arbeitsstelle vermißte, spürte sie, daß sie eine emotionale Erfüllung erlebte, die der Herausforderung der Berufstätigkeit gleichkam. Nun, da sie die kindliche Entwicklung in ihrem optimalen Verlauf erleben konnte, fand sie dies sowohl geistig anregend als auch emotional befriedigend. Sie fühlte sich weder eingesperrt noch deprimiert. Sie sagte, daß sie glücklicher war als je zuvor in ihrem Leben. Sie war sicher, daß sie bei einer eventuellen Rückkehr zu ihrer Arbeitsstelle in der Lage sein würde, die starke Bindung zu beiden Kindern aufrechtzuerhalten. Sie wußte nun, wie die Beziehung aussehen konnte, und war sicher, daß sie mögliche Störungen ohne Schwierigkeiten würde beheben können.

Ein anderer Faktor war der Wandel, den die festere Mutter-Kind-Bindung in Ellens Ehemann hervorrief. Er kam früher als je zuvor von der Arbeit nach Hause. Er liebte es, an der fröhlichen Szene teilzunehmen. Er gestand Ellen, daß er immer mit Schrecken daran gedacht hatte, zu einer völlig erschöpften Frau und zwei griesgrämigen Kindern nach Hause zu kommen.

Das Mutter-Kind-Halten half Lee und Ellen auf je sehr verschiedene Weise. Lee half sie, zu ihrer Arbeitsstelle zurückzukehren, ohne die gute Beziehung zu ihrem Baby zu verlieren, während sie es Ellen ermöglichte, zu Hause zu bleiben.

Es ist gut, mit dem haltende Umarmen in den ersten Lebensjahren zu beginnen. Wie aber halten Sie ein Baby, das noch nicht sprechen kann? Ist es angebracht, das Baby wütend zu *machen*? Wie können Sie wissen, daß es

Ihrer Beziehung hilft? Wenn Sie erst einmal begonnen haben, werden Sie am Verhalten des Babys eine Verbesserung hinsichtlich der Bindung feststellen. Ihr Baby wird sich so eng an Ihren Körper anschmiegen, wie Sie es noch nie erlebt haben. Es wird Ihnen mehr als zuvor tief in die Augen sehen. Es wird ruhiger und dabei doch wachsamer werden. Es wird leichter einschlafen können. Es wird weniger weinen und schreien und weniger traurig sein.

Es kann keine Rede davon sein, daß Sie Ihr Baby wütend *machen*. Sie werden es Ihrem Baby erlauben, seine Wut auszudrücken, um die Bindung zu verstärken. Es wird nur dann in der Lage sein, positive Gefühle mitzuteilen, wenn es ebenso gut gelernt hat, die negativen auszudrücken. Stellen Sie sich einen Völkerstamm vor, in dem die Babys sich weigerten, am Körper der Mutter getragen zu werden. Unsere Spezies hätte nicht überlebt, wenn Mütter und Kinder es nicht geschafft hätten, eine enge Bindung aneiander so lange aufrechtzuerhalten, bis die Kinder in der Lage sind, in einer feindlichen Umgebung für sich selbst zu sorgen.

Sie fragen sich vielleicht, wie Sie die haltende Umarmung mit einem Baby anwenden sollen, das noch nicht sprechen kann. Sie nehmen das Baby in Ihre Arme und liebkosen es. Wenn es seinen Rücken beugt, seinen Blick wegdreht oder hin- und herrutscht, um hinunterzugelangen, ziehen Sie es noch fester an sich. Es wird dagegen ankämpfen. Sie dürfen es nicht loslassen, bevor es sich in Ihren Armen nicht vollkommen beruhigt hat. Wahrscheinlich wird es vor Wut weinen und schreien, bis es rosa oder rot anläuft. Sie können zum Beispiel besänftigende Worte sagen wie: "Mama hat dich lieb. Ich habe ich lieb." Oder: "Es tut mir weh, wenn du nicht willst, daß ich dich liebhalte. Ich möchte ganz nah bei dir sein." Es ist wichtig, mit Ihrem Baby zu sprechen; es verfolgt Ihren Sprachgebrauch. Wenn Sie aber nicht während der ganzen Zeit reden wollen, brauchen Sie es nicht. Halten Sie das Baby einfach. Nach einer Weile wird es aufhören, sich gegen Sie zu wehren. Es wird sich beruhigen. Manche Babys sinken in Schlaf, insbesondere, wenn sie müde sind, weil sie vorher zu aufgeregt waren, um zu schlafen. Halten Sie das Kind, wenn möglich, bis es wieder aufwacht. Wenn es fröhlich erwacht, Sie angurrt, sich an Ihren Körper schmiegt, können Sie sicher sein, daß Sie die Phase der völligen Auflösung der Spannung erreicht haben.

Wenn es erwacht und sich noch wehrt, müssen Sie fortfahren, bis es sich besser fühlt. Es durchlebt einen Wutausbruch. Wenn Sie es ganz fest halten, wird es sich beruhigen und in Kontakt zu Ihnen treten. Wenn Ihr Kind einen spontanen Wutanfall bekommt, ist das Halten die wirksamste

Methode, mit dieser Frustration und auch der Ihren umzugehen. Wenn Sie Ihr Kind wegen eines Wutanfalls bestrafen, teilen Sie ihm dadurch mit, daß es seine Gefühle nicht ausdrücken sollte. Der Einsatz der haltenden Umarmung in solchen Situationen erlaubt den Ausdruck der Gefühle auf eine Weise, die weitere Probleme verhindern hilft; die Gefühle werden entschärft, bevor es überhaupt zum Wutanfall kommt.

Nie werde ich die erste Phase einer völligen Auflösung der Spannung bei einem acht Monate alten Jungen vergessen, bei der ich dabei sein konnte. Eine Kollegin nahm die ganze Sitzung auf Video auf. Das Baby widersetzte sich heftig und zerschmolz dann, nach nicht weniger als vierzig Minuten, an der Brust seiner Mutter. Der kleine Junge schaute ihr mit einem seligen Blick tief in die Augen und gluckste sie zärtlich an. Dann streichelte er ihr Gesicht zärtlich mit seiner rundlichen kleinen Hand. Cindy, die Mutter, hatte das Mutter-Kind-Halten mit einem anderen Kind, einer Tochter, aufgrund von Verhaltensstörungen begonnen. Auch der Vater beteiligte sich, beim Baby und auch bei Cindy. Als ich sie nach mehreren Monaten regelmäßiger Anwendung des Mutter-Kind-Haltens wiedersah, verkörperten sie auf lebendige Weise das Bild einer idealen Familie.

Bitte erinnern Sie sich daran, daß alle Mütter sehr verstimmt, ja schmerzlich berührt auf die Auseinandersetzung reagieren, die das Baby zu Anfang liefert. Es ist wirklich schockierend zu sehen, wieviel Widerstand Ihr Baby aufbringt. Bleiben Sie standhaft. Rufen Sie sich die Tatsache ins Gedächtnis zurück, daß alle Kinder eine völlige Auflösung der Spannung erreichen, wenn sie von ihren Müttern lange genug gehalten werden. Versuchen Sie, sich während der Auseinandersetzung vorzustellen, wie glücklich es Sie macht, wenn Ihr Baby sich in der völligen Auflösung der Spannung beruhigt und innig mit Ihnen verbunden ist. Wenn Sie einmal den kompletten Zyklus durchgestanden haben, durch die Phase der Ablehnung und der völligen Auflösung der Spannung hindurch, werden Sie sich vor der Wut Ihres Babys nicht mehr fürchten; Sie werden sich in einer solchen Situation nicht mehr verloren vorkommen. Sie werden Ihr Kind fest in Ihren Armen halten, bis es sich erholt hat und wieder frei zu Ihnen in Kontakt treten kann.

Als unsere Kinder noch Babys waren, nahmen meine Freundin Judith und ich sie einmal mit in den Central Park. Als ihre Tochter einen Wutanfall bekam, setzte sie sich mit ihr auf eine Bank und begann dort, sie liebzuhalten. Ich war peinlich berührt, als ich einen Polizisten den Weg entlang kommen sah. Ich rückte ein wenig von meiner Freundin weg, als wollte ich sagen: "Ich gehöre nicht dazu. Ist das nicht schrecklich?" Als ob er mir antworten wollte, lächelte der Schutzmann und sagte: "Das finde ich aber hübsch!" Jetzt schämte ich mich aber wirklich! Ich hatte praktisch meine eigene Methode verleugnet. Wenn ich nur daran denke, kommen mir Tränen in die Augen.

Sicherlich werden Passanten es nicht immer verstehen, wenn Sie es in der Öffentlichkeit praktizieren, aber manche Mütter berichten auch über positive Reaktionen. Schließlich werden sie doppelt belohnt, denn das Verhalten des Kindes bessert sich sofort.

Gelegentlich haben manche Mütter mehr Schwierigkeiten, die völlige Auflösung der Spannung zu tolerieren als die Ablehnungsphase. Eine so unmittelbare persönliche Nähe ist für sie eine neue Erfahrung. Wenn dies auch für Sie zutrifft, werden Sie sich zunächst daran gewöhnen müssen, um überhaupt eine so direkte, innige Beziehung genießen zu können. Zu Beginn sollten Sie sich einfach einmal zwingen; Sie werden es genießen. Unterbrechen Sie nicht, indem Sie zu früh aufhören. Gönnen Sie sich selbst und Ihrem Baby die Wärme, Zärtlichkeit und Innigkeit dieser unvergleichlichen Augenblicke. Es ist meine Überzeugung, daß viele Mütter und Väter, die bei ihren eigenen Eltern eine innige, liebevolle Nähe nicht kennengelernt haben, dies bei ihren Kindern lernen können. Dieses Phänomen kann erklären, warum manche ältere Paare, die ich getroffen habe, erst zu einer wirklich tiefen Beziehung zueinander gelangt sind, nachdem sie einige Jahre lang in einer tiefen Beziehung zu ihren Kindern gelebt hatten.

Manche Mütter haben Schwierigkeiten mit einer Phase, aber nicht mit den anderen. Manche Mütter haben zu Beginn Schwierigkeiten mit dem gesamten Ablauf des Mutter-Kind-Haltens. Manche Mütter beginnen es, als ob sie es schon immer praktiziert hätten. Der wichtigste beeinflussende Faktor scheint hierbei die Beziehung zu den Eltern während der eigenen Kindheit zu sein. Wenn Sie also zu den Glücklichen gehören, wird Ihnen alles ganz leichtfallen. Wenn nicht, werden Sie etwas intensiver daran arbeiten müssen. In jedem Fall können alle Mütter das Mutter-Kind-Halten erlernen. Auch Sie!

8. Das schnell wütende Kleinkind und die erschöpfte Mutter

So kommen Sie gut durch die Trotzphase

Das zweite Jahr ist für alle Mütter eine schwere Zeit. In diesem Alter befindet sich selbst ein gut erzogenes Kind in ständiger Bewegung, und die Mutter fühlt sich mitunter dabei erschöpft und leer. Das Kleinkind ist sehr neugierig, viel in Bewegung und dennoch weiterhin sehr abhängig von der Gegenwart und der ununterbrochenen Aufmerksamkeit der Mutter. Wenn diese sich ihrem Kind zuwendet, während es aufmerksam seine Welt entdeckt, wird sein körperliches und geistiges Wachstum optimal angeregt. Jedoch fühlt sich die Mutter meistens ausgelaugt und irgendwie benommen. Wie viele Male haben Sie Mütter von Kleinkindern in diesem Alter sagen hören, daß sie nicht mehr in der Lage sind, mit Erwachsenen ein Gespräch zu führen? Dieses Gefühl ist ein Resultat der heutigen Kindererziehung. Wir sind dazu geschaffen, unsere Kinder in Gruppen und Großfamilien mit anderen Müttern und Kindern aus allen Altersstufen großzuziehen. Tatsächlich haben Tierverhaltensforscher entdeckt, daß die Menschenaffen ihre Jungen nicht in der Isolation großziehen können, ohne daß sie beginnen, sich ausfallend und ablehnend zu verhalten. Wenn sie mit anderen Muttertieren in einer Gruppe zusammengelegt werden, verwandeln sich die sonst gestörten und gefährlich scheinenden Tiere in gute Mütter.

Kurzum, wir verlangen von Müttern, daß sie ihre Kinder in einem Rahmen erziehen, der einem guten Erfolg entgegenwirkt. Wir stecken unsere Kinder in Kinderhorte oder Kindergärten. Was wir brauchen, sind Gruppen, in denen Mütter und Kinder zusammensein können. Stadtparks schaffen in etwa einen solchen Rahmen. Viele Gemeindezentren bieten Mutter-Kind-Gruppen an. "La Leche"-Liga ist eine weitere Gruppe, die Mutter und Kind mit anderen Müttern und Kindern zusammenbringt.

Dennoch liegt in dem Anschluß an Gruppen eine Gefahr. Viele Mütter sehnen sich so sehr nach Kontakt mit anderen Erwachsenen, daß sie ihren Kindern während der Gruppenaktivitäten kaum Beachtung schenken. Das Mutter-Kind-Halten hilft Mutter und Kind, sich unabhängig vom situationsbedingten Rahmen aufeinander einzulassen und ihren Gefühlen Ausdruck zu verleihen. Eine Mutter kann lernen, Gemeinschaft mit anderen Erwachsenen zu erleben und gleichzeitig auf ihr Kind aufzupassen. Sie reagiert auf das ständige Bedürfnis ihres Kindes, sich ihrer Anwesenheit zu versichern, während es seine Umgebung entdeckt. Sie versteht, daß sein ständiges Bedürfnis nach ihrer Aufmerksamkeit echt ist und nicht dazu dient, sie zu beeinflussen. Sie wird nicht verlegen, wenn ihr Kind sie während eines Gesprächs unterbricht. Sie lernt vielmehr, im Interesse seiner Entwicklung ihre Verlegenheit zu überwinden. Sie bevorzugt Situationen, in denen eine Beschäftigung mit dem Kind einfacher möglich ist. Wenn Sie berufstätig sind und eine Tagesmutter Ihr Kind betreut, dann bedenken Sie, daß die Grundsätze über die Gruppen und den stützenden Rahmen, den die Mutter benötigt, auch für die Tagesmutter gelten. Sie können die Kindermädchen täglich dabei beobachten, wie sie sich aus diesem Grund in New Yorks Central Park treffen. Wenn Sie eine Tagesmutter mit Ihrem Kind zuhause allein lassen, riskieren Sie, daß sie möglicherweise in Depressionen verfällt. Wenn Sie nicht in der Nähe eines Parks leben, wo Babys ihre Zeit verbringen, lassen Sie die Tagesmutter mit Ihrem Kind nach Möglichkeit regelmäßig in ein Gemeindezentrum oder einfach auswärts essen gehen, in ein Einkaufszentrum oder irgendwohin, wo die beiden angesprochen werden können. Andererseits sollten sie auch nicht den ganzen Tag außer Haus verbringen, denn das Zuhause bietet eine familiäre Geborgenheit auch dann, wenn Sie selbst nicht anwesend sind. Wahrscheinlich wird Ihr Kind ohnehin zum Zeitpunkt Ihrer Heimkehr zuhause sein wollen, um Ihre Rückkehr nicht zu verpassen. Auf jeden Fall kann es für die Tagesmutter und für Ihr Kind hilfreich sein, eine gewisse Zeit mit anderen Menschen gemeinsam zu verbringen.

Während meiner Ausbildung in Kinderpsychiatrie betreute ich die beiden Kinder einer Freundin bei ihr daheim, während sie für zwei Wochen außer Haus war. Das Vierjährige weigerte sich, in den Kindergarten zu gehen. Als ich meiner Mentorin dieses Problem schilderte, riet sie mir, einen Kalender zu erstellen, aus dem hervorging, wann Mama wieder nach Hause kommen würde. Am nächsten Tag ging das Mädchen in den Kindergarten, ohne einen Moment zu zögern, und sagte der Erzieherin: "Mama kommt heute nicht nach Hause." Sobald sie wußte, daß sie die Heimkehr ihrer Mutter nicht verpassen würde, war sie in der Lage zu gehen.

Ein Problem für viele Eltern ist das Bedürfnis ihrer Kleinkinder nach Grenzen. Sie haben entdeckt, daß sie durch ihr Verhalten auf Menschen und Dinge Einfluß ausüben können, und sind entzückt zu sehen, in welchem Ausmaß dies möglich ist. Es ist sehr wichtig, daß ihnen zuhause und in ihrer Umgebung erlaubt wird, ab und zu einmal selbst die Zügel in die Hand zu nehmen. Versuchen Sie, eine gewisse Zeit dafür einzuplanen, auch einmal der Führung Ihres Kindes zu folgen. Lassen Sie es alles erforschen was es möchte, und sprechen Sie mit ihm darüber. Die besten Voraussetzungen zum Lernen bestehen dann, wenn das Kind stark motiviert ist. Indem Sie ihm die nötige Freiheit lassen, motivieren Sie es in höchstem Maße, alles zu erforschen. In dieser Phase lernt das Kind eine Menge. Es entwickelt einen Sinn dafür, wie es Sie auf positive Weise beeinflussen kann; dies ist die Grundlage für sein Selbstwertgefühl. Wenn Sie ihm diesen Grad der Führungsübernahme verweigern, wird es nicht zu sich selbst in Harmonie gelangen können. Auch wird es ständig versuchen, Situationen unter seine Kontrolle zu bekommen und ununterbrochen mit Ihnen streiten in der Hoffnung, Sie irgendwie beeinflussen zu können. Wenn es sich völlig machtlos fühlt, kann es möglicherweise resignieren, was häufig zu allgemeiner Antriebsarmut führt.

Wenn Sie ihm etwas nicht erlauben können, weil es gefährlich oder unerwünscht ist, sagen Sie ihm in überzeugendem Ton, daß es das nicht tun darf. Ein Kleinkind in diesem Alter lernt die Wirklichkeit aus den Reaktionen kennen, die Sie seinem Verhalten gegenüber zeigen. Wenn Sie nur dann nein sagen, wenn es wirklich notwendig ist, zum Beispiel, wenn es nach dem heißen Herd greift, lernt es, so etwas zu unterlassen. Wenn Sie ihm in ungefährlichen Situationen manchmal die Führung überlassen, wird es Ihnen auch ein strenges "Nein" abnehmen. Wenn Sie hingegen ständig nein sagen, wird es Ihnen auch dann nicht glauben, wenn es den heißen Herd anfassen möchte. Ihrer Warnung nicht trauend, wird es alles selbst ausprobieren. Es wird dann durch die Last, die ganze Wirklichkeit selbst entdecken zu müssen, verunsichert.

Das Kleinkind in diesem Alter ist ein sehr ehrgeiziges Wesen. Es möchte alles erforschen und versucht, Dinge zu tun, die über seine Fähigkeiten hinausgehen. Hinzu kommt noch, daß seine sprachliche Ausdrucksfähigkeit nicht an seinen fortgeschrittenen geistigen Entwicklungszustand heranreicht. Es fühlt sich deswegen oft niedergeschlagen. Sie müssen ihm dabei mit viel Geduld behilflich sein; das fällt Ihnen vielleicht schwer, weil ohnehin so viel von Ihnen gefordert wird.

Das haltende Umarmen hilft gegen die Niedergeschlagenheit Ihres Kindes in dieser Phase und gegen Ihre Ungeduld. Wenn Sie ihm dieses Ventil zur Verfügung stellen, wird seine Frustrationstoleranz erheblich erhöht und Ihre Geduld dadurch weniger strapaziert. Außerdem lernen Sie, auf die Ansprüche Ihres Kindes und den möglichen Druck aus anderen Lebensbereichen angemessener zu reagieren. Zu diesem Zeitpunkt, an dem viele Mütter die enge Bindung an ihre Kinder verlieren, hilft das

Mutter-Kind-Halten, eine sehr enge und befriedigende Bindung aufrechtzuerhalten.

Zweijährige haben häufig Wutanfälle, aber die Trotzphase ist keine unvermeidliche Entwicklungsstufe. In primitiven Gesellschaften, wo Babys am Körper ihrer Mutter getragen werden, gibt es sie nicht. Das Verhaltensmuster der Trotzphase ist ein Symptom für eine gestörte Mutter-Kind-Bindung.

Wenn Ihr Kind einen Wutanfall hat, nehmen sie es auf und beginnen Sie, es fest zu halten. Sagen Sie ihm: "Jetzt bist du aber wütend, jetzt komm, laß alles 'raus!" Es wird Sie verstehen, sich aber gegen Sie wehren, schreien, toben und Sie unter Umständen auch beißen. Erlauben Sie ihm nicht, Sie oder sich selbst zu beißen oder auf andere Weise zu verletzen. Halten Sie es ganz fest. Sagen Sie ihm, daß Sie es liebhalten werden, bis Sie sich beide besser fühlen. Vielleicht ruft es nach dem Papa. Hören Sie es an, aber reagieren Sie nicht darauf. Es kann einen regelrechten Kampf inszenieren, der Ihnen aufgrund seiner Heftigkeit und Dauer Angst macht und Sie regelrecht niederschmettert. Geben Sie nicht auf, bevor die völlige Auflösung der Spannung erreicht ist. Sie können diese unmöglich übersehen; die Wut und der Widerstand lösen sich in Zeichen von Liebe und Zärtlichkeit auf, die über alles hinausgehen, was Sie erwartet haben.

Ich möchte Ihnen eine typische Mutter-Kind-Halte-Sitzung in der Trotzphase beschreiben. Betty entschloß sich zu einer Sitzung mit ihrer zwanzig Monate alten Tochter Amy, da diese sich weigerte, ihre Mutter zu küssen und ihr in die Augen zu sehen, als sie von der Arbeit nach Hause kam. Die Weigerungen breiteten sich auf andere Situationen aus. Als Betty ihrer Tochter sagte, daß sie sie liebhalten wolle, begann diese sofort zu weinen. Sie sagte: "Keine Küsse. Amy Mama nicht küssen." Sie schrie und versuchte, sich zurückzuziehen. Sie weigerte sich, ihre Mutter anzuschauen. Sie erwähnte dann während der Sitzung mehrere Ereignisse, die zu ihrer Verstimmung geführt hatten. Die Mutter besprach diese mit ihr und versuchte, Amy zu beruhigen. Trotz ihrer fortgesetzten Bemühungen, sich zu befreien, hielt die Mutter sie fest. Schließlich schaute Amy ihre Mutter an, berührte ihr Auge, und sagte: "Hallo, Augen. Wie geht's?" Dann begann eine Phase intensiven Augenkontaktes und zärtlicher Liebkosungen des Gesichts. Die Mutter bat um einen Kuß. Amy küßte sie. Dann umarmte sie ihre Mutter kurz. Diese bat um mehr. Amy umarmte sie fest. Dann legte sie sich zurück, schaute ihre Mutter liebevoll an und sagte: "Mama, du hübsch." Betty erwiderte: "Du bist auch hübsch." Dann drehte sie sich zu ihrem Vater um und rief: "Papa, du bist wunderbar." Als er näherkam, sagte sie: "Ich habe dich auch lieb, Papa. Amy und Mama, Amy und Papa wunderbar." Diese Auflösung der Spannung brachte eine solche Freude in die Familie, daß der Vater ein leidenschaftlicher Befürworter der haltenden Umarmung wurde. Er begann, selbst mitzuwirken, indem er seine Frau während ihrer Sitzungen mit Amy oftmals in die Arme nahm.

In einem anderen Fall wurde die haltende Umarmung bei einem dreizehn Monate alten Jungen angewendet. Alexander war ein sehr gut entwickeltes, kräftiges Baby, das mit acht Monaten laufen lernte. Er war fröhlich, energiegeladen und ließ sich leicht trösten. Eines Tages fuhr die Familie in Urlaub. An einem fremden Ort schien er mehr körperliche Zuwendung zu brauchen. Er mußte mehr als sonst beruhigt werden, und wollte nicht wie sonst in einiger Entfernung von den Eltern alleine spielen. Am Ende der ersten Ferienwoche war Kelly, seine Mutter, nervlich ziemlich erschöpft. Da sie von einer Freundin vom Mutter-Kind-Halten gehört hatte, entschloß sie sich, es anzuwenden in der Hoffnung, den Urlaub zu retten. Das Ergebnis war, daß Alexander weniger beruhigt zu werden brauchte als je zuvor. Er kam zwischendurch zu seiner Mutter, um mit ihr zu schmusen und neu "aufzutanken". Er war nun in der Lage, von der Zuwendung und dem Trost seiner Mutter besser Gebrauch zu machen. Anstatt für weniger als eine Minute in ihre Arme zu kommen, verweilte er länger, brauchte aber nur seltener zu kommen. Kelly schloß daraus, daß er sich nun sicherer fühlte, da er nicht mehr wie bisher erwartete, daß sie beim Spielen stets in seiner Nähe blieb. Sie bemerkte auch, daß sich seine Frustrationstoleranz erhöht hatte. Für Mutter und Kind wurde das Leben leichter und friedvoller. Niemand, der die beiden gekannt hatte, hätte sich vorgestellt, daß ihre Beziehung noch hätte verbessert werden können. In der Tat hatte eine gute Mutter-Kind-Bindung auch vorher bereits bestanden. Wenn eine gesunde Bindung vorhanden ist, kann sich ein Mehr jedoch immer nur positiv auswirken.

Ein Punkt, den Sie niemals vergessen dürfen, ist Ihr Sprachverhalten dem Kind gegenüber. Kleinkinder in diesem Alter verstehen alles, was Sie sagen. Es ist ein schwerer Irrtum, den sprachlichen Ausdruck eines Kindes mit dem gleichzusetzen, was es versteht. Wenn Sie erst einmal zu der Erkenntnis kommen, daß Ihr Kind während der ganzen Zeit immer alles verstanden hat, ist es zu spät, um das, was Sie gesagt haben, wieder zurückzunehmen. Viele Mütter sprechen einfach leiser, wenn sie verhindern wollen, daß das Kind ein Thema mithört, das nicht für seine Ohren bestimmt ist. Das Senken der Stimme ist ein Signal für das Kind, besonders aufmerksam zuzuhören. Wenn Sie möchten, daß Ihr Kind eine Fremdsprache erlernt, sprechen Sie mit gedämpfter Stimme, als ob sie etwas vor ihm verbergen wollten. Motivation ist eine grundlegende Voraussetzung für das Lernen. Wenn Sie wirklich verhindern wollen, daß Ihr Kind etwas Bestimmtes mithört, dann sagen Sie es nicht in seiner Gegenwart. Dennoch schlage ich einen praktischeren Weg vor. Kinder wissen in der Regel alles, was um sie herum geschieht. Anstatt etwas vor ihnen zu verbergen, seien Sie offen. Lassen Sie das Kind sich mit der Wirklichkeit auseinandersetzen. Seine Sorgen werden dann in der haltenden Umarmung zur Sprache gebracht, und Sie können ihm dabei helfen, sie zu verarbeiten.

Eine Situation, die oft falsch gehandhabt wird, ist eine bevorstehende Veränderung. Eltern warten oft zu lange, bis sie ihren Kindern von ihren Plänen erzählen, weil sie eine ablehnende Reaktion befürchten. Die haltende Umarmung bietet eine Möglichkeit für Eltern und Kind, sich auf bevorstehende Ereignisse einzustellen. Die Sorgen werden eingedämmt, und wenn die Situation eintritt, ist das Kind gut darauf vorbereitet. Natürlich können Sie nicht alle möglichen Ursachen für Kummer und Sorgen vorhersehen; die haltende Umarmung hilft Ihrem Kind auch dann, mit seiner Verstimmung fertigzuwerden, wenn die Situation bereits eingetreten ist.

Annies Familie reiste mit dem Flugzeug, um die Großeltern zu besuchen. Nachdem sie sicher wieder zuhause angekommen waren, brachte Annie ihre unverarbeitete Verstimmung zum Vorschein. Ihre Mutter half ihr dabei zu verstehen, daß ihre Ängste vor einem Absturz sich nicht erfüllt hatten, weil sie sicher und weich gelandet waren. Ohne das haltende Umarmen hätte Annie möglicherweise eine Angst vor dem Fliegen entwickelt, ohne daß es jemand bemerkt hätte.

Wenn Ihr Kleinkind sich als anklammernd, fordernd, griesgrämig, leicht aufgeregt, ablehnend, hyperaktiv oder übertrieben abhängig erweist, müssen Sie Ihre Kommunikation mit ihm verstärken und die Bindung aneinander vertiefen; dazu verhilft Ihnen die haltende Umarmung. In dem Maße, wie Ihr Kind die Liebkosungen und das Herumtollen mit Ihnen genießt, wird es seine immer größer werdende kleine Welt mit Freuden entdecken.

9. Das frühreife Vorschulkind und die überbeanspruchte Mutter

So fördern Sie Ihr Kind optimal

Das Kind im Vorschulalter kann Ihnen Freude bereiten oder zum Alptraum werden; es hängt allein von Ihnen ab. Ein Kind in diesem Alter kann großen Spaß machen und dabei immer noch ein liebevolles, anschmiegsames Baby sein. Mit vier Jahren können Kinder zum ersten Mal kurze Trennungen überstehen, ohne daß ihr Vertrauen zu Ihnen Schaden nimmt. Diese neue Fähigkeit versetzt sie in die Lage, mit Freude den Kindergarten oder eine Spielgruppe zu besuchen. Sie können ein wenig Freizeit haben, ohne das Wohlbefinden Ihres Kindes zu gefährden.

Kinder in diesem Alter beginnen, sich sehr für Rollen und Rollenspiele zu interessieren. Sie ahmen alles nach, was sie sehen, und setzen es in kreatives Spiel um. Es ist die beste Unterhaltung, die sich eine Mutter mit einer guten Bindung zu ihrem Kind vorstellen kann. Nun sind Kinder in der Lage, nicht mehr nur für sich allein, sondern auch mit anderen zusammen zu spielen. Wenn Sie ihre Vorstellungskraft anregen, können sie endlos mit Ihnen oder in Ihrer Nähe spielen, während Sie mit anderem beschäftigt sind; dabei sprechen sie beständig oder von Zeit zu Zeit mit Ihnen und halten so den Kontakt zu Ihnen aufrecht.

Spielen ist die Hauptbeschäftigung der Kindheit. Es ist die Grundlage für alles Lernen und für die Fähigkeit zu kreativem Problemlösen. Kinder sollten zum Spielen ermuntert werden. Dies geschieht am besten, wenn Eltern mit ihren Kindern gemeinsam spielen. Wie oft wurden Sie als Kind zum Spielen nach draußen geschickt? Wenn Ihnen das Spielen heute keine Freude macht, dann können Sie daraus schließen, daß Ihre Eltern mit Ihnen nicht sehr gut oder sehr viel gespielt haben. Das gemeinsame Spiel von Eltern und Kindern ist ein wichtiger Gesichtspunkt der Elternschaft. Wenn Sie nicht wissen, wie Sie es anfangen sollen, oder wenn Sie nicht gern spielen, haben Sie jetzt die Gelegenheit, es zu lernen. Bis zu einem gewissen Grad müssen Sie sich vielleicht zwingen. Am besten wählen Sie die Dinge aus, die Ihnen am meisten Freude machen. Wenn Sie gern malen, dann spielen Sie mit Fingerfarben. Wenn Sie gerne etwas bauen, spielen Sie mit Bauklötzen. Wenn Sie sich für Eisenbahnen interessieren, kaufen Sie eine Modelleisenbahn.

Sie werden mit Ihrem Kind im gemeinsamen Spiel wunderbare Stunden verbringen. Sie werden diese Zeit schätzen und in liebevoller Erinnerung bewahren; Ihr Kind wird lernen, gerne zu spielen und sich wie Sie dafür zu interessieren. Studien haben gezeigt, daß bestimmte Formen des Spiels einzelne Fähigkeiten fördern helfen. So legt das Spielen mit Bauklötzen den Grundstein für mathematische Fähigkeiten. Normalerweise sind Jungen in Mathematik besser als Mädchen. Fragen Sie ein Mädchen, das sehr gut in Mathematik ist, ob es mit Bauklötzen gespielt hat; meistens wird die Antwort "ja" lauten.

Körperliche Übungen wie Ringen, Springen, Laufen und Klettern fördern die gesamte Entwicklung. Eine Studie verglich zwei ebenbürtige Gruppen von Vorschulkindern miteinander. Eine Gruppe machte sportliche Übungen mit eher grobmotorischen Bewegungen, während die andere die traditionellen feinmotorischen Übungen der Vorschule absolvierte. Nach zehn Jahren war die erste Gruppe nicht nur im sportlichen Bereich weiter fortgeschritten, sondern auch in allen Lernfächern und in den Führungsqualitäten. Wenn Sie Ihr Vorschulkind zu irgendeiner Tätigkeit so motivieren wollen, daß es sie mit Freude ausführt, dann machen Sie es mit ihm gemeinsam. Niemand kann Kinder besser motivieren als die eigenen Eltern. Sie zeigen Ihr echtes Interesse dadurch, daß Sie sich persönlich einbringen. Viele große Tennisspieler haben mit den Eltern zu lernen begonnen, und wenn sie sich als talentiert erwiesen, gingen die Eltern mit, um ihren Kinder beim Unterricht oder in Wettkämpfen zuzuschauen. Ich möchte Sie nicht überreden, aus Ihren Kindern Athleten, Musiker oder andere Experten zu machen, sondern lediglich darauf hinweisen, daß durch das gemeinsame Spiel das Kind in seiner Fähigkeit zu spielen wächst, was sich auch positiv auf die Entwicklung der Lernfähigkeit auswirkt. Sie werden die Freude aneinander dabei genießen!

Vielen Vorschulkindern werden zu viele organisierte Tätigkeiten aufgedrängt. Manche Kinder gehen neben der Vorschule zusätzlich noch in Turnstunden, Ballettunterricht, Schwimmstunden und so weiter. Sie können diese Überprogrammierung vermeiden, indem Sie selbst mit Ihrem Kind spielen. Kinder müssen ihre Zeit auf unkomplizierte Weise verbringen können. Sie wollen nicht von Ort zu Ort oder von einer Tätigkeit zur anderen eilen, sondern genügend Freiraum haben, um in Ruhe ihre Welt in ihrem eigenen Tempo zu erforschen. Zu diesem Zeitpunkt brauchen Kinder nicht viel organisierten Kontakt mit Gleichaltrigen; wenn dieser auf natürliche Weise entsteht, versuchen Sie, ihn in Grenzen zu halten. Wenn Sie berufstätig sind, werden Sie vielleicht die Zeit Ihres Kindes einteilen, um sich nicht wegen Ihrer Abwesenheit schuldig zu fühlen. Sie können dies vermeiden, indem Sie Ihr Kind einer Tagesmutter anvertrauen. Wenn diese für spontanes Spiel nicht so begabt ist, denken Sie sich Beschäftigungen für die beiden aus, die ihnen Freude machen werden, und lassen Sie sie zusammen spielen. Es gibt Zeitschriften, die gute Vorschläge anbieten. Achten Sie darauf, daß sie täglich genügend an die frische Luft gehen und sich ausreichend bewegen, um die Muskeln zu trainieren.

Wenn Ihr Kind mit organisierten Beschäftigungen überlastet ist, wird dies zur unangenehmen Folge haben, daß es später in ständiger Beschäftigung gehalten und unterhalten werden muß. Es wird niemals lernen, sich auszuruhen und seine Freizeit zu genießen. Wenn Ihr Kind eine Spielgruppe oder eine Vorschulklasse besucht, sollte es seine übrige Zeit lieber mit weniger vorgeplanten Beschäftigungen verbringen.

Kinder können auf dieser Stufe in begrenztem Maße Freude am Spiel mit Gleichaltrigen aufbringen, die meisten werden hier jedoch zu sehr hineingedrängt. Wenn Sie wollen, daß Ihr Kind später einmal in der Lage ist, dem Druck von Altersgenossen standzuhalten, dann drängen Sie es zu diesem Zeitpunkt nicht. Wenn Sie es dennoch tun, lassen Sie es glauben, Sie seien der Meinung, daß Gleichaltrige eine sehr wichtige Rolle spielen. Es wird schwierig, wenn nicht sogar unmöglich sein, diese Einstellung später als Teenager wieder rückgängig zu machen, wenn ein übermäßiger Kontakt mit Altersgenossen möglicherweise eine wirkliche Gefahr darstellen kann. Die beste Botschaft, die Sie Ihrem Kind vermitteln können, ist diese: "Ich habe dich lieb. Ich möchte dich zuhause bei der Familie haben. Laßt uns alle zusammenhalten." Sie verhelfen dem Kind auf diese Weise zu einem hohen Selbstwertgefühl, und so wird es weder jetzt noch in der Zukunft im Umgang mit Gleichaltrigen Probleme haben.

Wenn Erwachsene versuchen, Kinder zu freundlichen und geselligen Wesen zu erziehen, drängen sie sie oft in Verhaltensweisen hinein, für die sie noch gar nicht alt oder reif genug sind. Wie oft hören wir Eltern ihre Kinder bitten: "Sag guten Tag zu Frau Smith." Ein freundliches und geselliges Wesen erwirbt ein Kind am besten durch das Vorbild der Eltern. Wenn Sie sich anderen Menschen gegenüber freundlich verhalten und Ihr Kind Ihnen hierin nicht nachfolgt, dann stimmt etwas nicht. Versuchen Sie nicht, ein unnatürliches Verhalten zu erzwingen. Zwang macht alles nur schlimmer, da er das Selbstwertgefühl Ihres Kindes untergräbt. Stattdessen können Sie ihm helfen, es auch selbst zu wollen: Bereiten Sie Ihr Kind darauf vor. "Wir gehen jetzt auf die Feier. Frau Smith hat sich viel Mühe gegeben, um für uns alles schön zu machen. Was könntest du zu ihr sagen, um ihr zu zeigen, daß wir uns über ihre Einladung freuen?" Lassen Sie dann Ihr Kind entscheiden, was es sagen möchte. Wenn es gar nichts sagen will, fragen Sie es, was Sie an seiner Stelle sagen könnten. Die haltende Umarmung bietet eine gute Gelegenheit, um Begegnungen mit anderen Menschen aufzuarbeiten. Sie stellen sich dabei gegenseitig auf Ihre Gefühle ein und können so Ihrem Kind helfen, sich in andere Menschen hineinzuversetzen. Dadurch, daß Sie das Thema anschneiden, erkennt es, wie wichtig es für Sie ist. Das Kind ist bestrebt, Ihnen zu gefallen, und wird dadurch zusätzlich motiviert.

Manchmal bitten Eltern ihr Kind, etwas Notwendiges zu erledigen, und bestehen dann darauf, daß es ihnen diesen Wunsch auch *gern* erfüllt. Freuen Sie sich, daß Ihr Kind im Vorschulalter gewöhnlich das tun möchte, um was Sie es bitten; es verinnerlicht auf diese Weise Ihre Wertvorstellungen, wenn es zu Ihnen in einer guten Beziehung steht. Selbst im Erwachsenenalter kann man nicht immer erwarten, daß andere das tun, was man gerade will, und noch weniger, daß sie es auch gern tun. Wenn das Kind es für Sie tut, dann ist dies mehr als gut genug.

Das haltende Umarmen führt zur Fähigkeit, mit anderen besser umgehen zu können, denn es hilft dem Kind, Selbstvertrauen zu erwerben und sich auf die Gefühle anderer einzustellen. Wenn Sie Ihrem Kind die Liebe und Aufmerksamkeit gegeben haben, von der wir gesprochen haben, ist Ihr Kind wahrscheinlich überdurchschnittlich begabt und erstaunt Sie durch seine offensichtliche frühe Reife. Diese gute Entwicklung kann durch das haltende Umarmen unterstützt werden.

Das Vorschulalter ist wegen der wachsenden Fähigkeit des Kindes, Trennungen von der Mutter zu ertragen, eine sehr wichtige Phase für das Mutter-Kind-Halten. Viele Mütter spüren diese Wandlung in ihrem Kind und lassen es zu früh los, ohne die Folgen zu bedenken. Eine Loslösung in diesem Alter bringt Konsequenzen mit sich, die sich oft erst Monate oder Jahre später zeigen. Es dauert seine Zeit, bis die zerstörerischen Wirkungen von mangelndem Kontakt die Kräfte aufgezehrt haben, die in früheren Lebensjahren aufgebaut wurden. Man kann dies mit dem Zahnverfall vergleichen: Es dauert lange, bis aus einem winzigen Loch im Zahnschmelz ein Abszeß entsteht. Das Mutter-Kind-Halten erhöht die Fähigkeit Ihres Kindes, Trennungen zu ertragen. Wenn Ihre Bindung zu ihm gut ist, wird es sich ohne Schwierigkeiten von Ihnen lösen, da es weiß, daß es jederzeit wiederkommen und nahe bei Ihnen sein kann. Ihr Kind lernt, daß *die Freiheit, sich trennen zu können, nicht mit dem Preis der innigen Nähe bezahlt zu werden braucht.* Dies ist eine der wichtigsten Voraussetzungen im Hinblick auf gegenwärtige und zukünftige menschliche Beziehungen, insbesondere in der Ehe.

Ein anderer wichtiger Aspekt der haltenden Umarmung für diese Altersgruppe besteht in dem weiteren Aufbau des Selbstwertgefühls und dem Gefühl, liebenswert und angenommen zu sein. Die Empfindungen Ihres Kindes, die es mit seinem Ich gleichsetzt, hat es dann rückhaltlos akzeptiert, wenn es sie seiner Mutter gegenüber ausdrücken kann und sie ihm deutlich macht, daß sie sie auch annimmt.

Die haltende Umarmung hilft Vorschulkindern, ihre sprachliche Ausdrucksfähigkeit zu verbessern. Die Fähigkeit, Gefühle in sich zuzulassen, führt auch dazu, daß diese sprachlich recht gut wiedergegeben werden können. Es scheint zwischen der Fähigkeit, Gefühle auszudrücken, und der Entwicklung des aktiven Sprachgebrauchs ein Zusammenhang zu bestehen, denn die haltende Umarmung kann Vorschulkindern helfen, die an Sprachentwicklungsverzögerungen leiden.

Das wichtigste Ergebnis dieses Ansatzes besteht in der engen Verbindung zwischen Mutter und Kind. Die Vorschuljahre werden zu einem wunderbaren Abschnitt Ihres Lebens, denn Ihr Kind ist immer noch in hohem Maße Ihr kleines Mädchen oder Ihr kleiner Junge. Kinder dieses Alters haben noch nicht die "mastery phase" der Erstkläßler erreicht. Sie interessieren sich nicht in dem Maße für Gleichaltrige, wie es später der Fall sein wird. Obwohl auch das ältere Kind zu größerer Nähe in der Lage ist, verbindet das Vorschulkind die Fähigkeit, bereits einen großen Teil seiner Gefühle in Worte zu fassen, mit der Neigung, die Verbindung zu Ihnen in einer Weise zu suchen, wie es durch die Anforderungen der Entwicklung später nicht mehr möglich sein wird. Das oberste Ziel besteht jetzt in der optimalen Ausbildung seiner Fähigkeiten, solange es noch überwiegend mit Ihnen zusammensein kann. Bei Kindern, die mit einer engen Bindung an ihre Mutter aufwachsen, werden die Marksteine der kindlichen Entwicklung – wie das Lächeln, das Öffnen der Hände, das offensichtliche Erkennen der Mutter, das Problemlösungs- und das Sprachverhalten – viel früher beobachtet, als es der herkömmlichen Fachliteratur nach der Fall sein müßte. Wenn Sie mit der gegenwärtigen Intensität der Verbindung zu Ihrem Kind nicht zufrieden sind, können Sie dies durch tägliche Mutter-Kind-Halte-Sitzungen ausgleichen. Kinder, die sich im Schulalter als außergewöhnlich begabt herausstellen, haben die in den vorigen Kapiteln beschriebenen Formen der Zuwendung in früheren Phasen ihres Lebens erfahren. Als Baby waren sie sehr viel mit der Mutter zusammen, wurden an ihrem Körper getragen, wurden von ihnen gefüttert und versorgt, schliefen zumindest während der ersten Monate nach der Geburt bei ihren Eltern, wurden beständig von ihren Müttern und anderen

Menschen angesprochen, wurden berührt, massiert, gestrichelt und von ihren Eltern mit liebevollem Blick angeschaut. Babys, die auf diese Weise behandelt werden, entwickeln sich schneller als der Durchschnitt und sind fröhlicher, freundlicher, geselliger und leichter zu trösten; auch auf Verhaltenskorrekturen sprechen Sie leichter an.

Obwohl diese Kinder im Vorschulalter als besonders begabt angesehen werden, ist es möglich, daß sie lediglich ihrer Entwicklung voraus sind. Es ist sehr wahrscheinlich, daß viele dieser Kinder ihre Intelligenz ererbt haben, aber vielleicht wäre ein größerer Prozentsatz genauso begabt, wenn sie in ihrer Entwicklung entsprechend gefördert würden. Bestimmte Persönlichkeitsmerkmale gelten als angeboren. Wenn man jedoch die Wirkung des frühen Umganges mit Neugeborenen betrachtet, gelangt man zu dem Schluß, daß die Art der Behandlung den wichtigsten Faktor darstellt, und daß die Umgebung die angeborenen Persönlichkeitsmerkmale vergrößern, vermindern oder ganz aufheben kann.

Eine Mutter namens Sally zeigte mir, wie wichtig der frühe Umgang ist. Sie brachte Sue, ihr viertes Kind, im Alter von sechs Monaten zu mir. Die Familie war "komplett": zwei Jungen, zwei Mädchen, gerade so, wie sie es sich gewünscht hatten. Die Schwangerschaft war zeitlich genauso abgelaufen, wie es in der Planung vorgesehen war. Nun fragte sie sich, warum ihr Baby so unheimlich schwierig war? Sue war leicht erregbar und wies menschlichen Kontakt zurück. Sogar während des Gefüttertwerdens drückte sie ihre Mutter mit einer Hand fort. Sie verweigerte jeglichen Blickkontakt und ließ sich nur dann tragen, wenn sie dabei an ihrem Schnuller nuckeln konnte.

Sally behauptete fest, Sue genauso wie die anderen drei Kinder behandelt zu haben. In der weiteren Befragung gab sie zu erkennen, daß sie während der gesamten Schwangerschaft von Sorgen geplagt worden war, weil sie sich auf keinen Fall noch einmal binden wollte; außerdem erwartete sie mit Sicherheit, daß ihr viertes Kind nicht ebenso großartig werden würde wie die anderen drei, da keine Mutter so viel Glück auf einmal haben könne. Sie erinnerte sich an ihre negativen Gefühle während der Wehen und im Augenblick der Geburt. Zwei Wochen lang war Sue nach der Geburt ein ruhiges Baby gewesen, das keine besonderen Umstände machte, bevor sie auf einmal schwierig wurde und einige Wochen später begann, Sally abzulehnen.

Drei Monate Mutter-Kind-Halten verhalfen Sally, eine feste Bindung an das Baby herzustellen. Nun sagt sie, daß sie ihr liebstes und fähigstes Kind geworden ist. Beim Erreichen des Vorschulalters war sie bereits von

Computern begeistert, und im Sport erwies sie sich als außergewöhnlich begabt.

Zurückschauend glaubt Sally, daß Sue sich in der Tat nicht von den anderen drei Kindern unterschied, sondern daß vielmehr ihr Mangel an positiven Empfindungen dem Baby gegenüber zu den Schwierigkeiten geführt hatte. Nachdem sie begann, Sue zunehmend wie die anderen Kinder zu behandeln, entwickelte sie sich mehr und mehr wie die Geschwister auch. Dennoch schreibt Sally die erhöhte Fähigkeit von Sue, Gefühle und Nähe zu erleben, und die außerordentliche körperliche und geistige Begabung dem Mutter-Kind-Halten zugute.

Zu Erwartungen an Kinder möchte ich folgendes bemerken: Studien an Grundschulen haben deutlich gezeigt, daß Kinder, denen eine außergewöhnliche Begabung vorausgesagt worden war, sich als hervorragend erwiesen, und zwar unabhängig davon, ob vor dem Zeitpunkt der Voraussage bereits Anzeichen von ungewöhnlicher Begabung festgestellt worden waren oder nicht. Andererseits entwickeln sich viele hochintelligente Kinder nicht im Rahmen ihrer Möglichkeiten, da sie entweder mit emotionalen Problemen belastet sind, oder weil von seiten ihrer Familie oder der Lehrer keine hohen Erwartungen in sie gesteckt werden. Das Mutter-Kind-Halten hilft Müttern dabei, die Erwartungen nicht zu niedrig anzusetzen, da sie ihre Kinder am besten kennen und genauer als andere wissen, wozu sie in der Lage sind. Die Mutter weiß, daß sie ihrem Kind ihr Bestes gibt, und erwartet dasselbe auch von ihm. Die Fähigkeiten eines Kindes kennen und es in einer Atmosphäre sorgender Liebe und Aufmerksamkeit entsprechend fordern – so lautet die Grundformel erfolgreicher Kindererziehung. Eltern erwarten oft zu viel oder zu wenig, da sie die Fähigkeiten ihres Kindes nicht richtig einschätzen. Manchmal werden Kinder den Erwartungen, die ihre Eltern in sie stecken, nicht gerecht, jedoch nicht mangels Könnens, sondern, weil sie nicht die nötige Versorgung und Unterstützung erhalten.

In dieser Entwicklungsphase ist es, wie in jeder Altersstufe, sehr wichtig, wie Eltern ihre Prioritäten setzen. Meine oberste Grundregel besagt, daß Vorhaben für mich um so wichtiger sind, je mehr aus ihnen meine Wertvorstellungen abgelesen werden können. Wenn ein Kind seine Milch auf den Teppich spuckt, dann achten Sie darauf, dem Kind nicht das Gefühl zu vermitteln, der Teppich sei wichtiger als es selbst. Wenn Ihr Kind Sie beim Pfannkuchenbacken stört, dann erinnern Sie sich daran, daß Ihr Ziel darin besteht, ein gehaltvolles Frühstück miteinander einzunehmen. (In den USA ist es aufgrund anderer Eßgewohnheiten u.a. üblich, zum Frühstück Pfannkuchen zu servieren. Anm. d. Übers.) Die gemeinsame Mahlzeit in guter Atmosphäre ist wichtiger als die Pfannkuchen.

Wenn Sie stets der Regel folgen, sich immer zu fragen, was für Sie am wichtigsten ist, werden Sie im Einklang mit Ihren Prioritäten handeln. Unüberlegtes Handeln kann dazu führen, daß Sie in der Hitze des Augenblicks etwas Unwichtiges an die erste Stelle setzen. Wenn Sie sich stets vor Augen halten, daß Sie eine feste Bindung an ihr Kind aufrechterhalten wollen, werden Sie angemessener auf sein Mißverhalten reagieren. Wenn Sie der Meinung sind, das Fehlverhalten sei beabsichtigt, dann wenden Sie das Halten an; es wird während der Sitzung ans Tageslicht kommen und aufgearbeitet werden. War das Mißverhalten jedoch nicht beabsichtigt, wird dies ebenso deutlich werden; vielleicht wollen Sie sich dann entschuldigen. Zusätzliches Halten kann Ihrem Kind auf keinen Fall schaden, sondern hat dann eine vorbeugende Wirkung: Die Beziehung zu Ihrem Kind wird zusätzlich gefestigt.

Wenn Sie das haltende Umarmen mit Ihrem Vorschulkind regelmäßig praktizieren, wird es seine Begabung vollkommen und frei entfalten können; es wird nach der Einschulung mit höherer Wahrscheinlichkeit zufrieden, neugierig und damit gut motiviert sein und ohne Schwierigkeiten zu anderen Menschen in Beziehung treten können.

10. Das unternehmungslustige Kind und die in den Hintergrund gedrängte Mutter

So können Sie und Ihr Mann gemeinsam die bestmögliche Entwicklung Ihres Kindes fördern

Wenn ein Kind ins erste Schuljahr kommt, treten viele Veränderungen ein. Die meisten Kinder sind zu diesem Zeitpunkt auf eine strukturierte Lernsituation vorbereitet. Sie bleiben während des ganzen Tages in der Schule. (In den USA besuchen auch Grundschüler bereits Ganztagsschulen. Anm. d. Übers.) Sie beginnen, Freundschaften nach ihrer Wahl aufzubauen, nicht mehr nur aufgrund zufälligen Zusammenseins oder elterlicher Einwirkung. Sie beginnen, mit Gleichaltrigen in der Gruppe gemeinsam zu spielen und etwas zu unternehmen. Sie interessieren sich zunehmend für die verschiedensten Aktivitäten: Sport, Tischlerei, Mechanik, Nähen, Kochen und andere Dinge, die sie bei ihren Geschwistern oder den Eltern beobachten. Sie beginnen, nach mehr Unabhängigkeit zu streben. Um sich zu diesem Zeitpunkt optimal entwickeln zu können, brauchen Kinder ein enormes Maß an Unterstützung in Form von Aufmerksamkeit, Liebe und Pflege durch die Eltern. Dennoch lassen viele Mütter, die bis jetzt eine enge Beziehung zu ihrem Kind hatten, dieses auf einmal zu sehr los. Da das Kind bereits alt genug zu sein scheint und seine Freizeit mit konstruktiven Beschäftigungen verbringt, macht die Mutter in ihrer Unkenntnis Schritte in eine verkehrte Richtung – Rückschritte. Manche Mütter sind so belastet, daß sie sich befreit fühlen, wenn ihr Kind mehr oder weniger sich selbst überlassen bleiben kann. Ohne es zu merken, lassen sie das Kind auf diese Weise ihren Händen entgleiten. Es kann lange, möglicherweise einige Jahre, dauern, bevor sie merken, daß sich in ihrer Beziehung etwas verändert hat.

In eine solche Situation werden Sie nicht geraten, wenn Sie das haltende Umarmen anwenden. Sie werden sehen, daß Ihr Kind zunehmend selbständiger wird und sein Leben zu meistern lernt, aber immer wird Ihnen dabei eine Möglichkeit offenstehen, Ihre Verbindung miteinander neu zu festigen. Wenn man von einem Erfolg sprechen kann, dann in dem Sinne, daß Ihr Kind zunehmend selbständiger wird, ohne Ihnen zu entgleiten. Gerne wird es immer wieder zu Ihnen zurückkehren, um Ihnen Liebe zu schenken und umsorgt zu werden. Es wird nicht nur dann kommen, wenn es sich gerade danach fühlt. Es wird da sein, wenn ihm danach zumute ist *und* wenn es sieht, daß Sie es brauchen oder es darum bitten. Wie oft sagen Mütter, wenn ihre Kinder sie liebevoll umarmen, zwischen ihnen sei alles in Ordnung, selbst wenn dies nicht auf Gegenseitigkeit beruht. Die Mutter ist gezwungen zu warten, bis das Kind den Wunsch verspürt, sie zu umarmen. Sie tun Ihrem Kind keinen Gefallen, wenn Sie ihm diese Art der einseitigen Beziehung erlauben. Etwas Großes, das Sie Ihren Kindern mit auf den Weg geben können, ist die Fähigkeit, sich nicht nur dann einzubringen, wenn sie es für sich selbst tun, sondern, wenn sie von anderen gebraucht werden oder wenn andere den Wunsch verspüren, bei ihnen zu sein. Das Beziehungsmuster, das Sie gemeinsam aufbauen, wird dem Kind zum Vorbild, das es auf andere Beziehungen überträgt. Das haltende Umarmen vergrößert die Fähigkeit des Kindes, wechselseitig befriedigende Beziehungen aufzubauen. Arbeiten Sie mit Ihrem Kind daran, bevor weitere Entwicklungszeit verstrichen ist. Geben Sie nicht auf, bis Sie einen wirklichen Austausch von Zuneigung, Zärtlichkeit, Liebe und offener Verständigung verspüren.

Manche Mütter empfinden tiefe Traurigkeit, wenn ihre Kinder das

Schulalter erreichen. Eine Mutter sehnt sich oft nach der Zeit zurück, in der ein niedliches pausbäckiges Baby glücklich in ihren Armen lag, auf ihrem Schoß saß und ihr laute, schmatzige Küsse gab. In der Tat führen solche Sehnsuchtsgefühle oft zu einer weiteren Schwangerschaft. Mütter spüren, daß sie sich instinktiv dagegen wehren, ihre Kinder loszulassen.

Es fällt ihnen schwer, die zunehmende Trennung von ihren Kindern zu akzeptieren, sie heranwachsen zu sehen und zu erleben, wie sie sich anderen Menschen und Aktivitäten zuwenden. In unserer Kultur haben sie gelernt, sich schuldig zu fühlen, wenn sie ihre Kinder nicht rechtzeitig loslassen. Wenn Sie so etwas empfinden, dann haben Sie bereits zu sehr losgelassen. Mütter mit einer guten Bindung an ihr Kind entwickeln ein Gespür für das richtige Verhalten. Das Schlimme ist, daß uns eingeschärft wurde, diese Empfindungen seien ein Anzeichen dafür, daß die Mutter Probleme habe. Dies entspricht jedoch nicht der Wahrheit. Trauen Sie Ihren Gefühlen! Ihre Gefühle und die Ihres Kindes sind zuverlässige Symptome, die anzeigen, wie es um Ihre Beziehung steht. Wenn es Sie traurig macht, daß Sie Ihr heranwachsendes Kind langsam verlieren, bedeutet dies, daß die Bindung zwischen Ihnen nicht so ist, wie sie sein sollte. Ist sie eng und gut ausgebildet, fühlen Sie sich zufrieden, ja glücklich miteinander. Wenden Sie immer dann, wenn Sie diese Freude nicht empfinden, die haltende Umarmung an. Sagen Sie Ihrem Kind, daß Sie es nah bei sich spüren möchten. Sagen Sie ihm, daß das rasche Tempo der Entwicklung Ihre positiven Gefühlen füreinander behindert und daß Sie die vorhandenen positiven Empfindungen nicht in dem Maße ausdrücken und genießen, wie Sie es sich wünschen. Erinnern Sie sich daran, wie es war, als Ihr Kind noch ein niedliches Baby war? Dieses Gefühl von Wärme und Glück werden Sie mit Kindern jeglichen Alters empfinden, wenn Sie die haltende Umarmung einsetzen.

Wenn Sie als Mutter die Tendenz haben, Ihr Kind übermäßig zu behüten und zu beschützen, brauchen Sie das Mutter-Kind-Halten noch mehr. Lassen Sie sich von niemandem einreden, Sie müßten sich jetzt mehr von Ihrem Kind trennen. Was Sie brauchen, ist eine bessere Verbindung zu ihm. Sie können die Überbehütung in eine ausgeglichenere Beziehung umwandeln, in der Sie Trennungen ertragen und einander nahebleiben können, ohne sich aneinander zu klammern.

Lassen Sie uns einmal sehen, was zwischen Ihnen und Ihrem Kind in dieser Phase geschehen könnte. Zieht sich Ihr Kind von Ihnen zurück? Wenn dies der Fall ist, wird Ihre natürliche Reaktion darin bestehen, es festzuhalten. Sie geraten in einen Teufelskreis, in dem Ihre Versuche, das

Kind enger an sich zu binden, dazu führen, daß es sich noch weiter zurückzieht und Sie beide oft wütend aufeinander werden. Sie finden, daß das Kind Sie nicht zu schätzen weiß. Ihr Kind fühlt sich zu etwas gezwungen. Es denkt, daß Sie ihm nicht vertrauen. Auf jeden Fall können Sie beide keine Freude aneinander empfinden, da Ihre Gefühle füreinander gestört sind. Das haltende Umarmen kann hier innerhalb kurzer Zeit Abhilfe schaffen. Jede Sitzung wird Ihnen zeigen, wie Ihr Kind sich in der Situation der Überbehütung fühlt. Vielleicht spüren Sie, daß es zum Ausgleich versucht, sich weiter von Ihnen zu entfernen, als es sein Sicherheitsgefühl normalerweise zulassen würde. Möglicherweise entdecken Sie, daß Ihr Kind Ihnen nicht recht traut, wenn Sie ihm sagen, was es darf und was nicht, da Sie es ja immer an sich ziehen, ob die Situation es erfordert oder nicht. Vielleicht sagt es Ihnen, daß es immer selbst nach den Grenzen suchen muß, weil Sie ihm nicht die Führung geben, die es braucht.

Wenn Sie solche Gefühle und Gedanken von Ihrem Kind hören, werden Sie lernen, auf angemessenere Weise zu antworten. Wenn Sie ihm Ihre Gefühle, die zu der Überbehütung geführt haben, mitteilen, wird es verstehen, warum Sie sich so verhalten. Das Mitgefühl, das Ihr Kind Ihnen gegenüber empfinden wird, hilft ihm dann dabei, Ihnen nicht mehr wütend und ablehnend zu begegnen. Vielleicht teilen Sie ihm unbewußt mit, daß Sie die Dinge, zu denen es bereits fähig ist, nicht wirklich schätzen, was dazu führt, daß es in dem Bestreben, sich selbst etwas zu beweisen, zu weit geht. Wenn Ihr Kind jedoch die Ursachen Ihrer Empfindungen versteht und sich Ihnen deswegen enger verbunden fühlt, kann es Ihre Sorgen wahrscheinlich schon *im voraus* beschwichtigen. Das wird Ihnen beiden helfen, miteinander ins Gespräch zu kommen; Kinder sind erwiesenermaßen zu solchen Gesprächen in der Lage. Das Halten geht jedoch darüber hinaus, indem es Gedanken und Gefühle auf eine Weise verbindet, wie es in einem einfachen Gespräch nicht möglich wäre, was zu einem besseren gegenseitigen Verstehen führt.

Die haltende Umarmung erweist sich auch bei anklammernden, schüchternen, ängstlichen oder albernen Kindern als nützlich. Viele Leute sind der Meinung, daß solche Kinder verstärkt zur Unabhängigkeit erzogen werden sollten. Wenn Ihr Kind sich in Babysprache äußert, deutet es Ihnen damit an, daß es wie ein Baby behandelt werden möchte; dieses Bedürfnis sollten Sie dann zu diesem Zeitpunkt auch stillen. Spielen Sie im Anschluß an die Ablehnungsphase mit ihm "Baby". Sprechen Sie zu ihm in Babysprache. Liebkosen Sie es wie ein Baby. Sagen Sie ihm, daß Sie jetzt, während dieser Augenblicke besonderer Zuwendung, mit ihm Baby spielen, so lange es möchte, aber daß Sie erwarten, daß es sich während der übrigen Zeit wieder normal verhält. Wenn Sie ihm dies einmal mitgeteilt haben, müssen Sie sich auch daran halten. Ihr Kind wird weiterhin Baby spielen wollen, dies aber auf die Zeit der haltenden Umarmung beschränken. Sobald Sie beginnen, sein Bedürfnis zu stillen, wird es immer seltener darum bitten, mit Ihnen Baby zu spielen. Wenn es erst einmal entdeckt, daß seine Bedürfnisse auch auf eine altersgemäße Weise gestillt werden können, wird es sich zunehmend altersgemäß verhalten.

Ein schüchternes Kind befindet sich in derselben Situation wie das passive Baby in Kapitel 7. Dieses Kind ist so sehr mit seinen Sorgen um die eigene Sicherheit beschäftigt, daß es über keinerlei Energie mehr verfügt, der Welt offen zu begegnen und ihre Möglichkeiten zu erforschen. Wenn Ihr Kind sich in manchen Situationen als schüchtern erweist, werden die Ursachen für seine Unsicherheit während der haltenden Umarmung aufgedeckt, und Sie können ihm helfen, sich selbst besser zu verstehen. Außerdem vermitteln Sie ihm aufgrund der engeren Bindung und besseren Verständigung eine größere Sicherheit. Es fühlt sich nicht mehr so schutzlos und alleine. Manche Leute sagen vielleicht: "Wozu denn so ein Theater machen wegen ein bißchen Schüchternheit? Ich war früher auch schüchtern." Wenn Sie Ihre Schüchternheit überwunden haben, bedeutet das nicht, daß es Ihrem Kind ebenfalls gelingen wird. Ein Kind muß eine solche Situation nicht hilflos ertragen, wenn es eine Lösung dafür gibt. Mit Hilfe des Haltens erreichen Sie eine feste Bindung an Ihr Kind, die es ihm ermöglicht, seine Energien freizusetzen, um der Welt die Stirn zu bieten.

Ängstlichkeit ist ein weiteres Anzeichen einer unsicheren Ausgangslage. Jede normale Entwicklung findet in der sicheren Umgebung des familiären Rahmens statt, meistens in der unmittelbaren Beziehung zur Mutter. Wenn Ihr Kind unter Angstgefühlen leidet, ist möglicherweise seine Bindung an Sie nicht so gut, wie sie sein sollte. Viele Mütter sind verzweifelt, wenn sie diesen Bindungsmangel feststellen, besonders dann, wenn sie sich stets sehr aufmerksam um das Kind gekümmert haben. Erinnern Sie sich nochmals daran, daß nicht alles, was von Ihrer Seite angeboten wird, vom Kind auch wirklich angenommen wird. Geben ist nicht genug. *Was Sie geben, muß beim Kind auch ankommen.* Die haltende Umarmung gibt Ihnen die Sicherheit, daß das, was Sie geben, auch wirklich vom Kind aufgenommen wird. Dem Kind ermöglicht es, das, was die Mutter ihm anbietet, für sich auch in Anspruch zu nehmen. Die Mutter wird zu einem Resonanzkörper für das Kind, zu einem Abladeplatz für seine überschwere Belastung durch Verstimmung, Wut, Mißverständnisse, seelische Verletzungen und andere negative Empfindungen. Indem sie die Gefühle des Kindes akzeptiert, schafft die Mutter die Voraussetzungen für eine unmittelbare, offene Verständigung. Das Mutter-Kind-Halten versetzt die Mutter in die Lage, bedingungslose Liebe zu zeigen, die beste und sicherste Grundlage, die sie einem Kind anbieten kann.

Wenn Ihr Kind sich an Sie klammert, teilt es Ihnen unmißverständlich mit, daß es nicht genug Zuwendung von Ihnen erhält. Wenn Ihnen dieser Gedanke gar nicht zusagt, weil Sie der Meinung sind, ihm bereits sehr viel Zeit und Aufmerksamkeit zu widmen, dann denken Sie einmal darüber nach, wie Sie wohl auf Ihr Kind wirken. Die haltende Umarmung hilft Ihnen dabei, diese Art des einfühlenden Verstehens zu erlernen. Vielleicht widmen Sie Ihrem Kind ja einen großen Teil Ihrer Zeit. Aber wenn es sich an Sie klammert oder auch einfach nur mehr will, kann es sein, daß es einfach nicht genug von Ihnen empfängt. Was es in diesem Fall braucht, ist nicht notwendigerweise mehr Zeit. Es benötigt mehr unmittelbaren Kontakt. Fragen Sie Ihr Kind, wie es die Zeit mit Ihnen gerne verbringen würde, wenn es die Wahl hätte. Vielleicht weiß es selbst keine Antwort darauf. Es ist durchaus möglich, daß, selbst wenn Sie Ihrem Kind noch zusätzliche Zeit widmen, es nicht das Gefühl hat, es bekomme genug. Die haltende Umarmung wird dieses Problem lösen. Der bereits während einer einzigen Sitzung hergestellte Kontakt ist erheblich intensiver als bei allem anderen, was Sie bisher mit Ihrem Kind gemeinsam unternommen haben. Sie werden beide in höchstem Maße zufrieden sein.

Wenn Ihr Kind sich im allgemeinen gut entwickelt, aber in der Schule zu Schwierigkeiten neigt, sollten Sie täglich vor Schulbeginn die haltende Umarmung mit ihm anwenden. Dadurch werden seine Energien freigesetzt, und es kann wieder lernen, sich konzentrieren, mit anderen Kindern zusammenarbeiten und überhaupt besser mit ihnen zurechtkommen.

Der siebenjährige Jeff und seine Mutter hatten das Mutter-Kind-Halten drei Jahre lang mehr oder weniger regelmäßig angewendet. Eines Tages kam Jeff ziemlich aufgeregt von der Schule nach Hause. Er wollte, daß seine Mutter Erics Mutter anrief, um ihr etwas zu sagen. Eric konnte nicht gut stillsitzen, Anordnungen befolgen und kam auch nur schlecht mit seinen Altersgenossen zurecht. Jeff wußte aufgrund der Erfahrungen mit seiner Mutter, daß das Mutter-Kind-Halten ihm auf diesen Gebieten sehr geholfen hatte. Er war begeistert von der Idee, daß Erics Schwierigkeiten aus dem Weg geräumt werden könnten, wenn nur seine Mutter dasselbe mit ihm tun würde. Jeffs Mutter war erfreut zu sehen, daß er das Mutter-

Kind-Halten als eine mögliche Lösung für die Verhaltensprobleme anderer Kinder ansah.

Manchmal vergleichen Kinder sich mit anderen, die besser sind als sie selbst. Im Kindergarten stellte Brian fest, daß die anderen Kinder viel besser zeichnen konnten als er. Er und seine Mutter hatten das Mutter-Kind-Halten gelegentlich eingesetzt, um aufgetretene Verstimmungen zu verarbeiten. Während einer Sitzung vertraute er seiner Mutter an, daß er kaum zu zeichnen wagte, da es ihm nicht so gelang wie seinem Freund Joy. Nachdem er seine Empfindungen darüber einmal mit seiner Mutter geteilt hatte, fühlte er sich befreit und begann, das Zeichnen zu versuchen. Wenig später schuf er bereits sehr komplexe und einfallsreiche Zeichnungen. Seine Fähigkeiten reichten zu diesem Zeitpunkt nicht an die von Joy heran; sein blühendes Vorstellungsvermögen half ihm aber, diesen Mangel auszugleichen. Er liebte nun das Zeichnen, verrichtete seine Arbeit gern und erhielt von jedem, der seine Bemühungen sah, positive Verstärkung. Seine Verstimmung hatte in ihm den Willen, es überhaupt zu versuchen, blockiert. Im Mutter-Kind-Halten wurden seine Energien freigesetzt, und er konnte sich dem Zeichnen widmen. Seine Mutter fand, daß sie die ganze Problematik niemals entdeckt hätte, wenn das Halten nicht zu einer Verständigung darüber geführt hätte.

Während des Mutter-Kind-Haltens entdeckt May viele Dinge, die ihren zehnjährigen Sammy seit seinem dritten Lebensjahr gestört haben. Sie wundert sich über sein Erinnerungsvermögen für Einzelheiten, einschließlich Datum und Wochentag, an dem etwas passiert war, dem Baujahr und der Automarke eines Besuchers, oder seinen Gedanken und Gefühlen im Zusammenhang mit einer kurzen Begegnung, die sich vor fünf oder sechs Jahren ereignet hatte. Obwohl es sie ärgert, einige dieser Erinnerungen hören zu müssen, sprechen sie darüber und gelangen zu Lösungen für die angesprochenen Punkte. Es befreit die Mutter zu wissen, daß ihr Sohn in der Zukunft nicht mit den Belastungen dieser unangenehmen Erinnerungen durchs Leben gehen muß. Einen Tag nach einer Mutter-Kind-Halte-Sitzung mit einer Phase der vollständigen Auflösung der Spannung sagte dieses Kind zu seiner Mutter: "Ich kann dir gar nicht sagen, was ich denke; du würdest es nicht ertragen." Nach einiger Ermutigung gab er dann zu: "Ich habe dich immer gehaßt." Diese Aussage zeigte, wie groß seine Wut war, als nur eine schwache Bindung an seine Mutter bestand. Diese erwiderte ihm, daß sie um seine Empfindungen bereits wußte und sie akzeptierte, obwohl es sie schmerzte, ihn das sagen zu hören. Er brach in ein gelöstes Lächeln aus, zog sie an sich, umarmte sie und sagte: "Mama, ich habe dich lieb." Es war für beide ein Augenblick ungetrübter Freude. Auch Sie werden entdecken, daß Sie mit Hilfe des Haltens in der Lage sein werden, alle Empfindungen Ihres Kindes zu akzeptieren. Wenn Sie dieses Ziel erreichen, wird Ihr Kind zu einem starken Selbstwertgefühl finden, der Grundlage für einen glücklichen, erfolgreichen Aufbruch in die Welt. Bis dahin genießen Sie eine wunderbare, warmherzige enge Beziehung, die Ihrem Kind für seine zukünftigen Beziehungen im Leben als Vorbild dienen wird.

Der Vater ist in jeder Phase der Entwicklung von großer Bedeutung, aber seine Rolle wird beim Eintritt ins Schulalter noch gewichtiger. Zu allererst werden Begriffe wie Größe, Kraft, Tapferkeit und Können für das heranwachsende Kind zunehmend wichtiger. Der Vater wird als unendlich starkes Wesen angesehen. Diese Idealisierung hat zur Folge, daß das Kind sich vor den Gefahren dieser Welt beschützt fühlt. Noch wichtiger vielleicht ist, daß sie dem Kind dazu dient, sich vor seinen eigenen Impulsen zu schützen. Grenzen sind für Kinder sehr wichtig; sie brauchen sie, um ein Gefühl für Sicherheit entwickeln zu können. Eltern, deren Kinder in einer wohlstrukturierten Umgebung aufwachsen, werden als liebevoll und einfühlsam empfunden. Kinder sind ihren Eltern für solche Strukturen dankbar, selbst wenn sie protestierend meinen, es sei übertrieben.

Ein treusorgender, nicht herrschsüchtiger, beschützender Vater, der als letzte, aber gütige Autorität anerkannt wird, und der sich auch in der Arbeit im Einklang mit einer liebevoll sorgenden Mutter befindet, ist für die Bildung eines "Elternteams", das glückliche und erfolgreiche Kinder erziehen möchte, unerläßliche Voraussetzung. Ein liebloser oder herrschsüchtiger Vater wird entweder ein trotziges oder ein unmotiviertes Kind hervorbringen. Ein Kind, dessen Vater sich nicht um die Erziehung kümmert, wird ein geringes Selbstwertgefühl haben und nicht den Mut aufbringen, für irgendetwas zu kämpfen.

Es ist Aufgabe des Vaters, das Kind zu ermutigen, neue Fähigkeiten zu erproben. Vätern gelingt es in der Regel besser, Kinder zu Aktivitäten zu ermuntern. Dies mag darin begründet sein, daß ein Kind das Bedürfnis hat, Bestätigung von seinem Vater zu erhalten. Wie oft haben Sie schon gehört, daß ein Kind ein Kompliment der Mutter als uninteressant und wenig gefragt abgetan hat mit der Begründung, sie sei ja "voreingenommen"? Letztlich ist dies gar nicht so schlimm. Es bedeutet, daß das Kind um die Bewunderung und Liebe seiner Mutter zu ihm weiß. Auf dieser Basis kann ein Vater es ohne Schwierigkeiten zu etwas ermuntern, da es Lob und Bewunderung von ihm erhalten möchte und die Anerkennung von der Mutter schon erfahren hat.

Wenn Sie Ihr Kind im Beherrschen einer Fähigkeit besonders schulen wollen, lassen Sie auch Ihren Mann mit ihm gemeinsam üben. Beispielsweise sollten beide Eltern dem Kind laut vorlesen, und das Kind sollte auch seinen Eltern laut vorlesen; dasselbe gilt für jede andere Aktivität. Wenn Sie die Fähigkeiten, die das Kind gerade erlernt, wie Lesen, Hämmern oder Ballspielen, mit ihm gemeinsam üben, lernt es, von der Anteilnahme und Ermutigung des Vaters so Gebrauch zu machen, daß Sie die neu entdeckten Aktivitäten und die Fortschritte gemeinsam genießen können. Auf der Grundlage dieser gemeinsam verbrachten Zeit beginnt das Kind, die Freude am Lernen in sein eigenes Wertesystem einzubeziehen.

Die wichtigste Aufgabe des Vaters besteht darin, Mutter und Kinder zu lieben und dies durch liebevolle körperliche Zuwendung während der gemeinsam verbrachten Zeit auszudrücken. Vor der Abwanderung in die Städte bot die Großfamilie einer Mutter Kontakte und Unterstützung in der Erziehung; heutzutage muß dies von der Kleinfamilie selbst besorgt werden. Deswegen ist eine wechselseitig befriedigende Beziehung zwischen Vater und Mutter absolut notwendig; sie erlaubt es ihnen, sich in der Schaffung einer positiven Umgebung für das heranwachsende Kind gegenseitig zu unterstützen.

Das Schulalter ist die Zeit, in der viele Mütter einen zu frühen Bruch in der gut gefestigten Bindung zulassen, da die Kinder vermehrt nach Unabhängigkeit und eigenem Können streben. Wenn Kinder dazu befähigt werden sollen, sich in der Zukunft optimal zu entwickeln, benötigen sie in dieser Phase ein sehr großes Maß an Unterstützung in Form von hingebungsvoller Versorgung, Zuwendung und Liebe durch die Eltern. Wenn Ihr Kind sich dagegen wehrt, müssen Sie seine Barriere durchbrechen. Mangelnde Zuwendung seitens der Eltern während dieser Zeit kann ernste Auswirkungen während und nach der Pubertät zur Folge haben. Ziel der haltende Umarmung ist es, dem Kind seine Unabhängigkeit zuzugestehen und gleichzeitig eine tiefe, lebendige Beziehung aufrechtzuerhalten.

DRITTER TEIL

Die haltende Umarmung in besonderen Situationen

11. Die berufstätige Mutter und das selbständige Kind

So bleiben Sie berufstätig und erhalten dabei die gute Beziehung zu Ihrem Kind aufrecht

Die meisten Mütter gehen heutzutage arbeiten, während ihre Kinder sich noch im Vorschulalter befinden. Lediglich etwa 12% der (amerikanischen) Frauen bleiben rund um die Uhr zuhause. Wenn Sie berufstätig sind, werden Sie sich wohl oder übel die Frage stellen müssen, ob Ihre Abwesenheit dem Kind schadet. Wie ausgefüllt auch immer eine Mutter sich durch ihre berufliche Karriere fühlen mag, oder wie sehr sie für den Unterhalt der Familie auf die Arbeitsstelle angewiesen ist, sie macht sich Sorgen, ob das Kind nicht darunter leidet, da sie ihre Zeit und Kraft zwischen Beruf und Familie aufteilt. Diese Sorgen sind berechtigt, helfen Ihnen in Ihrer Situation aber nicht weiter. Hier bietet die haltende Umarmung einen Ansatz zur Hilfe.

Seit Menschengedenken haben Mütter gearbeitet. Frauen auf dem Lande haben seit jeher von früh bis spät körperliche Arbeit geleistet. Erst in der jüngsten Vergangenheit kamen Frauen überhaupt in den Genuß von Freizeit, so daß das eigentliche Problem nicht nur in der Berufstätigkeit selbst zu sehen ist. Die Frage lautet, auf welche Weise die Arbeit in das Leben der Mutter eingebunden wird. In der Vergangenheit trugen Mütter ihre Babys am Körper, wohin sie auch gingen, und die Kinder, die dem Säuglingsalter entwachsen waren, spielten während der schweren Arbeit zu ihren Füßen. Die Mütter lernten so, ihre Kinder zu umsorgen, während sie arbeiteten. Es war nicht schwer, ein Baby oder ein Kleinkind zu beruhigen, da existentielle Ängste bei ihnen allein durch die räumliche Nähe zur Mutter gar nicht erst aufkamen. Babys mit einer guten Bindung an ihre Mutter lernten zu schlafen, während die Mutter arbeitete, und auch Kinder im Vorschulalter profitierten von der ständigen Nähe zu ihren Müttern.

Um eine derartige feste Bindung zu unseren Kindern zu erhalten, müssen wir versuchen, diese Art der erfolgreichen Symbiose wieder neu zu schaffen. In der modernen Gesellschaft ist dieses Ziel bis heute unerreichbar geblieben. Babys binden sich sehr eng an ihre Tagesmütter, und die primäre Bindung an die Mütter wird abgeschwächt. Manche Kinder wenden sich mit ihren Bedürfnissen gar nicht mehr an die Mutter, sondern nur noch an die Tagesmutter. Eine Mutter ist verständlicherweise verärgert, wenn die Tagesmutter sich diese Rolle anmaßt. Prinz Williams Kindermädchen wurde entlassen, weil er zu ihr lief, um getröstet zu werden, anstatt zu Prinzessin Diana.

Mütter, die nicht zuhause arbeiten, und die ihr Baby auch zumindest während der ersten Monate nicht mit an den Arbeitsplatz nehmen können, müssen sich nach einer Ersatzbetreuung umsehen. Nur 15% der Kinder berufstätiger Mütter gehen in eine Kindertagesstätte, die übrigen haben Babysitter. Manche Mütter sind der Meinung, die Betreuung durch eine liebevolle Tagesmutter sei für ein Kind ebenso gut, wie wenn sie selbst zuhause blieben. In den meisten Fällen ist jedoch selbst die unwilligste Mutter immer noch die beste Bezugsperson für ein Kind. Kinder wollen bei ihren Müttern sein; sie fühlen sich sonst zurückgesetzt. Wenn Sie sie jemand anders zur Betreuung überlassen, lassen sie es Sie auf vielerlei Weise spüren.

So stellt sich für Sie die Frage, wie Sie als berufstätige Mutter Ihr Kind selbst erziehen können. Diese schwierige Aufgabe wird Ihnen gelingen, wenn Sie den immer wieder neu aufbrechenden Trennungsschmerz mit der Zeit abbauen. Manche Mütter schaffen es auf ganz natürliche Weise; sie besitzen anscheinend eine besondere Fähigkeit, nach der Rückkehr von der Arbeit die Verbindung mit ihrem Kind wieder neu zu knüpfen. Sie können instinktiv die Bindung, die durch ihre Abwesenheit Schaden genommen hat, wiederherstellen. Ohne ihren Kindern viele Fragen zu stellen wissen sie, was sie von ihnen erwarten können. Sie verfügen über ein besonderes Geschick, sich mit ihren Kindern über deren Empfindungen zu verständigen, und sie vermitteln ihnen dabei das Gefühl, vorbehaltlos akzeptiert zu sein. Diese Kinder können ihre Wut und Verletzung darüber, daß die Mutter ihrem Beruf soviel Aufmerksamkeit widmet, frei äußern; so spüren sie zumindest, daß sie wichtiger sind als die Arbeit. Sie verstehen, daß die Mutter sie bedingungslos liebt, und fühlen sich geborgen. Aber um dies täglich neu zu leisten, müßten Mutter und Kind über außergewöhnliche Fähigkeiten verfügen; die Geborgenheit einer festen Beziehung, die durch das Mutter-Kind-Halten gefördert wird, versetzt jedoch alle Mütter dazu in die Lage.

Es gibt mehrere Grundsätze, die Sie unbedingt beachten sollten, wenn Sie sich mit der Absicht tragen, berufstätig zu werden und dabei ein Kind zu erziehen.

Das Kind muß in Ihrer Prioritätenliste an erster Stelle stehen.

Entschädigen Sie Ihr Kind für die Zeit, die Sie auswärts verbringen.

Konzentrieren Sie sich auf Ihr Kind, wenn Sie zuhause sind. Geben Sie der Arbeit in Ihren Gedanken keinen Raum.

Wahrhaft selbständig werden diejenigen Kinder, deren Bedürfnisse befriedigt worden sind.

Akzeptieren Sie die Empfindungen Ihres Kindes im Zusammenhang mit Ihrer Abwesenheit und der Aufmerksamkeit, die Sie Ihrem Beruf entgegenbringen.

Lassen Sie sich niemals zu der Vorstellung verleiten, die Berufstätigkeit sei gut für Ihr Kind. Es ist Ihre Karriere, die Ihren Bedürfnissen dient.

Je jünger Ihr Kind ist, um so mehr benötigt es den Ausgleich für Ihre Abwesenheit.

Die Tagesmutter Ihres Kindes sollte eine Person Ihres Vertrauens sein (idealerweise eine Frau, die Sie selbst gern als Mutter gehabt hätten).

Verbringen Sie gemeinsame Zeit mit Ihrem Kind und der Tagesmutter. Lassen Sie nicht zu, daß die Anwesenheit der Tagesmutter mit Ihrer Abwesenheit gleichgesetzt wird.

Ihr Kind muß spüren, daß es in Ihrer Prioritätenliste an erster Stelle steht. Wenn Sie arbeiten gehen, um finanziell durchzukommen, wird Ihr Kind dies verstehen und Ihnen Wohlwollen entgegenbringen, wenn Sie es während der übrigen Zeit an die erste Stelle setzen. Selbst wenn Sie arbeiten gehen müssen, um sich und Ihr Kind zu ernähren, kann es über Ihre Abwesenheit wütend sein. Oft finden Mütter, daß ihre Kinder es nicht zu schätzen wissen, daß sie alles für sie tun. Freuen Sie sich darüber, daß Ihr Kind Sie vermißt, und akzeptieren Sie seine Empfindungen. Wenn Sie freiwillig berufstätig sind, müssen Sie sich darüber im klaren sein, daß die Arbeit in erster Linie Ihnen persönlich zugute kommt. Führen Sie sich nicht selbst an der Nase herum, indem Sie sich einreden, Ihre Berufstätigkeit könnte für Ihr Kind in irgendeiner Hinsicht von Vorteil sein. Natürlich mag sie manches Gute mit sich bringen. Vielleicht fühlen Sie sich glücklicher, wenn Sie arbeiten gehen. Ihr Kind lernt möglicherweise, der Arbeit einen positiven Wert beizumessen, wenn es sieht, wie Sie Ihren Beruf mit Freuden ausüben. Auch können Sie Ihrem Kind wahrscheinlich mehr materiellen Wohlstand bieten. All dies hat jedoch nur dann einen Wert, wenn das Kind weder an Umfang noch an Tiefe auf die benötigte Zuwendung der Mutter verzichten muß.

Wenn es Ihnen möglich ist, bleiben Sie nach der Geburt einige Monate lang zuhause. Je mehr Zeit Sie mit Ihrem Neugeborenen verbringen, um so mehr wird die Bindung zwischen Ihnen und ihm gefördert; sie kann dann leichter aufrechterhalten werden, wenn Sie Ihre Berufstätigkeit wieder aufnehmen. Wenn Sie nicht zuhause bleiben können, versuchen Sie, so viel freie Zeit wie möglich mit Ihrem Baby zusammen zu verbringen. Kindertragegurte, mit deren Hilfe Sie Ihr Kind beim Tragen eng an sich drücken, helfen, den körperlichen Kontakt aufrechtzuerhalten, wenn Sie nach der Arbeit noch einkaufen gehen müssen oder etwas anderes zu erledigen haben. Das ist jedoch kein Ersatz für die ungeteilte Aufmerksamkeit, die Sie Ihrem Kind schenken sollten, wann immer es möglich ist. Sie müssen versuchen, im Konfliktfall das Kind an die erste Stelle zu setzen. Wenn Ihr Kind zum Beispiel einmal sehr erkrankt, müssen *Sie*, wenn irgend möglich, es selbst pflegen. Das Kind wird spüren, ob es bei Ihnen wirklich an erster Stelle steht oder nicht. Wenn dies im allgemeinen der Fall ist, versteht es Sie besser, wenn es ausnahmsweise einmal nicht möglich ist. Wenn Sie immer Ihre Arbeit an die erste Stelle setzen, kommt sich das Kind unwichtig vor und entwickelt auf lange Sicht ein schwaches Selbstwertgefühl. Mütter befürchten häufig, daß sie ihre Stelle verlieren oder sich ihre Aufstiegschancen verringern könnten, wenn sie sich in erster Linie um ihre Kinder kümmern. Im Beruf stehen Ihnen viele Erfolgsmöglichkeiten offen, aber Ihr größtes Potential können Sie nicht entfalten, wenn Ihr Kind unglücklich oder gestört ist oder irgendwie Schwierigkeiten bereitet.

Kelly, eine Rechtsanwältin, kam zu mir, nachdem eine Mitarbeiterin mich ihr empfohlen hatte; sie verrichtete ihre Arbeit nicht zur Zufriedenheit Ihrer Vorgesetzten und stand kurz vor einer Kündigung. Darüber hinaus versagte sie auch weitgehend zuhause, weil sie sich vollkommen auf ihre berufliche Laufbahn konzentrierte. Tim, ihr fünfjähriger Sohn, litt an einer Sprachentwicklungsstörung und versuchte, durch Albernheiten ihre Aufmerksamkeit auf sich zu ziehen. Ned, ihr achtjähriger Sohn, zog sich mehr und mehr von ihr zurück. Nach wenigen Monaten haltender Umarmung reagierten beide Jungen in einer Weise auf sie, die sie nicht für möglich gehalten hatte. Tims Sprachverhalten verbesserte sich, und er begann, ohne albern zu werden, um die haltende Umarmung zu bitten. Ned wurde wieder die gefühlvolle und offene Persönlichkeit, die er immer gewesen war. Kelly entschloß sich, zuhause eine eigene Praxis zu eröffnen. Zu Ihrer Überraschung erlebte sie hier den höchsten Aufstieg in ihrer Laufbahn. Sie brachte noch zwei weitere Kinder zur Welt und konnte ihre erfolgreiche berufliche Tätigkeit dabei fortsetzen. Dank des Mutter-Kind-Haltens füllte sie ihre Mutterrolle nun meisterhaft aus, und die Freude um den Erfolg in diesem Bereich erlaubte es ihr, ihre Energien auch dafür freizusetzen, die hohen Ziele zu erreichen, die sie sich in ihrer beruflichen Laufbahn steckte. Manche Belastung, die das Nebeneinander von Berufstätigkeit und Mutterschaft mit sich bringt, wurde dadurch beseitigt, daß sie zuhause arbeitete, aber ihre bloße Anwesenheit bei Ned und Tim hätte zur Aufarbeitung und Aufhebung der Störungen nicht genügt. Mehr Zeit mit Ihren Kindern zu verbringen ist nicht genug, wenn dies nicht zu einer wahren innigen Verbindung und zu besserer Verständigung in der Beziehung untereinander führt. Wenn Sie nicht mehr Zeit aufbringen können, müssen Sie die Zeit, die Ihnen zum Zusammensein zur Verfügung steht, besser ausnutzen.

Versuchen Sie, Ihr Kind für die auswärts verbrachte Zeit zu entschädigen. Es ist hilfreich, sich immer wieder ins Bewußtsein zu rufen, daß sich Ihr Kind selbst bei der besten Betreuung durch eine Tagesmutter niemals so gut fühlen wird, wie es der Fall wäre, wenn Sie rund um die Uhr zuhause blieben. Wenn Sie dies vor sich selbst zugeben können, haben Sie damit den ersten Schritt zu einer Wiedergutmachung bereits getan; Sie werden Ihrem Kind beispielsweise mehr Geduld und Verständnis entgegenbringen. Ich erinnere mich an eine gute Freundin, die ihre Kinder zurechtwies, weil sie die Mutter nach einem harten, arbeitsreichen Tag zu sehr in Anspruch nahmen. Ich machte ihr noch einmal klar, daß die Kinder sie nicht darum gebeten hatten, arbeiten zu gehen, und es nicht verdienten, daß die aus der Berufstätigkeit erwachsenen Probleme auf ihrem Rücken ausgetragen wurden. Als berufstätige Frau versuche auch ich mich immer wieder selbst daran zu erinnern. Wenn wir uns stets ins Gedächtnis rufen, daß wir uns in einer glücklichen Lage befinden, wenn wir Kinder haben und gleichzeitig arbeiten gehen können, hilft uns dies, die Dinge in der richtigen Perspektive zu sehen. Es ist nicht die Schuld der Kinder, daß wir versuchen, so viel auf einmal zu schaffen. Dementsprechend müssen wir ihnen für das, was sie aufgrund unserer Berufstätigkeit entbehren, einen Ausgleich schaffen.

Manche berufstätigen Mütter stellen ihr gesellschaftliches Leben zurück, um sich in ihrer Freizeit so viel wie möglich ihren Kindern zu widmen. Obwohl dieses Opfer oftmals notwendig ist, damit Sie genügend Zeit für Ihr Kind aufbringen können, will ich damit nicht sagen, daß es genügt, wenn Sie Ihre gesamte Freizeit zuhause verbringen. Sie müssen sich aktiv mit Ihren Kindern beschäftigen. Widmen Sie sich in erster Linie ihnen, wenn Sie zuhause sind. Es wird Ihnen dabei nicht möglich sein, ausgefallene Mahlzeiten zu kochen oder den Haushalt perfekt in Ordnung zu halten; wenn Sie aber zu kochen und Hausarbeiten zu verrichten haben, dann erledigen Sie dies entweder, während Ihr Kind schläft, oder beziehen Sie es aktiv mit ein, so daß es zwischen Ihnen zu einem kommunikativen Austausch kommt. Lassen Sie Ihr Kind an Ihrer Seite spielen, während Sie kochen oder putzen. Oder lassen Sie es Ihnen nach Möglichkeit helfen. Selbst ein kleines Kind kann bei der Zubereitung von Mahlzeiten mithelfen. Sprechen Sie mit ihm, während Sie die Hausarbeiten erledigen. Lassen Sie sich nicht von dem Bestreben vereinnahmen, alles perfekt verrichten zu wollen; der positive Austausch mit Ihrem Kind ist wichtiger.

Der Augenblick, in dem Sie von der Arbeit nach Hause kommen, ist entscheidend für die Wiederherstellung der Bindung zu Ihrem Kind. Versuchen Sie, alles andere beiseite zu lassen. Bemühen Sie sich, nicht mehr an die Arbeit zu denken. Wenden Sie sich Ihrem Kind aufmerksam zu. Es wird spüren, daß Sie sich freuen, es wiederzusehen, und daß es für Sie eine sehr wichtige Rolle spielt. Wenn Sie sich zuhause in erster Linie um Ihr Kind kümmern, wird es glauben, daß es bei Ihnen an erster Stelle steht. Seine Erfahrung mit Ihrer Gegenwart wird die sein, daß Sie ihm gehören, wann immer Sie in seiner Nähe sind. Es wird daraus schließen, daß es immer an erster Stelle stehen würde, wenn Sie rund um die Uhr zuhause wären. Dies wird ihm dabei helfen, Ihre Abwesenheit zu ertragen. Wenn Sie jedoch müde und abgespannt heimkommen und sich dann von Ihren Hausarbeiten völlig einnehmen lassen, oder wenn Sie sich darüber aufregen, daß das Kind nach einem langen Tag nach Ihnen verlangt, wird es daraus schließen, daß es für Sie nur eine untergeordnete Rolle spielt. Zwei Reaktionen sind dann möglich. Es kann sich auflehnen und, meist auf eine unangenehme oder sogar unausstehliche Weise, mehr Aufmerksamkeit fordern. Ihre völlige Erschöpfung wird noch mehr zunehmen; es kann soweit kommen, daß Sie täglich mit Schrecken daran denken, nach Hause zurückzukehren. Ihre Beziehung wird sich gleich einer abwärts führenden Spirale mehr und mehr verschlechtern. Auf die andere Weise kann das Kind reagieren, indem es sich teilweise oder vollständig in sich selbst zurückzieht. Häufig mißdeuten Mütter die Zurückgezogenheit als einen Schritt auf dem Weg zur Selbständigkeit.

Ein Kind wird wirklich selbständig, wenn seine Bedürfnisse gestillt werden. Sie können ein Kind im Grunde genommen gar nicht zur Selbständigkeit erziehen. Sie können ihm dabei helfen zu lernen, wie es Dinge selbständig erledigen kann, oder Sie können es, traurig genug, in die Selbständigkeit zwingen, indem Sie ihm keine andere Wahl lassen. Echte, dauerhafte Selbständigkeit entsteht bei Kindern auf natürliche Weise, wenn ihnen durch entsprechende Versorgung, Aufmerksamkeit und Liebe der nötige Auftrieb gegeben wird.

Kinder, deren Bedürfnisse nur teilweise gestillt werden, entwickeln sich manchmal gut zur Selbständigkeit hin. Diese kann jedoch auch zu weit gehen und in eine teilweise gehässige Reaktion auf die Hilfe der Mutter oder unter Umständen auf die Mutter selbst ausarten. Jan und Andy sind ein Beispiel dafür. Jan wurde Witwe, als Andy noch ein Baby war. Sie mußte eine Ganztagsstelle annehmen. Bis zum Alter von fünf Jahren hatte Andy einen hohen Grad an Selbständigkeit erreicht. In vielerlei Hinsicht war er in der Lage, sich selbst zu versorgen. Er versuchte jedoch immer wieder, seine Grenzen in andere Richtungen auszuweiten. Jan wurde zu einem erbärmlichen, todunglücklichen Nervenbündel, das hilflos zusah, wie ihr Sohn gefährliche Kunststücke aufführte, die über seine Fähigkeiten hinausgingen. Ständig versuchte sie, ihn vor möglichen Verletzungen zu bewahren; ihre Beziehung wurde dadurch sehr spannungsgeladen. Diese Spannung äußerte sich bei Andy nachts in Form von Alpträumen und Zähneknirschen und tagsüber durch Trotz, Sturheit und übermäßiges Essen. Während der haltenden Umarmung lernte Jan zu verstehen, daß Andy sich auf der Welt alleingelassen fühlte. Er fand, er müsse selbständig sein, da seine Mutter entweder nicht bei ihm war oder, wenn sie bei ihm war, nicht einschätzen konnte, worin seine Fähigkeiten eigentlich lagen. Er fühlte sich ganz allein für sich selbst verantwortlich. Im haltenden Umarmen lernte Andy zu sehen, daß seine Mutter sich nun mehr um ihn kümmerte; er fühlte sich nicht mehr allein für sich verantwortlich. Sein Bedürfnis, die eigenen Grenzen durch waghalsige Turnmanöver auszuweiten, verringerte sich. Er begann, ruhiger zu werden und getraute sich, seine Mutter vermehrt um Hilfe zu bitten. Sie begann, ihm in erhöhtem Maße behilflich zu sein, selbst wenn sie wußte, daß er manches alleine verrichten konnte.

Wenn Sie mit Ihrem Kind zusammen sind, versuchen Sie, die Dinge für es zu verrichten, um die es Sie bittet. Binden Sie zum Beispiel seine Schuhe zu, wenn es Sie darum bittet. Oder gehen Sie mit ihm in den Keller, wenn Sie glauben, es hat Angst, allein zu gehen. Sagen Sie nicht: "Das kannst du auch allein!" oder: "Du machst es ja auch allein, wenn ich nicht da bin." Kinder, die ihre Empfindungen kennen, können Ihnen dabei helfen, ihre Bedürfnisse zu stillen. Die Tatsache, daß sie Sie um Hilfe bitten, zeigt, daß sie der Hilfe bedürfen. Die Bitte mag Ihnen absurd erscheinen. Sie fürchten vielleicht, Ihr Kind zur Unfähigkeit zu erziehen, wenn Sie es wie ein Baby behandeln. Machen Sie sich diesbezüglich keine Sorgen. Wenn das Kind einmal weiß, daß Sie bereit sind, auch Hilfestellungen zu geben, die Sie normalerweise nur einem kleineren Kind gegenüber geben würden, wird es sich nicht mehr wie ein kleines Kind benehmen müssen, damit Sie seine Bedürfnisse befriedigen. Die Sicherheit zu wissen, daß jedes denkbare Bedürfnis gestillt würde, erlaubt es ihm, unabhängiger zu werden, da die feste Beziehung zu Ihnen ihm die Kraft gibt, loszulassen, wenn es darauf ankommt. Es ist niemals verkehrt, wenn Sie für Ihr Kind mehr tun, als Ihnen nötig erscheint. Sie könnten jedoch sehr wohl einen Fehler begehen, wenn Sie mit Hilfestellungen zu sparsam umgehen.

Viele Mütter machen sich Sorgen, wenn ihre Kinder anfangen, sich durchsetzen zu wollen. Ich sehe das Problem kindlicher Durchsetzungsversuche anders. Zunächst einmal sind sie auf ein Ziel gerichtet. Wenn das Kind auf negative Weise seinen Willen durchsetzt, bedeutet das in der Regel, daß seine Bedürfnisse nicht ausreichend gestillt wurden. Die Tatsache, daß es nach mehr verlangt, sollte Ihnen ein Warnzeichen sein. Andererseits kann herrschsüchtiges Verhalten beim Kind einen positiven Mechanismus darstellen, der es auf das erfolgreiche Überleben in der Welt vorbereitet. Wollen Sie denn wirklich nicht, daß Ihr Kind lernt, selbständig zurechtzukommen?

Wenn Ihr Kind sich zuhause durchzusetzen versucht, fragen Sie sich, welches Bedürfnis ungestillt geblieben ist. Geben Sie ihm die benötigte Befriedigung, bevor Sie sein Verhalten kritisieren. Damit zeigen Sie ihm, wie es seinen Willen auf positive Weise durchsetzen kann und wie es Sie um etwas bitten kann und wie nicht. Lassen Sie es wissen, was Sie empfinden, wenn es sich auf herrschsüchtige Weise durchzusetzen versucht. Belohnen Sie es, wenn es ein wohldurchdachtes, wirkungsvolles Durchsetzungsvermögen zeigt. Wenn Ihr sechsjähriger Sohn zum Beispiel wegen einer Mark zum Vater geht, nachdem Sie ihm seine Bitte abgeschlagen haben, dann lassen Sie ihn ruhig wissen, daß er Sie sehr verärgert, wenn er Sie so hintergeht. Sagen Sie ihm alle Ihre Empfindungen: Wut, Verletzung, Niedergeschlagenheit oder Enttäuschung. Machen Sie ihm dann einen Vorschlag, wie er Ihrer Meinung nach in der Situation hätte handeln können. Fragen Sie ihn, wie er sich seiner Meinung nach hätte besser verhalten können. Vielleicht finden Sie dabei heraus, daß Ihr Sohn einen wichtigen Grund hatte, eine Mark zu erbitten. Im Gespräch miteinander werden Sie sich entweder darüber einig werden, oder aber er wird selbst auch der Meinung sein, daß er das Geld eigentlich gar nicht gebraucht hätte. Auf jeden Fall werden Sie sich gegenseitig besser verstehen. Durch die Lösung einer Problemsituation, in der der Sohn sich nicht herrschsüchtig verhalten mußte, wird er Sie als vernünftigen, ansprechbaren Menschen ansehen.

Die dreijährige Vicky versuchte zunehmend, sich gegen das Zähneputzen zu wehren. Sie versuchte wegzulaufen, dagegen anzukämpfen, ihren Mund zuzuhalten und sogar altkluge Äußerungen von sich zu geben wie: "Mama, bevor ich jetzt meine Zähne putze, muß ich dir erst noch etwas sagen …" (und noch etwas und noch etwas). Vicky tat dies wahrscheinlich, um sich von der bevorstehenden Trennung von den Eltern vor dem Schlafengehen abzulenken; beide waren berufstätig, und sie wollte die Zeit, die sie mit ihnen gemeinsam verbrachte, ein wenig verlängern. Es war hilfreich, dieses Problem im Rahmen der haltenden Umarmung anzusprechen, besonders, als Vickys Mutter ihrer Verärgerung und Niedergeschlagenheit über dieses Verhalten auf bewegende Weise Ausdruck verlieh und genau beschrieb, was sie störte. Später beschlossen sie gemeinsam, daß Vickys Mutter jeden Abend eine Gutenachtgeschichte erzählen würde, deren Thema das Mädchen sich aussuchen durfte. Da sie auf diese Weise an der Entscheidung beteiligt wurde, funktionierte die Methode besser als alles andere, was die Eltern bisher ausprobiert hatten. Da die Situation gemeinsam beschlossen worden war, hatte Vicky nicht das Gefühl, daß ihr etwas von außen aufgezwungen wurde. Die lästigen Durchsetzungsversuche hörten fast vollständig auf. Es fiel Vickys Mutter leichter, fest, aber ruhig zu bleiben, wenn ihre Tochter versuchte, das Einschlafen hinauszuzögern.

Die Mutter sah Vickys Durchsetzungsversuche als negativ an und reagierte darauf zornig und voller Verärgerung. Sie setzte sich in der haltenden Umarmung mit ihrem Zorn auseinander und lernte zu verstehen, daß Vickys Verhalten das Ergebnis ungestillter Bedürfnisse nach mehr gemeinsam verbrachter Zeit mit ihr war. Ohne das Halten hätte es wahrscheinlich keine Lösung gegeben, da die Mutter in ihrem Zorn über das Verhalten der Tochter verharrt wäre und es nicht als positives, zielorientiertes Vorgehen erkannt hätte. Sie wären möglicherweise in der

Auseinandersetzung steckengeblieben, oder Vicky hätte vielleicht den Versuch aufgegeben, ihrerseits die Bindung zu festigen. Wenn Sie wieder einmal in eine solche Situation geraten, dann suchen Sie nach dem ungestillten Bedürfnis Ihres Kindes und versuchen Sie, es so zu befriedigen, daß Sie nicht in Zorn geraten.

Einer der wichtigsten Grundsätze besteht darin, die Empfindungen Ihres Kindes im Zusammenhang mit Ihrer Abwesenheit und Ihre Aufmerksamkeit oder Ihr Interesse an der Arbeit zu akzeptieren. Mütter mißverstehen oft die ablehnende, ja feindliche Haltung ihrer Kinder der Berufstätigkeit gegenüber, die sich aber auf die Arbeit selbst gar nicht bezieht. Kinder richten ihre feindseligen Empfindungen eher deswegen gegen die Arbeit, weil ihnen dies weniger gefährlich erscheint, als sich gegen die Mutter persönlich aufzulehnen. Sie vermuten, daß Sie sich ihnen mehr widmen könnten, wenn Sie sich nicht zusätzlich für Ihre berufliche Karriere einsetzen müßten. Der Wunsch nach mehr Zuwendung ginge ihrer Meinung nach möglicherweise in Erfüllung, wenn Sie nicht berufstätig wären. Indem sie alles der Arbeit zuschieben, müssen sie ihre Verärgerung nicht gegen Sie richten.

Wenn Sie das Thema Berufstätigkeit im Rahmen der haltenden Umarmung ansprechen, werden Sie herausfinden, was Ihr Kind darüber denkt und empfindet. Sie können ihm sagen, warum Sie arbeiten gehen, zum Beispiel aus finanziellen Gründen. Sagen Sie ihm aber die Wahrheit. Wenn Sie Ihrem Kind erwidern, daß Sie arbeiten gehen, um in einem schöneren Haus wohnen oder sich einen großzügigeren Lebensstil leisten zu können, machen Sie es unter Umständen mit Wertvorstellungen vertraut, die Sie ihm gar nicht vermitteln wollen, zum Beispiel in einem großen Haus zu wohnen sei wichtiger als der Zusammenhalt in der Familie. Bevor Sie Ihrem Kind Ihre Motive erläutern, denken Sie einmal selbst darüber nach, warum Sie arbeiten gehen, und wie Sie es ihm erklären wollen.

Ihr Kind wird immer den Wunsch verspüren, mehr Zeit mit Ihnen gemeinsam zu verbringen, so gut Ihr Motiv für die Berufstätigkeit auch sein mag. Akzeptieren Sie diesen berechtigten Wunsch, auch wenn es Ihnen schwerfällt. Versuchen Sie nicht, Ihrem Kind diese Gefühle auszureden, sondern freuen Sie sich darüber, daß es sich nach Ihnen sehnt; Ihrem Kind die Sehnsucht nach Ihnen auszureden ginge auf jeden Fall zu Lasten der Mutter-Kind-Bindung. Sagen Sie ihm, daß Sie es verstehen und versuchen werden, es für die allein verbrachte Zeit zu entschädigen. Sagen Sie ihm, daß Sie es vermissen, und gestehen Sie ihm ein, Sie, seine Mutter, auch zu vermissen, denn sonst wird es sich dazu zwingen, seine Gefühle von Verlust und Sehnsucht zu unterdrücken. Unter Umständen wird es sein Verlangen und seine Sehnsucht nach Ihnen unterdrücken, oder es wird ständig niedergeschlagen und verärgert sein und dies auf unerwünschte Weise durch negatives Verhalten zum Ausdruck bringen. Beide Wege, das Zurückziehen in sich selbst und das schlechte Benehmen, zerstören die Beziehung zwischen Ihnen. Sie werden sich nicht mehr so freuen, nach Hause zu kommen. Viele Mütter flüchten sich in die Arbeit, wenn ihre Kinder auf diese Weise ihrer Verärgerung Luft machen. Diesen Fluchtweg in den Beruf brauchen Sie nicht einzuschlagen. Sie können Ihrer Arbeit nachgehen und nach Ihrer Heimkehr im Halten immer wieder die wunderschöne, innige Beziehung zu Ihrem Kind erleben.

Es ist auch sehr wichtig, vor sich selbst zuzugeben, daß die Karriere Ihnen persönlich dient. Natürlich ist es gut für ein Kind, Nahrung und Wohnung zu haben; jedoch wären ihm ein einfaches Dach über dem Kopf und einfachste Kost lieber, wenn es dafür seine Mutter zuhause haben könnte. Ihre Wertvorstellungen sind nicht die seinen. Es würde sich sehr mißverstanden fühlen, wenn Sie den Versuch unternähmen, ihm und sich selbst einzureden, es würde von Ihrer Karriere profitieren. Wenn es nach den Vorstellungen von Kindern ginge, würde der Vater arbeiten gehen und die Mutter zuhause bleiben. Aus der Sicht eines Kindes ist dies in keiner Weise als sexistisch anzusehen; es ist sein Bedürfnis, seine Mutter zuhause bei sich haben zu wollen.

Wenn Mütter Schuldgefühle entwickeln, weil sie nicht bei ihren Kindern bleiben, empfinden sie das Bedürfnis des Kindes nach ihrer Nähe als Belastung. Gehen Sie nicht in eine solche Falle hinein, sondern treten Sie diesen Empfindungen entschlossen entgegen. Sprechen Sie Ihre eigenen Gefühle und die Ihres Kindes während des haltende Umarmens an. Sie werden merken, daß Ihre Hauptaufgabe darin besteht, die Verärgerung Ihres Kindes zu akzeptieren. Wenn Ihnen dies gelingt, wird es mit Ihrer Abwesenheit leben können. Am meisten Angst bereitet ihm die Befürchtung, Sie könnten es ablehnen, weil es über Ihre Abwesenheit wütend ist. Wenn es seine Wut in diesem innigen Kontakt ausdrücken und seine Gefühle mitteilen kann, wenn es Sie ein bißchen ablehnen darf, indem es Sie von sich wegdrückt und Ihnen unangenehme Dinge sagt wie zum Beispiel, daß es den Papa lieber hat, dann fühlt es sich sicher und weiß, daß Sie es lieben, egal was es Ihnen gegenüber sagt oder empfindet.

Je jünger ein Kind ist, um so schwerer fällt es ihm, mit Ihrer Abwesenheit fertigzuwerden. Stellen Sie sich deshalb darauf ein und bieten Sie besonders dann einen Ausgleich, wenn Ihr Kind noch klein ist. Nehmen

Sie sich so viel wie möglich Zeit für persönliche Zuwendung. Die haltende Umarmung bietet Ihnen täglich die Gelegenheit, die Beziehung neu zu vertiefen. In der Phase der völligen Auflösung der Spannung haben Sie ausreichend Zeit, sich in einer glücklichen Atmosphäre gegenseitig mit Liebe und Zuneigung zu beschenken.

Darüber hinaus ist es wichtig, daß Sie mit Ihrem Kind gemeinsam spielen, ihm vorlesen und sich gemeinsam mit ihm entspannen. Es ist unwahrscheinlich, daß eine berufstätige Mutter während der Woche genügend Zeit dafür aufbringen kann. In der Regel sind die Wochenenden die Zeit, in der das gemeinsame Spielen fest eingeplant wird. Viele Mütter haben entdeckt, daß die gemeinsam verbrachte Zeit nur dann ihren Zweck erfüllt, wenn sie sorgfältig geplant wird. Andernfalls kommen andere Aufgaben dazwischen und lenken Ihre Aufmerksamkeit vom Kind ab. Achten Sie darauf, daß Sie sich jedem einzelnen Ihrer Kinder persönlich widmen. Die Motivation, die der kommunikative Austausch mit Vater und Mutter mit sich bringt, ist für Kinder der größte Ansporn zum Lernen, und bringt ihnen den größten persönlichen Gewinn. Geschwister, Altersgenossen und Tagesmütter können Kindern nicht dasselbe geben wie ihre Eltern. Ein großer Unterschied besteht auch darin, ob Kinder alleine spielen oder mit Ihnen zusammen. Wenn die Zeit jedoch nicht für das Halten und das gemeinsame Spiel ausreicht, dann verzichten Sie auf keinen Fall auf das erstere.

Die meisten Menschen sehen ein, daß kleine Kinder einen Ausgleich dafür benötigen, wenn ihre Mütter auswärts arbeiten gehen. Viel schwerer fällt es zu glauben, daß dies auch für ältere Kinder gilt. Diese beschäftigen sich zunehmend mit Altersgenossen und wenden sich neuen, besonderen Aktivitäten zu. Mütter meinen oft, Kinder in diesem Alter seien zu beschäftigt, um ihre Abwesenheit überhaupt zu bemerken. Lassen Sie sich von solchen Mißverständnissen nicht beirren. Als Mutter wollen Sie die Bedürfnisse Ihres Kindes kennenlernen und sich bemühen, sie zu befriedigen; die haltende Umarmung kann Ihnen dabei eine zuverlässige Wegweisung geben. Sie werden auf diese Weise nicht nur die Gefühle Ihres Kindes entdecken, sondern auch Ihre eigenen Empfindungen dem Kind gegenüber, die durch eine unvollständige Bindung verzerrt worden sind. Dies ist besonders dann hilfreich, wenn sich das Kind in einer schwierigen Phase befindet.

Nehmen wir John als Beispiel für ein Kind mit einer gestörten Bindung an die Mutter. Unmittelbar nachdem er zwei Wochen nach der Geburt aus dem Krankenhaus nach Hause entlassen worden war, übertrug die Mutter seine Betreuung einem Kindermädchen. Dieses kümmerte sich vorbildlich um das Baby und seinen kleinen Bruder. Als John sechs Jahre alt war, fühlte sich die Mutter plötzlich durch die enge Bindung an das Kindermädchen stark bedroht. Eines Tages kam John aus der Schule nach Hause und mußte feststellen, daß die geliebte Nanny (nanny = engl., Kindermädchen, hier als Eigenname gebraucht. Anm. d. Übers.) für immer fortgegangen war; seine Eltern hatten ihr gekündigt. John war untröstlich. Nanny war für ihn wie eine Großmutter gewesen. Er erholte sich zeitlebens nicht mehr von diesem Schock. Heute sind seine Eltern alt, und es fällt ihm schwer, sich richtig um sie zu kümmern. Er ist zu einer engen Beziehung weder mit ihnen noch mit seiner Frau und den Kindern fähig. Der Verlauf der Familiengeschichte hätte vielleicht geändert werden können, wenn die Mutter das Mutter-Kind-Halten angewandt hätte, als sie sich durch die Bindung ihres Sohnes an das Kindermädchen bedroht fühlte. Sie hätte gemerkt, daß Nanny für John mehr wie eine Großmutter war als wie eine Mutter. John hätte die Bindung an seine Mutter offener gezeigt, wenn es zu einer beidseitig befriedigenden Beziehung gekommen wäre, er hätte seine Gefühle nicht unterdrücken müssen, und Nanny wäre nicht so plötzlich entlassen worden. Der Verlust der ihn betreuenden Bezugsperson hatte John so tief verletzt, daß er Erwachsenen gegenüber nie wieder Vertrauen zeigte und auch heute niemandem in seinem Leben traut. Er ist in der Lage, sehr distanziert-analytisch darüber zu sprechen, aber dieses Wissen hilft ihm nicht dabei, heute eine Beziehung zu seiner Familie unterhalten zu können. Er kommt einfach nicht zurecht.

Ihr Baby ist auf die Bindung zu Ihnen angelegt. Sie können nicht bei ihm sein, während Sie arbeiten; darum müssen Sie für eine verantwortungsvolle und liebevolle Ersatzbetreuung sorgen. Dabei ist es wichtig, daß Sie eine möglichst feste und dauerhafte Bindung an Ihr Baby aufbauen, um die Tagesmutter nicht als Bedrohung zu empfinden.

Hier wäre Juliet als ein Beispiel zu nennen. Sie hatte zwei Kinder im Abstand von einem Jahr. Da sie eine Ganztagsstelle in einer beratenden Tätigkeit innehatte, stellte sie eine Haushälterin ein, die beide Mädchen innig liebte und von morgens bis abends für sie sorgte, als wären es ihre eigenen Enkel. Juliet wurde in höchstem Maße auf die Beziehung ihrer Töchter zur Haushälterin eifersüchtig. Dennoch reagierten sie immer noch ziemlich normal auf sie; immerhin verbrachte sie täglich nur eine Stunde mit ihnen. Trauriggerweise kündigte die Mutter der Haushälterin und gab die Mädchen in eine Kindertagesstätte, wo die Bedrohung durch eine tiefere Bindung an Fremde nicht bestand.

Mütter, Sie können nicht beides haben! Entweder müssen Sie zuhause bleiben, um das Kind allein zu versorgen, oder Sie müssen sich um eine geeignete Ersatzbetreuung kümmern und dann alles daransetzen, daß Sie für Ihr Kind die Hauptbezugsperson bleiben. Wenn keine andere Möglichkeit besteht als die Kindertagesstätte, dann verlieren Sie sich nicht in Schuldgefühlen. Seien Sie sich lediglich darüber im klaren, daß Sie einen entsprechenden Ausgleich schaffen müssen. Glücklicherweise schafft die im haltenden Umarmen erreichte Nähe und Offenheit in der Verständigung viel mehr als nur lediglich einen Ausgleich selbst für die schwierigsten Umstände. Unabhängig davon, in welchem Maße Sie die Betreuung Ihres Kindes auf jemand anders übertragen, wird Ihr Kind immer Sie bevorzugen. Sie können sich von ihm loslösen, aber fast niemand kann Ihr Kind dazu bewegen, seine Bindung auf eine andere Bezugsperson zu übertragen. Wenn Sie eine enge Beziehung zu Ihrem Kind pflegen, wird es sich von der Mutter nicht vernachlässigt fühlen.

Manchmal finden Mütter, sie müßten ihr Kind ganz den Händen der Tagesmutter überlassen, damit diese für die Betreuung in richtiger Weise motiviert wird. In Ihnen werden vielleicht Schuldgefühle darüber wach, daß Sie Ihr Kind beim Verlassen des Hauses der Tagesmutter überlassen und es ihr bei Ihrer Rückkehr wieder fortnehmen. Fühlen Sie sich deswegen nicht schuldig! Je besser die Bindung Ihres Kindes an Sie ist, um so besser wird seine Beziehung zur Tagesmutter sein. Wenn ein Kind eine feste Primärbindung erfahren hat, ist es viel leichter in der Lage, zu anderen Menschen, zum Beispiel dem Vater, der Großmutter oder dem Kindermädchen, in Beziehung zu treten. Kinder mit einer gestörten Bindung an die Mutter haben in jeder menschlichen Beziehung Schwierigkeiten.

Mit Hilfe der haltenden Umarmung erweiterte sich Amys Fähigkeit, ihre Gefühle auszudrücken, auf ihre Beziehungen zu anderen Menschen. Als ihr Kindermädchen eines Tages mit ihr zu einem Spielplatz fuhr, sagte sie: "Bitte, halt mal das Auto an. Ich möchte dir etwas sagen." Nanny erwiderte: "Du kannst es mir sagen, während ich fahre. Ich höre dir zu." Amy daraufhin: "Nein, ich möchte dir dabei in die Augen sehen." Sie hatte erfahren, wie gut es tut, sich in die Augen zu schauen, wenn man über wichtige Gefühle spricht. So fuhr Nanny das Auto an den Straßenrand, und sie sprachen eine halbe Stunde lang über Amys Verärgerung darüber, daß ihre Mutter an dreieinhalb Tagen in der Woche arbeiten ging. Amy sagte, wie sehr sie immer wütend wurde, wenn Nanny kam und Mama fortging. Nanny fragte sie: "Freust du dich denn, wenn Mama nach Hause kommt und ich fortgehe?". Amy bejahte dies, und Nanny erwiderte ihr: "Ich werde mir deine zornigen Gefühle immer anhören, aber du mußt sie beim Liebhalten auch deiner Mama sagen." Sie hatte verstanden, daß Verärgerung ausgedrückt und besprochen werden muß, und so konnte sie Amys Gefühle tolerieren und mit ihnen umgehen, ohne darüber verärgert zu sein, daß das Mädchen sie indirekt zurückwies. Amy war so erfreut über Nannys Antwort, daß sie ihr spontan erwiderte: "Nanny, ich hab dich lieb. Fährst du mit uns in Ferien?" Das Kindermädchen berichtet, daß sie den Unterschied spürt, ob Amy ihre haltende Umarmung gehabt hat oder nicht. Sie sehen,. daß Amy nun in der Lage ist, ihre Gefühle sogar noch freier auszudrücken als nur im Rahmen der haltenden Umarmung. Darum können Nannys Antworten ihr auch helfen; leider können Mütter dies nicht von allen Tagesmüttern erwarten.

Es gibt kaum ein häufiger besprochenes Problem unter Müttern als das der Betreuung ihrer Kinder; es ist häufig mit großen Opfern verbunden und wird dennoch oft nur unbefriedigend gelöst. Trotzdem können Sie vielen Schwierigkeiten von vornherein aus dem Weg gehen, indem Sie mögliche Tagesmütter sorgfältig prüfen und, nachdem Sie eine Entscheidung getroffen haben, bei der Integration in Ihre Familie behilflich sind. Wenn Sie eine Betreuerin für Ihr Kind auswählen, entscheiden Sie sich für eine Frau, die Sie gern als ein Familienmitglied sehen würden. Dieser Grundsatz wird Ihnen vor allen anderen bei der Auswahl einer liebevollen und Ihnen angenehmen Tagesmutter behilflich sein. Weiterhin ist es für Ihr Kind wichtig zu wissen, daß Sie die Frau, die es immerhin täglich betreut, schätzen und respektieren, und daß Sie sich um ihr persönliches Wohl Gedanken machen. Damit will ich nicht sagen, daß sie Ihnen von der Herkunft, vom Bildungsgrad oder vom soziokulturellen Hintergrund her gleichgestellt sein muß. Ich meine, es sollte eine Frau sein, der Sie Vertrauen schenken und die Ihnen sympathisch ist. Versuchen Sie, etwas über ihre Lebensgeschichte zu erfahren, bevor Sie eine Entscheidung treffen. Fragen Sie sie, wie sie selbst aufgewachsen ist und erzogen wurde. Wie war die Beziehung zu ihrer Mutter? Welche Gefühle hegt sie ihrem Vater gegenüber? Diese Frage ist besonders dann wichtig, wenn Ihr Kind ein Junge ist. Hat sie Geschwister? Wenn sie einen Bruder hat, den sie haßte oder auf den sie eifersüchtig war, dann seien Sie vorsichtig, wenn Sie einen Jungen haben. Finden Sie ihre Einstellungen zu Frauen und zu sich selbst heraus; diese wird sie nämlich auf Ihr Kind übertragen. Welches sind ihre Einstellungen zur Disziplin bei Kindern, zu Toilettentraining, Essen und Schlafen? Bedenken Sie, daß es nicht möglich sein wird, ihre Einstellungen zu verändern. Kann sie Kindern liebevoll und mit Wärme begegnen? Wie denkt sie über ihre Tätigkeit als Kinderbetreuerin? Macht sie diese Arbeit, weil sie keine andere bekommen kann, oder zieht sie sie anderen vor? Seien Sie mutig und stellen Sie von den genannten Fragen so viele wie möglich; das hat mit bloßer Neugier nichts zu tun. Der Frau, die Sie anstellen, werden Sie das Liebste, das Sie besitzen, anvertrauen, und sie wird Ihr Kind durch ihre Einstellungen, Vorurteile und die Art, wie sie selbst erzogen wurde, mit prägen. Überzeugen Sie sich vorher davon, daß sie die Qualitäten mitbringt, die Sie gern in Ihre Familie eingebracht haben möchten.

Chester war ein siebenjähriger Junge, der sich in der Schule nicht benehmen konnte. Seine Eltern waren schon in einem etwas fortgeschrittenen Alter und hocherfreut, noch einen kleinen Jungen zu haben. Sie waren beide in ihrer beruflichen Karriere sehr eingespannt. Trotzdem verbrachten sie am Wochenende nicht wenig Zeit mit dem Jungen. Chester sagte mir, er fühle sich von den Eltern herumgetreten "wie einen alten Schuh". Nach dem, was ich von seinen Eltern wußte, gab es keinen offensichtlichen Grund für seine Probleme. Dieser wurde mir jedoch klar, als ich seine Tagesmutter traf; sie war eine streitsüchtige, unglücklich aussehende Frau, ohne jegliche Geduld für ein kleines Kind.

Ein weiterer wichtiger Gesichtspunkt bei der Auswahl Ihres Babysitters ist die Kontinuität. Zischen Ihrem Kind und der Tagesmutter entsteht eine wichtige Bindung, die von Ihnen gefördert wird; Sie müssen sicherstellen, daß diese so lange wie möglich andauert. Zu viele zerbrochene Bindungen führen dazu, daß der Wille, neue Bindungen einzugehen, erlischt; ein Kreislauf des Mißtrauens beginnt, dessen Folgen bis weit über die Kindheit hinausreichen.

Manche Betreuerinnen können trotz Unterstützung durch die Eltern ihre Aufgabe nicht zufriedenstellend erfüllen; andere sind dazu ausgezeichnet in der Lage, wenn sie von Ihnen ein paar Hilfestellungen erhalten. Die meisten berufstätigen Mütter sind sich nicht der Tatsache bewußt, daß auch das Kindermädchen einer Betreuung bedarf. Sie erfahren fast nichts von dem, was sich tagsüber ereignet, wenn sie fort sind. Lassen Sie sich vom Ablauf des Tages berichten, und machen Sie der Betreuerin Komplimente; dies kann entscheidend zur Verbesserung der häuslichen Situation beitragen.

Achten Sie auf Warnzeichen. Wenn Sie nach Hause kommen und die Tagesmutter Ihr Kind weiter betreut, sei es auf Ihren, des Kindes oder ihren eigenen Wunsch, dann stimmt etwas nicht. Ihr Kind wird die Rolle der Betreuerin sofort auf Sie übertragen, wenn keine Probleme zwischen Ihnen bestehen. Geschieht dies nicht, kann das Halten Ihnen dabei helfen, wieder enger zueinander zu finden. Wenn die Tagesmutter nach Ihrer Rückkehr von der Arbeit Ihr Kind weiter betreut, spürt sie vielleicht, daß Sie im Moment noch nicht dazu bereit sind. Wenn eine berufstätige Frau von ihrer Arbeit nach Hause kommt, ist sie nach dem langen Tag oft der Verzweiflung nahe. Möglicherweise übermitteln Sie der Tagesmutter unterschwellig die Botschaft, daß Sie nicht gestört werden wollen. Vielleicht merkt sie auch, daß die Bindung zwischen Ihnen und Ihrem Kind gestört ist, und sie versucht, diese Lücke zu füllen. Je intuitiver sie veranlagt ist, umsomehr wird ihr dies gelingen. Wenn Sie zu ihr eine gute Beziehung haben, können Sie vielleicht einige dieser Punkte gemeinsam mit ihr besprechen.

Betty und Greta sind ein gutes Beispiel für die gelungene Beziehung einer berufstätigen Frau zu ihrer Tagesmutter. Greta war nicht Bettys erste Bewerberin. Die Mutter war im Befragen nicht erfahren und konnte darum von Greta nicht die Informationen bekommen, die ihr angezeigt hätten, welch großartige Betreuerin sie sein würde. Dann schied die erste Bewerberin aus, und Greta stand glücklicherweise noch zur Verfügung. Betty praktizierte regelmäßig das Mutter-Kind-Halten und achtete darauf, daß Greta dabei zusehen konnte und es verstehen lernte. Greta weiß jetzt, wie wichtig die Verständigung zwischen Mutter und Kind ist, und sie schreibt täglich einen ausführlichen Bericht über die Aktivitäten während des Tages. Die Arbeit macht ihr Freude, denn das Kind ist glücklich, benimmt sich gut und erwidert die ihm entgegengebrachte Liebe. Sie hat das Gefühl, der Mutter wirklich dabei zu helfen, ihre Verbindung mit dem Kind zu erhalten. Natürlich schätzt Betty dies sehr und zeigt es auch, und Greta fühlt sich in ihrer Tätigkeit ausgefüllt.

Sie sollten darauf achten, daß Sie eine gewisse Zeit zusammen mit Ihrem Kind und der Tagesmutter verbringen. Dies ist zur Herstellung und Aufrechterhaltung eines gegenseitigen Austausches nötig. Auch sollte ihre Anwesenheit nicht immer mit Ihrer Abwesenheit gleichgesetzt werden. Betty kam eines Tages zu diesem Schluß; sie richtete es daraufhin so ein, daß sie mitunter zuhause ist, wenn auch Greta anwesend ist. Eigentlich hatte ihr Kind ihr dies bewußt gemacht: Wenn Greta bei ihr ist, ist Mama immer abwesend. Betty verbringt nun den halben Vormittag daheim, während auch Greta anwesend ist. Nicht viele berufstätige Mütter können vormittags zuhause bleiben, so daß sie unter Umständen das Kindermädchen darum bitten müssen, nach ihrer Rückkehr noch ein wenig länger zu bleiben. Es ist empfehlenswert, die Tagesmutter auch an besonderen Gelegenheiten im Leben des Kindes teilnehmen zu lassen, zum Beispiel an einer Geburtstagsparty oder einem sonstigen besonderen Ereignis. Das Kind fühlt sich zusätzlich geborgen, wenn die Tagesmutter in das Familienleben mit einbezogen wird.

Die in diesem Kapitel besprochenen Grundsätze können Ihnen als Richtlinien dienen, wenn Sie als berufstätige Frau Kinder erziehen wollen. Hauptziel ist das Aufrechterhalten einer festen Bindung zu Ihren Kindern trotz der immer wiederkehrenden Trennungen. Wenn es Ihnen gelingt, den Trennungsschmerz mit der Zeit zu überwinden, werden Sie Mutterschaft und Berufstätigkeit erfolgreich miteinander verbinden können. Die haltende Umarmung wird einen offeneren Austausch über Gefühle ermöglichen; Ihr Kind wird dadurch spüren, daß es für Sie wichtiger ist als die Arbeitsstelle, und daß es, ohne negative Auswirkungen befürchten zu müssen, Verbitterung oder Schmerz über Ihre Abwesenheit verspüren darf. Es wird sich geborgen fühlen, weil es spürt, daß Sie ihm bedingungslose Liebe entgegenbringen. Wenn Sie dies erreichen, werden Sie im Laufe Ihrer Berufstätigkeit eine für beide Seiten befriedigende Beziehung aufbauen, die frei ist von Schuldgefühlen.

12. Die in Scheidung lebende Mutter und das gestörte Kind

**So halten Sie die Folgeschäden einer Scheidung
so klein wie möglich
Wie kann der Vater dazu beitragen?**

Eine Scheidung stellt eine Bedrohung für das Sicherheitsgefühl eines Kindes dar. Ein Kind, das sich nicht mehr sicher fühlt, wird seine Verstimmung darüber deutlich zeigen. Seine Reaktion schließt in der Regel ein Mißverhalten ein, das die Mutter gerade in dem Augenblick zusätzlich belastet, in dem sie aufgrund der Scheidung bereits in höchstem Maße nervlich angeschlagen und kaum in der Lage ist, solche Situationen zu handhaben. Unabhängig von den Umständen, die zu ihr geführt haben, ist eine Scheidung ein Zerbruch, ein zerstörerischer Prozeß für alle Glieder der Familie. Dies bedeutet jedoch nicht, daß Eltern sich grundsätzlich nicht scheiden lassen sollten, oder daß eine Scheidung zu nichts Gutem führen könnte. Ich erinnere mich an Familien, die sich mit zum Teil guten Ergebnissen durch die Zerstörung hindurchgearbeitet haben. Sie wandten jedoch die haltende Umarmung an, um der Schwächung der Eltern-Kind-Bindung, die während dieser konfliktbeladenen Zeit in der Regel eintritt, entgegenzuwirken.

Don und Karen kamen, um inmitten der ersten Auseinandersetzungen einer Trennung um Hilfe zu bitten. Karen wollte am liebsten von Don und ihren beiden Söhnen fortlaufen; sie sah keine andere Möglichkeit mehr. Sie hatte schon immer das Gefühl gehabt, Don sei als Vater besser gewesen als sie als Mutter. Die Kinder zeigten bereits die ersten Anzeichen emotionaler Störungen. Der Vierjährige verhielt sich mehr und mehr wie ein Baby, und der Siebenjährige begann, sich zunehmend in sich selbst zurückzuziehen. Karen entschloß sich dazu, das Mutter-Kind-Halten mit ihren Söhnen anzuwenden; diese überstanden die Scheidung ohne negative Folgen. Karen und Don heirateten wieder. Alle vier Partner trafen sich zu gemeinsamen Sitzungen, um zu besprechen, wie sie den Jungen gegenüber einheitlich auftreten konnten. Sie zeigten ein solches Maß an Bereitschaft zur Zusammenarbeit, daß sie sogar in der Lage waren, wichtige Ereignisse in Form von Familienfesten gemeinsam zu feiern; eine bessere Art des Zusammenlebens kann es für Scheidungskinder gar nicht geben. Don, seine Ehefrau und Karens neuer Ehemann unterstützten Karen gemeinsam in ihrer Mutterrolle, und gleichzeitig halfen sie Don in seiner Rolle als Vater und den neuen Ehepartnern in ihren Rollen als Stiefeltern.

Eine Familie bediente sich der haltenden Umarmung, um lange nach der Scheidung alte Bruchstücke wieder zu kitten. Peg und Carl hatten beide mehrere Jahre nach ihrer Scheidung wieder geheiratet. Peg hatte drei Mädchen und Carl zwei Jungen aus erster Ehe. Alle fünf Kinder hatten unter der Scheidung gelitten, aber es schien, daß Pegs jüngste Tochter und Carls ältester Sohn am meisten einer Behandlung bedurften. Peg wandte bei beiden das Mutter-Kind-Halten an. Ungewöhnlich hieran ist, daß sie als Stiefmutter mit dem Jungen das Mutter-Kind-Halten praktizierte. Es geschah jedoch auf eigenen Wunsch des Kindes, das den Vorgang und die Ergebnisse bei seiner jüngsten Stiefschwester beobachtet hatte. Dies hätte sicherlich in einer anderen Situation nicht so einfach funktioniet, da das Kind sich durch die Stiefmutter aus der Geborgenheit der Mutter hätte herausgerissen fühlen können. Im Falle von Karen und Don hätte das Gefühl, die Stiefmutter versuche, ihren Platz einzunehmen, sicher große Schwierigkeiten für Karen und die Kinder mitsichgebracht Wie zuvor bereits bemerkt, besteht das Wichtigste, was ein Vater für seine Kinder tun kann, darin, ihre Mutter zu lieben. Ein Stiefvater kann im Leben eines Stiefkindes eine sehr wichtige Ersatzrolle spielen. Indem er die Mutter liebt, unterstützt und ihr Aufmerksamkeit schenkt, bietet er dem Kind das, was der abwesende Vater nicht geben kann. Der Vater braucht sich durch den Stiefvater nicht zurückgesetzt zu fühlen; bei nüchterner Betrachtung müßte er die Rolle des Ehemannes seiner Ex-Frau hoch einschätzen. Dennoch spielt ein geschiedener Vater immer noch eine wichtige Rolle sowohl im Leben seiner Ex-Frau als auch im Leben seiner Kinder. Ein Vater kann auch noch nach einer Scheidung seine Ex-Frau in ihrer Mutterrolle unterstützen. Zum einen kann er ihr die Sicherheit geben, ihr die Kinder weder in physischer noch in psychischer Hinsicht fortnehmen zu wollen. Zum anderen kann und sollte auch ein geschiedenes Paar sich über Verhaltensregeln einig sein, die die Kinder lernen sollen. Schließlich kann der Vater auch jetzt noch ein offenes Ohr für die Nöte der Mutter haben, die unter schwierigen Bedingungen die Kinder großziehen muß.

Vielleicht ist Ihnen aufgefallen, daß ich die finanzielle Seite unerwähnt gelassen habe. Viele Väter zahlen nach fünf Jahren überhaupt keinen Unterhalt mehr. Natürlich wäre es besser, wenn sie doch zahlen würden, aber angesichts dieser Realität erscheint es als näherliegend, sich über die anderen Aspekte des Familienlebens während und nach der Scheidung Gedanken zu machen. Wenn diese auf freundschaftlicher Basis aufgearbeitet würden, erklärten sich vielleicht mehr Väter bereit, Unterhalt für einen längeren Zeitraum zu zahlen.

Um in einer Scheidung zu einer wirklich guten Vater-Mutter-Beziehung zu gelangen, muß der Stolz hinten angestellt werden. Man gibt nichts auf und verliert auch nichts, wenn auf lange Sicht den berechtigten Interessen von Eltern und Kindern gedient wird. Es ist für Partner sehr wichtig, über das zu sprechen, was sie aufgeregt, enttäuscht und geschmerzt hat. Sie sollen auch das erwähnen, was in ihrer Beziehung positiv war. Wenn dies nicht im persönlichen Gespräch möglich ist, sollte es in einem Briefwechsel geschehen. Danach sollten Sie das zumindest teilweise ausgeglichene Bild im Gedächtnis behalten. Diese Übung ist aus zwei Gründen von großer Bedeutung: Erstens hilft sie der Mutter und dem Vater, miteinander und mit ihren Gefühlen besser zurechtzukommen. Zweitens macht sie es beiden Seiten leichter, den Kindern zu gestatten, den anderen Partner zu lieben.

Ein einfacher Weg, Ihr Kind von Ihnen zu entfremden, besteht darin, den anderen Elternteil in ein schlechtes Licht zu stellen. Wenn dieser irgendwelche Fehler hat, wird das Kind sie schon früh genug selbst bemerken. Wenn Sie Ihren Ex-Ehepartner in Anwesenheit des Kindes kritisieren, wird dieses sich so sehr bemühen, den Angegriffenen zu verteidigen, daß es selbst für die offensichtlichsten Fehler blind wird. Als weitere Folge wird dieser Elternteil seine Vorbildrolle in den Augen des Kindes weitgehend verlieren. Wenn Sie, die Mutter, den Vater vor dem Sohn in ein schlechtes Licht stellen, wird der Junge sich insofern minderwertig fühlen, als er sich mit seinem Vater als einer männlichen Person identifiziert; dies ist für ihn absolut notwendig, damit er sich normal zu einem Mann entwickeln kann. Möglicherweise sucht er dann sogar eines Tages nach einer Ehefrau, die ihn ebenfalls ständig kritisiert, und folgt damit dem Modell von Frau und Ehefrau, das er mit Ihnen gelernt hat. Wenn Sie den Vater vor der Tochter in ein schlechtes Licht stellen, legen Sie unter Umständen den Grundstein für eine Ehe mit einem Mann, der *Ihrem* Bild von ihrem Vater entspricht. Dann wird sie ihm in der Ehe ständig Vorhaltungen machen. Es ist bestürzend zu sehen, in welchem Ausmaß Menschen die in ihrer Kindheit erlebten Verhaltensmuster später wiederholen.

Wenn ein Vater einem Kind gegenüber die Mutter kritisiert, lernt es von ihm, die Mutter geringzuschätzen und ihr nicht zu gehorchen. Dies führt dazu, daß das Kind sich nicht richtig unter Kontrolle halten kann; dies wird beim Herannahen der Pubertät noch gravierender, besonders, wenn der Vater nicht zuhause lebt. Außerdem behindert ein Vater, der die Mutter in ein schlechtes Licht setzt, die Entwicklung des kindliches Selbstbildes insofern, als das Mädchen sich mit der Mutter identifiziert, was für das Erreichen einer normalen Entwicklung zur Frau notwendig ist. Wenn ein Vater die Mutter eines Jungen in ein schlechtes Licht setzt, wird der Junge für seine Liebe zu ihr Schuldgefühle entwickeln und seine eigenen Empfindungen abwerten. Schließlich liebt er seine Mutter, aber sein Vater schätzt sie gering; wie kann er also seinen Gefühlen trauen? Außerdem ist es möglich, daß er die Haltung seines Vaters auf alle Frauen überträgt. Ein solches Kind wird später im Leben als Ehemann und als Vater mit Schwierigkeiten zu kämpfen haben.

Wenn Eltern in einer Scheidung zumindest mit einem gewissen Grad an gegenseitigem Respekt auseinandergehen, werden sie sich auch selbst besser fühlen. Schließlich hatten sie sich früher einmal füreinander entschieden. Es ist verheerend zu sehen, wie im Rückblick eine ganze Ehe auf einmal für wertlos erklärt wird. Jeder, der einmal verheiratet war, Kinder hatte und einige Jahre mit einem anderen Menschen zusammen verbracht hat, muß doch irgendwelche positiven Empfindungen für den anderen verspürt haben.

Eines der größten Hindernisse auf dem Weg zu einer positiven Lösung in einer Scheidung ist der Stolz. Wenn Sie in einer Scheidung stehen, dann versuchen Sie, den Stolz an die letzte Stelle ihrer Prioritätenliste zu setzen. Im Zusammenhang mit der Lösung von Konflikten kann Stolz nur zerstörerisch wirken. Fragen Sie sich in jedem Punkt, was Ihnen wichtiger erscheint, der Stolz oder langfristiges Wohlbefinden für Sie und Ihre Kinder.

Mit all diesem Wissen im Hintergrund wollen wir uns nun einem wichtigen Punkt zuwenden: Wie können Sie sicherstellen, daß das, was Sie tun, für Ihr Kind auch wirklich das Beste ist? Wenn zwischen Ihnen eine beidseitig befriedigende Beziehung besteht, die jeden Tag eine offene Verständigung ermöglicht, werden Sie ein besseres Gefühl für das entwikkeln, was für Ihr Kind gut ist.

Nehmen Sie zum Beispiel Teddy. Seine Eltern trennten sich, als er drei Jahre alt war. Sein Vater durchlebte während der ersten beiden Jahre eine sehr schwere Zeit, in der er unfähig war, dem Jungen Aufmerksamkeit zu schenken, wenn sie zusammen waren. Als Teddy vier Jahre alt war, äußerte er während einer Mutter-Kind-Halte-Sitzung seiner Mutter gegenüber den Wunsch, jemand solle ihn begleiten, wenn er sich mit Papa träfe. Er bat darum, daß entweder seine Großeltern oder seine Mutter dabeisein sollten, wenn er mit seinem Vater spielte. Teddy war ein waches Kind, das seine Empfindungen kannte, und darum nahm seine Mutter die Bitte ernst. Sie erklärte dem Vater die Situation; dieser konnte ihr zuhören, denn er wußte, daß seine Ex-Frau ihm dies aus Sorge um ihren Sohn sagte und nicht, um ihn zu verärgern. Außerdem kannte er die wunderbare Fähigkeit des Jungen, sich seiner Gefühle bewußt zu werden, und wußte, daß er nichts leichtfertig sagen oder sich leichtfertig beschweren würde. Er wußte, Teddy war immer offen. Wie es sich dann herausstellte, wurde die Zeit, die sie in Anwesenheit weiterer Familienmitglieder gemeinsam verbrachten, als schöner empfunden als die früheren Treffen. Als der Vater wenige Jahre später noch einmal heiratete, äußerte Teddy, daß ihm die Begegnungen mit seinem Vater auch dann besser gefielen, wenn seine neue Ehefrau mit dabei war. Er fand, daß sie einen positiven Einfluß auf seine Persönlichkeit und auf sein Verhalten ihm gegenüber ausübte.

Wenn dieses Paar während der Scheidung nicht zu einer guten harmonischen Beziehung gefunden hätte, wäre es ihnen nicht möglich gewesen, ihrem Kind gegenüber das nötige Verständnis und die notwendige Unterstützung aufzubringen. Ohne die Mutter hätte der Vater das Problem nicht erkannt, oder er hätte die Gefühle des Kindes möglicherweise auf eine Beeinflussung durch die Mutter zurückgeführt.

Wenn Sie sich eine gut funktionierende Beziehung zum Ziel gesetzt haben, wird Ihnen diese wahrscheinlich auch gelingen; wenn Sie eine solche jedoch nicht erwarten oder für möglich halten, werden Sie niemals dorthin gelangen. Versuchen Sie, einfach zu Ihrer eigenen Befriedigung, eine Umgebung zu schaffen, in der Sie und Ihre Kinder sich wohlfühlen können. Damit dienen Sie Ihren Kindern als gutes Beispiel, das sie vielleicht nachahmen werden; auf alle Fälle werden sie Ihren Bemühungen mit Achtung begegnen und sie zu schätzen wissen, ob Sie Erfolg haben oder nicht. Eine offene Verständigung wird Ihnen auch dabei helfen zu erfahren, wie Sie Ihrem Kind in seinen Gefühlen um die Scheidung, um seinen Vater, um sich selbst, um Sie oder um Ereignisse in diesem Zusammenhang am besten helfen können.

Es mag sein, daß es Ihnen nicht gelingt, ein gutes Einvernehmen mit dem Vater zu erzielen. Vielleicht bleibt der Spannungszustand zwischen Ihnen weiter bestehen. Dann kann das haltende Umarmen Ihnen dabei helfen, trotz des zerstörerischen Scheidungsprozesses eine starke Bindung zu Ihrem Kind aufrechtzuerhalten und weiter zu festigen. Diese bietet ihm eine zuverlässige Möglichkeit, seine Wut, seinen Schmerz, seine Enttäuschung und seine Ängste im Zusammenhang mit der Scheidung auszudrücken.

Ginger hatte sich seit der Zeit der elterlichen Trennung von ihrem Vater entfremdet. Dieser konnte sich nicht im geringsten vorstellen, warum das Mädchen ihn nicht sehen wollte, da die anderen drei Kinder oft zu ihm kamen. Tatsächlich hatte ein Ereignis zum Zeitpunkt der Trennung Ginger so verletzt und verängstigt, daß sie sich nicht mehr getraute, sich ihrem Vater zu nähern. Was war geschehen? Er hatte sie wegen etwas geschlagen, das in seinen Augen ein Fehlverhalten war: Sie hatte Lebensmittel gehortet aus Angst, sie würden ohne Geld zurückbleiben, wenn er sie verließe, und sie könnten dann nichts mehr zu essen kaufen. Wenn er oder die Mutter in einer guten Beziehung zu ihr oder zueinander gestanden hätten, hätten sie ihr zeigen können, daß die Befürchtungen gegenstandslos waren, anstatt sie zu bestrafen. Sie hätte sich verstanden und befreit gefühlt und sich nicht entfremdet. Das haltende Umarmen hätte eine solche Situation gar nicht erst aufkommen lassen, da die Befürchtungen bereits vor Eintreten des Fehlverhaltens ans Licht gebracht und zerstreut worden wären.

Kinder fühlen sich oft für eine Scheidung irgendwie mit verantwortlich. Solche Empfindungen werden im Laufe des haltenden Umarmens ausgedrückt. Kindern widerstrebt es in der Regel, parteiisch zu sein; infolgedessen sagen sie dann oft gar nichts mehr. Die haltende Umarmung gibt ihnen die Möglichkeit, sich mit ihren Gefühlen auf gefahrlose Weise zu befassen. Kinder haben oft Angst davor, daß sie auch von Ihnen, der Mutter, verlassen werden. Wenn Sie in der Lage sind, sich von Papa zu trennen, wären Sie dann nicht auch in der Lage, sich von ihm zu trennen? Das Halten übermittelt die beruhigende Botschaft, daß Sie Ihre Kinder immer lieben werden, unabhängig von ihren Gefühlen. Es fällt einem Kind schwer, dies zu glauben, wenn es sieht, daß es zwischen Ihnen und seinem Vater anders gekommen ist. Darum benötigen Scheidungskinder dieses Gefühl der Sicherheit umsomehr. Wenn sie sehen, daß sie mit all ihren Empfindungen zu Ihnen kommen können, ohne abgelehnt zu werden, wird sie dies mit der Zeit beruhigen.

Mütter befürchten manchmal, ihren Kindern etwas einzureden, besonders, wenn diese noch sehr klein sind. Sie können jedoch sicher sein, daß ein Kind, welches alt genug ist zu sprechen, auch alt genug ist, von einem Gespräch über persönliche Empfindungen zu profitieren, und kein Kind ist zu alt dazu. Sie können sich kaum irren bei dem Versuch, die Gefühle Ihres Kindes zu erraten; es wird bereits den Versuch als befreiend empfinden. Es weiß dann, daß seine Gefühle Ihnen wichtig sind, und es wird sich der Tatsache bewußt, daß persönliche Empfindungen in ihm existieren. Es wird sich bemühen, diese herauszuarbeiten. Kinder übernehmen kein Gefühl, das Sie ihnen einreden, solange es ihnen als unwahrscheinlich erscheint. Manchmal bemerkt ein Kind seine Empfindungen nicht, bis Sie ihm dabei helfen, über sie nachzudenken. Wenn Sie falsch geraten haben, wird es darüber hinwegsehen und darauf warten, daß Sie den wunden Punkt treffen. Wichtig ist, daß Sie es weiterhin versuchen. Mütter haben manchmal Angst davor, die haltende Umarmung anzuwenden, da sie befürchten, daß die Kinder dem Vater etwas weitersagen könnten, woran dieser Anstoß nehmen könnte. Dies geschah in einer mir bekannten Familie mit überraschenden Ergebnissen.

Jill und Tim trennten sich voll Bitterkeit nach einer langen, unglücklichen Ehe. Zu der Zeit, als Jill und der achtjährige Sohn Eddie beabsichtigten, in ein anderes Haus umzuziehen, verlor Eddie vollkommen die Kontrolle über sich und begann, Kinder in der Schule tätlich anzugreifen. Nachdem er von der Schule verwiesen worden war, versuchte Jill, die haltende Umarmung anzuwenden. Nach einer Sitzung, die ungefähr fünf Stunden dauerte, verspürte Jill eine Bindung an Eddie, die sie seit seiner frühen Kindheit nicht mehr empfunden hatte. Der Vater hörte davon und entschloß sich, vor Gericht zu gehen, um eine Fortsetzung des Haltens zu unterbinden. Jill und Eddie fühlten sich jedoch so gut miteinander, daß sie begann, sich mit ihrem Mann konstruktiv auseinanderzusetzen. Die Bestimmtheit, mit der sie ihm begegnete, führte dazu, daß er langsam nachgab. Als er sah, wie wunderbar Eddie sich zum Besseren verändert hatte, ließ er seine Einwände gegen das haltende Umarmen fallen; Jill und Eddie wandten es weiterhin zuhause an. Hier wurde das Verhältnis zwischen Mutter und Kind so sehr verbessert, daß es dem Vater nicht gelingen konnte, es zu unterhöhlen.

Kinder erleiden in einer Scheidung häufig seelische Störungen, denn ihr Schmerz, die Angst und die Wut saugen ihre ganze Energie auf, die sonst in eine gesunde Entwicklung fließen würde. Sie werden feindselig, aggressiv und ziehen sich sichtlich zurück, bis hin zur völligen Unerreichbarkeit. Die Mutter ist auch sehr angespannt durch die Belastungen der Scheidung: die Trauer über den Verlust, und sei es nur der Verlust eines Traumes; die Erniedrigung, versagt zu haben, die Angst vor der Zukunft ohne einen Partner, die Wut auf den Ex-Mann wegen seiner begangenen Fehler und Unterlassungssünden, ihre Enttäuschung. Sie versucht, ihren Lebensunterhalt zu verdienen und gleichzeitig einen Haushalt zu führen; vielleicht strebt sie nach einem neuen Anfang in ihrem Privatleben oder versucht, eine neue Beziehung zu einem Mann aufzubauen. Sie ist kaum in der Lage, den nötigen Kampf mit einem aufsässigen Kind zu durchstehen, noch hat sie eine Vorstellung darüber, wie sie es anstellen sollte, wenn sie die Motivation und die Kraft dazu finden könnte.

Es scheint, daß mit zunehmendem Alter des Kindes die Probleme größer werden. Woran liegt das? Jüngere Kinder haben ein grundlegendes Bedürfnis nach der Mutter. Wenn diese in der Lage ist, ein Mindestmaß an Stabilität zu erreichen, wird die Bindung an die Kinder so stark sein, daß sie sie davor bewahrt, sich wieder zurückzuentwickeln. Natürlich kann das Leben einer Mutter kleiner Kinder auch so aus den Fugen geraten, daß sie nicht einmal mehr dazu in der Lage ist, und je mehr der Vater an der Erziehung beteiligt war, umso schlimmer wirkt sich der Bruch aus, wenn er die Familie verläßt. Ältere Kinder reagieren selbst dann noch sehr sensibel auf das Verlassenwerden durch den Vater, wenn er nicht besonders an der Erziehung beteiligt war. Wenn die Kinder den Vater regelmäßig, zum Beispiel am Wochenende, besuchen, ist die Bindung zu ihm andersartig. Sie sind wütend auf ihn, da sie bewußt wahrnehmen, daß er sie verlassen hat. Sie treffen sich mit ihm nur so viel, wie es nötig ist, um die Schmerzen zu lindern, aber nicht genug, um den Verlust auszugleichen. Sie leiden darunter, daß sie in diesen Augenblicken nicht bei der Mutter sein können. Es schmerzt sie, daß diese sie fortgeschickt hat, obwohl sie doch beim Vater sein wollen. Es ist wichtig, diese widersprüchlichen Empfindungen zu verstehen. Solange Sie die gemischten Gefühle Ihres Kindes nicht verstehen, werden Sie ihm nicht dabei helfen können, sie auszudrücken und erfolgreich zu verarbeiten, d. h. die Spannung aufzulösen. Auch Sie selbst werden unnötigerweise auf Ihr Kind wütend sein, solange Sie die Konflikte nicht verstehen. Zum Beispiel kommen Kinder nach einem Wochenende beim Vater häufig sehr unruhig und mit einer feindseligen Haltung der Mutter gegenüber zurück. Die Mutter vermutet, daß dies auf die Behandlung durch den Vater zurückzuführen ist, oder, noch schlimmer, sie glaubt, daß er sie dem Kind gegenüber in ein schlechtes Licht gesetzt hat. Das muß nicht unbedingt der Fall sein. Selbst wenn der Vater sich gut um das Kind gekümmert und eine schöne Zeit gemeinsam mit ihm verbracht hat, kann es in einem Zustand der Verstimmung nach Hause zurückkehren. Vielleicht hat die schöne Zeit in ihm die Sehnsucht wieder aufleben lassen, seinen Vater zuhause zu haben, und die Abwesenheit der Mutter könnte es als mangelnde Zuwendung von ihrer Seite empfunden haben.

Dannys Vater nahm seinen Sohn an jedem zweiten Wochenende und für eine Nacht während der Woche zu sich nach Hause. Obwohl der Vater sehr aufmerksam zu ihm war, kehrte Danny immer wieder in einem Zustand großer innerer Unruhe nach Hause zurück; meist konnte er in der darauffolgenden Nacht nicht einschlafen. Seine Mutter ergriff jedesmal die Wut über den Vater, weil sie vermutete, daß er das Kind gegen sie aufstachelte. In Wirklichkeit war dieser achtjährige Junge aufgrund der Berufstätigkeit und anderer Aktivitäten der Mutter täglich so lange von ihr getrennt, daß er bis an seine Grenzen belastet war; er konnte es nicht ertragen, auch das Wochenende ohne die Mutter zu verbringen. Er brauchte diese Zeit, um die in der Woche erlebten Mängel an Zuwendung wieder auszugleichen. Seit dem vierten Lebensjahr hatte er die meisten Wochenenden bei seinem Vater verbracht. Als sie dies änderten, und er ihn nur noch an jedem zweiten Wochenende besuchte, schien Danny sich ein wenig besser zu fühlen. Es fiel der Mutter schwer, seine Empfindungen im Zusammenhang mit diesen Wochenenden beim Vater zu akzeptieren, da sie selbst die Pause dringend benötigte. Die haltende Umarmung hätte ihr helfen können, mit ihren und Dannys Gefühlen umgehen zu lernen.

Ich habe bereits erwähnt, daß das Mutter-Kind-Halten Müttern ebenso zugute kommt wie den Kindern; in der Scheidungssituation ist es für eine Mutter praktisch unerläßlich. Sie brauchen Liebe, Zuwendung und gegenseitige Nähe. Ohne Ehepartner leben Sie in einer Mangelsituation; das

Mutter-Kind-Halten kann hier ausgleichend wirken. In einer Scheidung befinden sich Mütter den Vätern gegenüber im Vorteil, denn sie verfügen in ihren Kindern über eine natürliche Quelle der Liebe und Erfüllung; der Vater verliert diese Quelle, wenn er auszieht.

Es ist sehr wichtig, sich darüber im klaren zu sein, daß Ihr Kind eine Quelle von inniger Nähe und Erfüllung für Sie sein kann. Manche Mütter befürchten, sie könnten ihre Kinder benutzen oder ausnutzen. Meine Arbeit mit Müttern und Kindern hat mich zu der Überzeugung gebracht, daß eine Mutter-Kind-Beziehung immer dann als unvollständig anzusehen ist, wenn die Mutter keine befriedigende Rückmeldung erhält. Eine starke Mutter-Kind-Bindung bringt der Mutter ebenso viel Befriedigung wie dem Kind. Wenn Sie also spüren, daß die Beziehung zu Ihrem Kind Ihnen keine Kraft und keinen Auftrieb gibt, so kann die haltende Umarmung Ihnen helfen.

Vielleicht fragen Sie sich, wie Sie in der Hektik des täglichen Lebens Zeit dafür finden sollen. Wann könnten Sie es überhaupt einrichten, wenn alles andere in Ihrem Leben Vorrang hat? Ich gebe zu, es ist schwierig. Mit Cheryl, einer Mutter von sechs Kindern, habe ich etwas gelernt, das ich nie vergessen werde. Ihr Erfolg unterstreicht die große Wirkung, die selbst ein geringer Einsatz des Mutter-Kind-Haltens mit sich bringt. Als sie mich aufsuchte, klagte sie über Depressionen. Sie lebte von ihrem Mann getrennt, der die Familie nicht im geringsten unterstützte. Sie arbeitete ganztägig und war nicht in der Lage, mit den Belastungen in ihrem zerbrochenen, gestörten Privatleben fertigzuwerden. Als ich ihr das Mutter-Kind-Halten vorstellte und empfahl, war sie sprachlos und fühlte sich hilflos angesichts des Anspruches, Zeit und Motivation zu finden, um sich fünf großen Söhnen und einer Tochter zu widmen. Ich konnte wohl das volle Ausmaß der Belastung, in der sich diese Frau befand, gar nicht richtig einschätzen, und bestand darauf, sie solle versuchen, Zeit zu finden. Zwei Wochen später kehrte Cheryl zu einem weiteren Termin zurück. Sie berichtete strahlend, sie habe, so gut es ging, meinen Rat befolgt, und alles habe sich genauso ergeben, wie ich es vorhergesagt hatte. Nun war ich an der Reihe, sprachlos zu sein. Sie hatte das Mutter-Kind-Halten täglich mit jedem ihrer Kinder zehn Minuten lang durchgeführt. Diese mochten es und achteten streng darauf, daß sie ihre vollen zehn Minuten erhielten und nicht etwa nur acht oder neun. Sie waren nun untereinander hilfsbereit und halfen auch ihr bei der Hausarbeit. Cheryls Depressionen legten sich langsam in dem Maße, in dem sie mehr und mehr eine enge Beziehung zu ihren Kindern aufbaute.

Eine Schwierigkeit besteht darin, daß für Sie als Mutter die notwendige Unterstützung durch den Vater entfällt, wenn dieser nicht mehr da ist, selbst wenn er Ihnen theoretisch noch den Rücken stärkt. Für manche Mütter haben sich als Ersatz für den Vater beim Halten die eigenen Eltern als hilfreich erwiesen. Versuchen Sie, ihre Hilfe in Anspruch zu nehmen, wenn sie in Ihrer Nähe wohnen. Andere Mütter erhalten Hilfe von engen Freundinnen. Manche praktizieren das Mutter-Kind-Halten problemlos ohne weitere Hilfe, da die positiven Ergebnisse die zusätzlichen Schwierigkeiten beim Fehlen jeglicher Unterstützung deutlich aufwiegen. Vergessen Sie auch nicht, daß das lohnende Ergebnis, die Nähe und die Beziehung zu Ihrem Kind, Sie so sehr befriedigen wird, daß sie den Kampf wirklich wert sind. Wenn Sie in einer Scheidung stehen, können Sie keine zusätzlichen Belastungen ertragen. Sie werden entdecken, daß der bloße Vorgang des haltende Umarmens Ihnen seelische Erleichterung verschaffen wird. Er ist für die Mutter ebenso gut wie für das Kind. Die Befreiung, die Ihr Kind erfährt, wird mögliches Fehlverhalten, mit dem Sie sonst zu rechnen hätten, gar nicht erst aufkommen lassen.

Wie wenden Sie die haltende Umarmung mit Scheidungskindern an? Meistens werden Sie es allein durchführen müssen. Sie werden besonders viel Kraft benötigen, wenn ein Kind zum Beispiel sagt, daß es lieber beim Papa wäre. Diese Äußerung ist schon schmerzhaft genug, wenn Sie mit dem Papa glücklich verheiratet sind. Wenn Sie im Scheidungsprozeß stehen, kann sie Sie völlig niederschmettern. Lassen Sie sich diese Warnung bereits eine Hilfe sein. Möglicherweise erwidern Sie, daß Sie bereits wissen, daß Ihr Kind wegen der Scheidung wütend auf Sie ist. Wenn es sieht, daß die schlimmste Form der Ablehnung (zu sagen, es wäre lieber beim Papa als bei Ihnen) Sie nicht aus den Gleisen wirft, wird es sich geborgener fühlen. Auch Sie müssen ihm sagen, was Sie empfinden, wenn es sich so äußert. Sie könnten zum Beispiel sagen: "Wenn du sagst, du wärst lieber beim Papa, werde ich sehr traurig und wütend, und ich fühle mich dann von dir zurückgestoßen." Wenn Sie es ihm mit Weinen oder durch den traurigen Klang Ihrer Stimme deutlich zeigen können, wird es wahrscheinlich versuchen, Sie zu trösten. Wir haben festgestellt, daß Kinder sofort reagieren, wenn ihre Mütter ihnen ihren tiefsten Schmerz oder ihre übergroße Verzweiflung zeigen. Solange die Mutter sich den Anschein gibt, stark zu sein, erweist sich ein Kind als scheinbar unbeteiligt. Wenn die Mutter jedoch kapituliert, ist es sofort bereit, ihr zu helfen.

Mütter sind immer wieder zutiefst darüber erstaunt, welch intensive Reaktion der Ausdruck ihrer wirklichen Gefühle bei ihren Kindern hervorruft. Dies ist für viele Mütter eine neue Erfahrung. Da ihre Verbindung nie so gut war wie sie hätte sein können, sind sie nie auf den Gedanken gekommen, ihre Kinder könnten auch auf *sie* reagieren. Sie haben oft nicht die geringste Ahnung, zu welchem Grad von Gegenseitigkeit es in einer Mutter-Kind-Beziehung kommen kann. Sie sehen es lediglich als ihre Aufgabe an, auf die Bedürfnisse des Kindes zu reagieren, denken aber nicht, daß das Kind auch auf die ihren reagieren sollte. Wieviele Mütter berichten, daß sie in allem, was sie bisher getan haben, immer nur gegeben haben. So sollte es nicht sein! Wenn Sie Ihre Situation so empfinden, dann sollten Sie sofort mit dem haltenden Umarmen beginnen und es so lange fortsetzen, bis Sie das Gefühl haben, daß die Beziehung wirklich auf Gegenseitigkeit beruht.

Gegenseitigkeit, d. h. wechselseitige Abhängigkeit, ist das oberste Ziel. In Ihrer Ehe hat es daran gemangelt; dies war zweifellos ein Hauptgrund für die Scheidung. Sie dachten vielleicht, Selbständigkeit sei das höchste Ziel, haben Ihr Kind in diese Richtung gedrängt und fürchten, daß Ihnen selbst nun nach der Scheidung der Schritt in die Unabhängigkeit nicht richtig gelingen könnte. Bitte vergessen Sie diese Sorgen; sie sind in den meisten Fällen unbegründet. Das viel schwieriger zu erreichende Ziel besteht in einer wechselseitigen Abhängigkeit. Grundsätzlich können Sie niemanden in die Selbständigkeit zwingen. Wenn eine gute Grundlage vorhanden ist, kommt sie von selbst. Wenn Sie zu Ihrem Kind eine enge, befriedigende Beziehung aufbauen, ebnen Sie damit den Weg für harmonische Kontakte zu Menschen, mit denen Ihr Kind in der Zukunft zusammen arbeiten oder leben möchte. Auf diese Weise bewahren Sie es vor den traumatischen Folgen einer Scheidung. Ihr Wohlergehen hängt von dem Ihres Kindes ab und umgekehrt. Eine Redensart besagt, daß eine Mutter immer nur so glücklich ist wie ihr unglücklichstes Kind. Dies mag man nicht verabsolutieren können, aber in meiner klinischen Praxis hat es sich oft als wahr herausgestellt.

Auf alle Fälle wird es für Sie leichter sein, ein Leben als alleinstehende Frau zu führen, wenn Sie das Wohlbefinden Ihres Kindes durch die Anwendung der haltenden Umarmung unterstützen. Sie ersparen sich so das Zusammenleben mit einem gestörten Kind, das sich störend oder gar destruktiv verhält. Sie werden die Kraft verspüren, die aus einer für beide Seiten befriedigenden Beziehung entspringt, und feststellen, daß sich die negativen Auswirkungen auf ihren Beruf und ihr Privatleben verringern.

Unabhängig von den Umständen ist der Schmerz über den Verlust sehr groß. Ich habe sogar Kinder unter der Trennung von einem Elternteil, der sie mißhandelt hatte, leiden sehen. Kinder lieben in der Regel beide Elternteile unabhängig davon, ob sie es verdienen oder nicht, das ist ganz natürlich. Sie müssen sich vor Augen halten, daß Ihr Kind Schmerzen empfindet. Viele Dinge, die für Sie vielleicht mit dem Verlust nichts zu tun haben, lassen die Schmerzen im Kind wieder aufleben. Sie müssen mit diesen seinen ständig wiederkehrenden Gefühlen Geduld haben. Ein ausgezeichneter Augenblick für den Einsatz der haltenden Umarmung ist der Moment, in dem *Sie* Ungeduld empfinden. Kinder zeigen den Grund ihrer Schmerzen meistens während einer Mutter-Kind-Halte-Sitzung. Es ist erstaunlich, zu welch hohem Grad der Verständigung sie fähig sind, wenn ihnen anstatt eines bloßen Gespräches diese Möglichkeit geboten wird.

Der Vater spielt in einer Scheidung eine sehr wichtige Rolle. Wenn Sie als Vater beobachten, wie Ihr Kind aufgrund des Verhaltens und der Reaktionen der Mutter im Zusammenhang mit Scheidung oder Wiederheirat beginnt, sich in eine verkehrte Richtung zu entwickeln, dann fragen Sie sich vielleicht, ob Sie mit der haltenden Umarmung helfend eingreifen könnten. Wenn Sie sich mit Ihrer Ex-Frau gut verstehen, bitten Sie sie darum, dieses Buch zu lesen. Wenn dies nicht möglich ist, könnten Sie vielleicht jemand von Ihren gemeinsamen Bekannten oder den Verwandten darum bitten, es ihr zu geben. Darüber hinaus können Sie auch dazu beitragen, Ihre Ex-Frau in ihren Aufgaben als Mutter zu unterstützen.

Charles ist ein gutes Beispiel für einen Vater, der seiner Tochter hilft, indem er ihrer Mutter alle denkbare Unterstützung zukommen läßt. Er nimmt das Kind zu sich, wann immer die Mutter Hilfe benötigt, und zahlt so viel Unterhalt, wie es ihm eben möglich ist, um seiner Ex-Frau das Leben zu erleichtern. Er zeigt sich in den Problemen mit dem schwermütigen Kind sehr einfühlsam und steht in engem Kontakt zur Schule. Er pflegt eine sehr feste Bindung zu seiner Tochter, wendet das Vater-Kind-Halten mit ihr an und nutzt die Zeiten des Zusammenseins mit ihr sinnvoll, wobei er ihr seine volle Aufmerksamkeit schenkt. Er plant gemeinsame Unternehmungen, an denen seine Tochter Freude hat, und bestärkt sie in ihren schulischen und sportlichen Fähigkeiten. Er setzt ihrem Verhalten Grenzen, so daß sie sich unter der Kontrolle geborgen fühlen kann, und im Vater-Kind-Halten bietet er ihr ein Ventil für ihre Gefühle. Er gibt ihr viel körperliche Zuwendung. Trotz allem kann er dadurch die gestörte Beziehung zwischen Mutter und Kind nicht ausgleichen, bietet jedoch so viel Stabilität, Geborgenheit und innige Nähe, wie es ihm unter den schwierigen Bedingungen möglich ist. Seine Tochter erlebt in ihm ein Vorbild guter Elternschaft; dies wird ihr später eine Hilfe sein, wenn sie selbst einmal Mutter ist. Möglicherweise ist sie als Erwachsene dann in der Lage, einen Ehemann zu finden, der sie wie ihr Vater lieben und ihr Sicherheit und Geborgenheit schenken kann. Trotz der Schwierigkeiten macht Charles der Einsatz für seine kleine Tochter viel Freude. Dies führt dazu, daß das Kind zu einer guten Beziehung mit der Mutter findet; auch sie fühlt sich aufgrund des väterlichen Einsatzes besser. Mütter versorgen ihre Kinder besser, wenn Menschen, insbesondere Väter und Großeltern, sich für ihr Kind interessieren. Dieser Vater verhält sich zurückhaltend und taktvoll, so daß die Mutter sich nicht bedroht fühlt; sie könnte ansonsten versuchen, den Kontakt einzuschränken. Selbst wenn sie dies unterließe, könnte es zu einem ständigen Kampf kommen, der negative Folgen für das Kind mit sich bringen würde.

Wenn ein oder beide geschiedenen Elternteile dieses System praktizieren, werden die Folgen des Abbruchs der Bindung so gering wie möglich gehalten. Trotz aller widrigen Umstände hilft es Ihnen, eine innige, wechselseitig befriedigende Beziehung zu Ihrem Kind aufzubauen und aufrechtzuerhalten; dadurch wird für positive Beziehungen mit anderen Menschen in Gegenwart und Zukunft der Weg gebahnt. Das Mutter- (bzw. Vater-)Kind-Halten schützt vor den verheerenden Folgen einer Scheidung.

13. Die depressive Mutter und das bedrückte Kind

So schützen Sie Ihr Kind vor Ihrer (Ver-)Stimmung

Die meisten Mütter erleben hin und wieder Gefühle von Depressionen. Depressionen werden in der Regel durch Trennungsschmerzen ausgelöst. Bei dem Verlust kann es sich um ein konkretes Ereignis handeln, zum Beispiel den Tod eines geliebten Menschen, oder um den Verlust von Liebe, wenn jemand, der Ihnen viel bedeutet, sich im Zorn von Ihnen zurückzieht, oder wenn eine vorübergehende Trennung notwendig wird, zum Beispiel durch einen kurzfristigen beruflichen Einsatz des Ehemannes in einer anderen Stadt. Es kann sich auch um einen relativen Verlust an Liebe und Zuwendung handeln, zum Beispiel bei der Geburt eines weiteren Babys. Die Depressionen mancher Frauen beginnen im Laufe ihrer Kindheit und treten wieder auf, wenn sie Mütter werden.

Mütter, die unter Depressionen leiden, sind nur teilweise in der Lage, ihren Aufgaben nachzukommen; sie fühlen sich einfach dazu nicht fähig und ziehen sich häufig in sich selbst zurück. Manchmal kommt Schlaflosigkeit hinzu, wobei Mütter dann noch unter den zusätzlichen Folgen des Schlafmangels leiden, wie Erregbarkeit, Überempfindlichkeit und Ungeduld; diese wirken sich bei der Erfüllung der Mutteraufgaben als erschwerend aus. Manche Menschen reagieren auf Depressionen mit einem erhöhten Schlafbedürfnis. Dies bringt besondere Probleme für Kinder mit sich, da die Mütter weniger verfügbar sind.

Kinder reagieren sehr sensibel auf den Gemütszustand ihrer Mütter. Wenn Mama Depressionen hat, versuchen sie, sie aufzumuntern. Es ist jedoch sehr schwer, einem depressiven Menschen aus seinem Gemütszustand herauszuhelfen. Folglich erleidet das Kind nicht nur einen Verlust und einen Mangel an Zuwendung, sondern erlebt auch seine Hilflosigkeit und Unzulänglichkeit in diesem Bereich. Es kann die seiner Mutter gegenüber empfundene Wut nicht rechtfertigen, und dennoch bleiben seine Bedürfnisse ungestillt. Seine Wut richtet sich dann gegen sich selbst, und es kann selbst auch depressiv werden. Es ist auch möglich, daß es sich mit der Mutter identifiziert und deswegen unter Depressionen zu leiden beginnt. Das Kind lernt so am Beispiel der Mutter, depressiv zu werden.

Das extremste mir bekannte Beispiel eines Kindes, das die Lebensweise eines Elternteils übernommen hat, ist ein kleiner Junge namens Billy. Billys Eltern waren blind. Niemand machte sich besondere Gedanken, als auch bei ihm Blindheit festgestellt wurde. Seine Eltern versorgten ihn bestens, und er entwickelte sich so gut, daß er einen normalen Kindergarten besuchen konnte, wo er mit den sehenden Kindern gut zurechtkam. Eines Tages standen einige Feuerwehrautos vor dem Gebäude. Der kleine Johnny sagte: "Billy, komm schnell, du mußt die Feuerwehrautos ansehen!" Die Kindergärtnerin ging zu Johnny, um ihm zu erklären, daß Billy blind sei, und was das für ihn bedeutete. "Oh nein, Fräulein, Billy ist nicht blind. Er kann bloß seine Augen nicht richtig benutzen." Es stellte sich heraus, daß Johnny recht hatte. Billys Sehvermögen war einwandfrei. Er hatte lediglich gelernt, zu leben, ohne seine Augen zu benutzen, weil er seine Eltern so vollständig nachahmte. Die Moral dieser Geschichte lautet: Überdenken Sie Ihr Verhalten, denn Ihre Kinder werden Sie mit Sicherheit nachahmen.

Die haltende Umarmung kann ein Kind vor den Folgen bewahren, die sich einstellen, wenn seine Mutter unter Depressionen leidet; es hilft ihm dabei, eine Beziehung zu ihr aufzubauen. Zumindest während dieses ganz besonderen Zusammenseins leidet das Kind nicht unter dem Verlust seiner Mutter; in der Phase der vollständigen Auflösung der Spannung spürt es eine tiefe Verbindung zu ihr. Darüber hinaus verhindert die haltende Umarmung das Aufkommen von Minderwertigkeitsgefühlen, indem es dem Kind ein Ventil für alle seine Empfindungen zur Verfügung stellt. Wenn eine Mutter es bis zur vollständigen Auflösung der Spannung durchhält, spürt das Kind, daß es mit seinen Gefühlen akzeptiert wird. Es wertet sich nicht selbst ab, denn es braucht ja seine Empfindungen nicht zu verleugnen oder zu unterdrücken.

Ein solches Kind empfindet sich nicht als hilflos, denn ihm steht eine Möglichkeit zur Verfügung, mit der Mutter in Kontakt zu kommen. Es wird sich im Gegenteil sehr gut fühlen, denn der enge Kontakt verbessert den Zustand seiner Mutter. Er stellt eine sehr zuverlässige und konstruktive Möglichkeit für den Ausdruck von Wut bereit. Wenn Wut in konstruktive Bahnen gelenkt wird, richtet sie sich nicht mehr gegen sich selbst. Hierbei spielt die Ursache der Wut nur eine untergeordnete Rolle. Die Mutter kann ihre Wut und Trauer während des Mutter-Kind-Haltens zum Ausdruck bringen. Dies mag auf den ersten Blick dem Kind gegenüber unfair scheinen; dieses fühlt sich jedoch befreit, wenn es entdeckt, daß die Ursache der mütterlichen Depressionen nicht in ihm liegt.

Entscheidend für die Mutter ist, daß das Mutter-Kind-Halten ihr ermöglicht, eine tiefe und befriedigende Bindung zu ihrem Kind herzustellen. Eine tiefe Bindung zu einem einzigen Menschen genügt, um jemanden im Innersten zu beruhigen und das Leben lebenswert zu machen. Die Freude einer Mutter darüber, daß sie eine Beziehung zu ihrem Kind aufzubauen in der Lage ist, wird ihr zur Quelle höheren Selbstwertgefühls. Dieses führt dazu, daß sie ihren Aufgaben besser nachkommen kann, was eine weitere Erhöhung ihres Selbstwertgefühls zur Folge hat. Vielleicht erfährt sie auch positive Reaktionen von anderen Menschen, weil sie ein glückliches, gut entwickeltes Kind hat, das in der Lage ist, andere zu lieben.

Pam, eine fünfunddreißigjährige Mutter zweier Töchter im Alter von vier Monaten und zwei Jahren, suchte mich auf, da ihr Mann wegen ihrer Unfähigkeit, sich um den Haushalt zu kümmern, in höchstem Maße verärgert war. Sie klagte nicht über Depressionen, aber sie war in der Tat sehr depressiv, was jedermann leicht auffiel. Sie berichtete, daß sie während ihrer Schwangerschaft sehr einsam war, ohne sich dessen bewußt gewesen zu sein. Nachdem sie nach der Geburt nach Hause zurückgekehrt war, schien die Situation sich nicht zu verbessern. Sie war verzweifelt und total erschöpft. Sie beschrieb das Gefühl als einen Alptraum, aus dem sie nie wieder erwachen würde. Die Zweijährige führte auf tyrannische Weise wütend das Zepter im Haus. Ihr Mann war mit seinem beruflichen Wechsel beschäftigt. Das neue Baby reagierte nicht auf sie. Pam fühlte, daß sie nicht mehr in der Lage war, sich unter Kontrolle zu halten. Sie bekam mit jedermann Schwierigkeiten. Das haltende Umarmen bewahrte sie und ihre Familie schließlich vor den Folgen ihrer Depressionen. Sie sagte: "Das Mutter-Kind-Halten hat mein ganzes Leben umgekrempelt. Es hat nicht nur aus meinem Baby ein kontaktfreudiges und liebevolles Kind gemacht, sondern es hat auch meine ältere Tochter gerettet, indem es ihr ein Ventil für ihre Gefühle zur Verfügung stellte. Sie will und kann mir alles sagen, und ich akzeptiere sie so, wie sie ist. Sie vertraut mir und hat sich wahrscheinlich zum ersten Mal wirklich an mich gebunden. Das Mutter-Kind-Halten erfordert ein außerordentliches Maß an Energie und Durchhaltevermögen. Es ist nichts für Faule oder solche, die keine Verantwortung übernehmen wollen. Tatsache aber ist, daß es wirklich hilft. Alle Familienmitglieder stehen in Berührung miteinander. Ich habe gelernt, mir selbst zuzugestehen, meine Gefühle auf nie gekannte Weise zu erleben. Das Mutter-Kind-Halten ist nun ein ganz selbstverständlicher, natürlicher Bestandteil meines Lebens."

Stellen Sie sich vor, was Sie empfunden und was Sie während der Ablehnungsphase gesagt hätten, wenn Sie von Ihren Eltern gehalten worden wären. Was hätten sie Ihnen erwidert? Stellen Sie sich selbst in der haltenden Umarmung in den Armen Ihrer Eltern vor, in allen drei Phasen. Dies wird Ihnen die Dinge vor Augen führen, die aufgrund der damals nicht aufgearbeiteten Gefühle heute zwischen Ihnen und Ihren Empfindungen stehen. Das Bewußtsein darum kann Ihnen in der Begegnung mit diesen für Sie so wichtigen Menschen helfen. Anstatt unwillkürlich zu reagieren, werden Sie besser in der Lage sein, sich so zu verhalten, wie Sie es selbst wollen. Sie werden feststellen, daß Sie Begegnungssituationen besser gewachsen sind und somit auch Ihr Leben überhaupt besser in die Hand nehmen können. Die Gefühle der Hilflosigkeit, die zu Ihren Depressionen gehörten, verwandeln sich in Gefühle der Stärke, wenn auch nur im Hinblick auf Sie selbst. Wenn Sie aber sich selbst unter Kontrolle haben, können Sie auch andere Menschen eher in Ihrem Sinne beeinflussen.

So sagte Jean, eine depressive Mutter von drei Kindern, nachdem mit Hilfe des Mutter-Kind-Haltens ihre Depressionen zurückgegangen waren: "Das Mutter-Kind-Halten nimmt die Betonung von mir selbst und läßt mich merken, daß ich für andere verantwortlich bin. Nicht alle von uns erkennen die eigene Depression. Als ich sah, wie depressiv ich war, bemerkte ich, daß ich mich mein ganzes Leben lang schon so gefühlt hatte. Ich hatte immer gedacht, die Beziehung zu meiner Mutter sei so gut gewesen, daß sie nicht besser hätte sein können. Aber es war nicht genug, sich gegenseitig zu lieben. Das Mutter-Kind-Halten mit meinen Töchtern versetzte mich in die Lage, meine Mutter um das zu bitten, was ich heute von ihr brauche. Dafür kann ich auch mehr auf ihre Wünsche und Bedürfnisse eingehen. Ich merke nun, wie wichtig ich bin. Und ich weiß, worauf ich in den Beziehungen zu meinen Töchtern achten muß."

Auch Sie können entdecken, daß eine bessere Beziehung zu den Menschen, die Ihnen wichtig sind, dazu führt, daß Ihre Bedürfnisse besser gestillt werden. Ihre Gefühle der Isolation und Einsamkeit verwandeln sich in Gefühle der Nähe zu den von Ihnen geliebten Menschen. Aufgrund der größeren Befriedigung nehmen Ihre Depressionen mit der daraus resultierenden Handlungsunfähigkeit ab und machen dem Wunsch und der Fähigkeit Platz, Dinge erfolgreich in die Hand zu nehmen. Gefühle inniger Nähe zu einem geliebten Menschen gleichen einem Motor, der den Willen, etwas innerhalb der eigenen Fähigkeiten zu schaffen, in Bewegung setzt, sei es als Eltern, als Arbeitnehmer, als Freund oder nur in einem Hobby. Es ist in diesem Zusammenhang sehr wichtig, sich daran zu erinnern, welch große Rolle das Spiel in unserem Leben spielt. Depressive Menschen meinen oft, das Erlebnis froher Stunden oder das Zusammensein mit lieben Menschen nicht zu verdienen. Es ist nützlich, regelmäßig einem Hobby oder einer anderen Beschäftigung nachzugehen, die Freude bringt. Ob Sie sie nun am Anfang mögen oder nicht – wenn Sie erst einmal beginnen, werden Sie bestimmt sehen, daß es Ihnen Spaß macht. Wenn Sie es mit einem Ihrer Kinder gemeinsam ausüben, vergrößern Sie damit die Freude an der Beschäftigung und die Möglichkeit, zu einer engen Beziehung zu gelangen.

Wir wollen uns nun der Depression bei Kindern zuwenden. Früher war man der Meinung, daß Depressionen bei Kindern nicht in der Form auftreten, wie es bei Erwachsenen geschieht. Heutzutage jedoch werden sie im Kindesalter erkannt und verstanden, besonders als Reaktion auf Situationen und Lebensereignisse, die in die kindliche Entwicklung störend eingreifen.

Kindliche Depressionen findet man zum Beispiel häufig bei Geschwistern von Kindern, die unter schwierigen Problemen litten, die ein hohes

Maß an Aufmerksamkeit seitens der Eltern erforderten. Unabhängig davon, wieviel den Eltern das gesunde Kind am Herzen liegt, verlangen die Umstände, daß sie sich dem Kind widmen, das unter den Problemen leidet. Das gesunde Kind leidet unter dem verminderten Angebot an Aufmerksamkeit und der Hilflosigkeit darüber, daß es die Situation nicht verändern kann. Solche Kinder entwickeln mitunter Anzeichen körperlicher Störungen als ein Mittel, die Aufmerksamkeit auf sich zu ziehen. Sie klagen häufiger über psychosomatische Beschwerden oder haben Schwierigkeiten in der Schule. Die haltende Umarmung trägt sehr dazu bei, diese Kinder aus ihren Depressionen herauszuführen. Es gibt ihnen in konzentrierter Form die Aufmerksamkeit, die sie ihrem Empfinden nach vermissen, bietet ihnen ein gesundes Ventil für ihre Gefühle und bringt sie in ein enges Verhältnis zu ihren Eltern.

Kinder aus unglücklichen Ehen leiden oft unter Depressionen, da ihre Bindung an die Eltern nicht durch eine gute Mutter-Vater-Bindung gestützt wird. In der Regel besteht ein Defizit in der Bindung an die Mutter, die selbst unter ihrem unglücklichen Gemütszustand leidet. Dem Vater fällt es oft schwer, den Kontakt zu einem Kind aufrechtzuerhalten, wenn er sich mit der Mutter nicht gut versteht.

Depressionen findet man häufig bei Scheidungskindern; auch findet man sie oft bei Kindern mit Lernschwierigkeiten oder anderen Behinderungen. Kinder, die einen Elternteil oder Geschwister verlieren, werden unweigerlich depressiv.

Dennoch sind Mütter, deren eigene Depressionen die Bindung an das Kind belasten, die häufigste Ursache für Depressionen im Kindesalter. Diese Kinder leiden unter einem teilweisen Verlust ihrer Mutter; sie haben einen depressiven Menschen in einer für sie sehr wichtigen Rolle zum Vorbild. Durch das Halten können Sie dazu beitragen, dieser Situation vorzubeugen.

Mit Hilfe der haltenden Umarmung können Kinder davor bewahrt werden, eine depressive Lebensweise zu erlernen; außerdem verringert es die negative Wirkung der mütterlichen Depressionen, da es zur Festigung der Mutter-Kind-Bindung beiträgt. Es schützt Ihr Kind vor Depressionen, hebt Ihren Gemütszustand und macht die Beziehung für Sie beide erfreulicher.

14. Die Konkurrenzkämpfe zwischen Geschwistern und die aufgeregte Mutter

So schaffen Sie eine harmonische Atmosphäre bei sich zuhause

Fragen Sie sich häufig, warum Ihre Kinder viel besser zurechtkommen, wenn Sie nicht in ihrer Nähe sind? In den meisten Familien herrscht ein gewisses Maß an aggressivem Zank und Streit, ein wenig Klatsch und Tratsch und ein gewisser Konkurrenzdruck unter den Geschwistern. Diese Rivalitäten können sich als einer der schwierigsten und unerfreulichsten Aspekte von Elternschaft herausstellen.

Um eine Lösung für das Problem der Geschwisterrivalitäten zu finden, müssen Sie sich darüber im klaren sein, daß Ihre Kinder sich mit Ihnen zu messen versuchen, weil Bedürfnisse nicht gestillt worden sind, und daß die Befriedigung der Bedürfnisse in der Regel den Hang zum Streiten abbaut. Diejenigen von Ihnen, die ein gewisses Konkurrenzdenken unter den Kindern feststellen, haben keinen Grund zur Sorge; ein gesundes Konkurrenzverhalten ist nicht mit Geschwisterrivalitäten zu verwechseln. Letztere nehmen manche Kinder so in Anspruch, daß sie nicht in der Lage sind, ihre Energien in einen gesunden Wettstreit einzubringen. Wenn ein Kind zum Beispiel meint, ein anderes werde bevorzugt, hat es in der Regel ein geringeres Selbstwertgefühl. Die wichtigste Voraussetzung für erfolgreichen Tatendrang ist jedoch ein hohes Selbstwertgefühl. In dem Ausmaß, in dem Sie das Problem der Rivalität zwischen Ihren Kindern lösen, setzen Sie ihre Energie für konstruktive Zwecke frei. Wenn Ihr Sohn Basketball spielt, um zu sehen, wer die meisten Punkte gewinnt, und sich dabei wild, aber freudig mit den anderen mißt und das Spiel genießt, dann wissen Sie, es handelt sich um einen gesunden Wettstreit. Wenn Sie aber wütende Schreie hören wie: "Du hast gemogelt! Hör auf!" "Nein, du hast mich gefoult!" "Mama, Bill spielt nicht fair!" – dann wissen Sie, daß diese Jungen nicht richtig miteinander harmonieren. Sicher wollen Sie nicht dabei sein, wenn sie auf diese Weise Basketball spielen; jeder fühlt sich von jedem entfremdet.

Der wichtigste Lösungsansatz besteht in der Hilfe für das Kind beim Aufbau seines Selbstwertgefühls durch ausreichende Liebe und Zuwendung. Wenn Sie mehr als ein Kind haben, ist es schwierig, jedem genug davon zu geben. Eltern lieben ihre Kinder. Die meisten Eltern kümmern sich auch in irgendeiner Form um sie; oft sind Art und Umfang der

Zuwendung jedoch unzulänglich. Wenn das Bedürfnis eines Kindes nicht gestillt wird, fühlt es sich verletzt und wütend. Die persönlichen Empfindungen äußern sich in Form von Fehlverhalten, oft einem Geschwister gegenüber. Die haltende Umarmung bietet bei Verstimmungen ein besseres Ventil als jegliche Form von Fehlverhalten. Das Kind darf sich beklagen und seine Wut hinauslassen. Die Mutter hat die Möglichkeit, ihre Verzweiflung über das Fehlverhalten und ihren Schmerz über das dauernde Gezänk und die ständigen Aggressionen zum Ausdruck zu bringen. Sie fühlt sich dann eher in der Lage, die Empfindungen des Kindes zu akzeptieren. Es ist für Eltern sehr wichtig, die Wut des Kindes einem Geschwister gegenüber anzuerkennen, auch wenn es in der Hitze des Augenblicks nicht leicht ist. Hier ist es während der haltenden Umarmung einfacher, Ihr Mißfallen am Fehlverhalten des Kindes von der Annahme seiner Gefühle zu trennen, da es in Ihren Armen geborgen liegt und seine Aggressionen nicht in Handlung umsetzt.

Als Tommy, ein Junge im Alter von etwa zwei Jahren, seine kleine Schwester körperlich angriff, mußte die Mutter in das gefährliche Geschehen sofort eingreifen; diese Reaktion war emotional und unmittelbar; für die Gefühle des Kleinkindes konnte sich die Mutter in diesem Augenblick keine Zeit nehmen. Als sie aber das Baby an einen sicheren Ort gebracht hatte und den Jungen dann in ihren Armen fest an sich drückte, konnte sie die Gefühle offen zum Ausdruck bringen, etwa so: "Tommy, ich weiß, daß du auf Leelee böse bist. Du mußt warten, bis sie gefüttert oder gewindelt oder in den Schlaf gewiegt worden ist. Es muß sehr schwer für dich sein zu warten. Du brauchst mehr Zuwendung von mir." Tommy kämpfte und weinte. Seine Mutter sagte ihm, wie sehr es sie ärgert, wenn er das Baby schlägt. Sie erklärte ihm, warum sie ihm das nicht erlauben kann, aber daß sie ihn sehr lieb hat, unabhängig davon, was geschieht. Als er sich zu beruhigen begann, fing das Baby an zu weinen und nach der Mutter zu verlangen. Diese sagte: "Leelee muß ein bißchen warten, solange ich mit Tommy schmuse." Tommy lächelte durch seine Tränen hindurch und begann, sich an seine Mutter zu schmiegen, die Witze darüber machte, daß Leelee ein kleiner Vielfraß sei. Tom lachte, beruhigte sich in den Armen seiner Mutter und nutzte seine Chance, ihre Aufmerksamkeit ungeteilt für sich allein zu haben, voll aus. Dann sagte er: "Tommy ist Mamas kleiner Vielfraß." Daraufhin war er für den Rest des Tages in der Lage, sich spontan besser mitzuteilen, gefährliche und aggressive Handlungen zu unterlassen und Unzufriedenheit oder Traurigkeit in Worten auszudrükken. Die Botschaft, die seine Mutter ihm übermittelte, lautete: "Ich habe dich immer lieb. Ich verstehe deine Gefühle. Du kannst sie mir sagen, aber du darfst dem Baby nicht wehtun. Stattdessen können wir uns wieder liebhalten, so wie heute. Ich werde versuchen, mich mehr um dich zu kümmern." Dieses Vorgehen ist etwas ganz anderes als Tommy lediglich davon abzuhalten, das Baby zu verletzen. Der notwendige strenge Eingriff als solcher verringert das Selbstwertgefühl des Kindes, ohne die Verständigung zu verbessern, wenn das Bedürfnis nach Zuwendung an erster Stelle der Auslöser für das Fehlverhalten war. Die haltende Umarmung gewährleistet einen angemessenen Kontakt und setzt gleichzeitig dem Verhalten Grenzen.

Manchmal äußern sich Geschwisterrivalitäten auf indirekte Weise. Ned war ein scheinbar glücklicher, gut angepaßter dreijähriger Junge, bis sein kleiner Bruder geboren wurde. Obwohl er die Hoffnung äußerte, daß das Baby nicht lange bei ihnen bleiben würde, akzeptierte er es und versuchte, es zu beschützen. Als das Baby zum Beispiel eines Tages weinte, nahm Ned es auf und brachte es seiner Mutter. Gleichzeitig erwies er sich den Eltern gegenüber als extrem aggressiv. Bei Ned schien sich die Wut auf eine akzeptablere Weise zu äußern als bei Tommy, der ja das Baby angriff, aber seine Eltern waren ebenso verstimmt darüber. Die Mutter begann, regelmäßig mit Ned das Mutter-Kind-Halten anzuwenden. Nach einigen Wochen begann Ned, anstatt aggressiv zu werden, nun selbst um das Mutter-Kind-Halten zu bitten, wenn er sich ärgerte.

Im Gegensatz zu manchmal geäußerten Ratschlägen ist es wichtig, Streit, Klatsch und aggressives Verhalten nicht zu ignorieren. Diese sind nicht nur beabsichtigt, um bestimmte Ziele zu erreichen, sondern es handelt sich dabei um Symptome von ungestillten Bedürfnissen nach Liebe und Zuwendung. Es sind keine nützlichen Übungen zur Konfliktlösung, sondern Signale von Kindern, die sich nicht mehr unter Kontrolle haben. Sie sind Ursache und Auswirkung von geringem Selbstwertgefühl.

Neben der Anwendung des Haltens ist es hilfreich, Regeln und Ordnungen aufzustellen. Hierbei können sogar sehr junge Kinder mitwirken, wie auch bei der Erstellung einer Liste vernünftiger Maßnahmen für den Fall von Übertretungen. Das Aufstellen von Regeln allein bewirkt jedoch noch keine Verhaltenskontrolle; wenn Ihre Kinder aber zu Ihnen in einer guten Beziehung stehen, werden sie sich gern an die Regeln halten, um Ihnen eine Freude zu machen. Im Laufe ihrer Entwicklung werden sie diese Regeln verinnerlichen und als ihre eigenen betrachten. Ohne eine gute Verbindung zu Ihnen werden sie jedoch nicht den inneren Antrieb verspüren, sich an die Regeln zu halten. Keine Bestrafung kann so erfolgreich abschrecken wie Liebe und Zuwendung motivieren können. Mit Hilfe der haltenden Umarmung können Sie eine gute Bindung herstellen.

Eltern versuchen oft, jedem Kind ein gleich großes Stück des Kuchens zu geben. Damit begehen sie einen Fehler. Sie sollten jedem Kind das geben, was es wirklich braucht. Wenn Johnny ein Paar Stiefel bekommt, während sein Bruder Jimmy keine benötigt, dann kaufen Sie Jimmy weder Stiefel noch etwas anderes. Wenn er sich beschwert, sollten Sie wissen, daß er mehr Zuwendung von Ihnen benötigt, nicht aber ein Paar Stiefel. Wenn Julie krank ist und man sich besonders um sie kümmert, sollten Sie ihrem Bruder Bobby durch die Anwendung der haltenden Umarmung helfen, mit den Gefühlen fertigzuwerden, die in ihm aufkommen, weil seine Mutter sich ihm aufgrund der Krankheit seiner Schwester weniger zuwendet. Möglicherweise können Sie ihm nicht das gleiche Maß an Aufmerksamkeit zukommen lassen, aber Sie können ihm zuhören sowie Verständnis und Mitgefühl für seine Empfindungen zeigen. Wenn Sie diese akzeptieren, wird er sich nicht ungerecht behandelt vorkommen, und er wird Ihnen sogar dabei helfen, sich um Julie zu kümmern.

Als angenehme Folge werden Sie eine nicht gekannte Harmonie in Ihrer Familie erleben. Zank und Streit zwischen Geschwistern gehören zu den nervenaufreibendsten Situationen, die man als Eltern erleben kann; das Halten wird Sie vor solchen Aufregungen bewahren.

Wenn Sie ein Kind bevorzugen, werden sich beide Kinder bedroht fühlen. Das zurückgesetzte Kind wird ohne Frage in seinem Selbstwertgefühl negativ berührt, da es sich weniger geliebt und geschätzt fühlt. Das bevorzugte Kind ist aber ebenso verletzt, denn es macht sich Gedanken darum, wie es sich Ihre Liebe erhalten kann. Wenn Sie es bevorzugen, sieht das in seinen Augen so aus, als ob Sie nicht genug Liebe für beide hätten. Auch fühlen sich bevorzugte Kinder unter dem Druck, sich besonders gut zu verhalten, um die ihnen entgegengebrachte Liebe nicht zu verlieren. Sie fühlen sich nicht um ihrer selbst willen angenommen, sondern wegen der Leistungen, die sie erbringen können. Sie möchten die bedingungslose Liebe ebenso sehr wie das Geschwisterkind. Wenn Sie ein Kind bevorzugen, ist dies ein Zeichen für den Mangel an Bindung zu dem anderen Kind. Das haltende Umarmen wird Ihnen helfen, die Verbindung zu beiden zu festigen, und Sie werden in der Lage sein, sie individuell zu schätzen und zu loben.

Kinder stellen oftmals selbst schnell Vergleiche an und erinnern Sie an jede vermeintliche ungleiche Behandlung. Eltern begeben sich in eine unhaltbare Situation, wenn sie versuchen, alles allen immer gleichzumachen. Es ist unmöglich, Zuwendung oder materielle Dinge immer in gleichem Umfang zu geben. Es ist besser, den Bedürfnissen eines jeden Kindes individuell zu begegnen. Jane, ein ausgeglichenes achtjähriges Mädchen, bat ebenfalls um einen neuen Mantel, als ihre Schwester einen bekam. Die Mutter gab ihr zur Antwort: "Jane, ich kaufe dir einen neuen Mantel, wenn du aus deinem blauen herausgewachsen bist." Jane wußte, daß sie keinen neuen Mantel benötigte, und war mit der Antwort rundum zufrieden.

Die sechsjährige Annie bat um ein neues Kleid, als ihre Schwester eins bekam. Als ihre Mutter erwiderte, daß sie keins brauchte, begann Annie zu schreien. Keine Erklärung konnte sie zufriedenstellen. Sie weinte und schrie auf dem ganzen Heimweg, und ihr Geschrei weitete sich zu einem Wutanfall aus. Aus lauter Verzweiflung begann die Mutter, das Mutter-Kind-Halten mit ihr anzuwenden. Dabei kamen ihre Gefühle um die eigene Wertlosigkeit zum Vorschein, und sie beschwerte sich darüber, daß ihre Mutter ihrer Meinung nach die zwölf Jahre alte Schwester bevorzugte, weil sie ihr in der letzten Zeit so viel neue Kleidung kaufte. Die Mutter erläuterte, daß Susie einen Wachstumsschub durchmachte, und daß ihr deswegen die alten Kleidungsstücke nicht mehr paßten. Sie versicherte Annie, wie sehr sie sie und auch ihre Schwester lieb hatte. Sie sagte ihr, wie verletzt und traurig sie darüber sei, Annies Verstimmung zu hören; sie weinte sogar ein bißchen. Sie umarmten sich und schauten einander in die Augen. Annie sagte: "Danke, daß du meine Wut ausgehalten hast. Mama, ich habe dich lieb." Während der Sitzung bemerkte die Mutter, daß sie sich nicht wie sonst um Annie gekümmert hatte, da Susie zusätzliche Aufmerksamkeit benötigte. Sie versprach, sich für Annie zusätzlich Zeit zu nehmen. Es war klar, daß das Kleid nicht der entscheidende Punkt gewesen war, sondern nur ein Auslöser.

Kinder mit behinderten Geschwistern verdienen es, besonders erwähnt zu werden. Eltern können sich noch so sehr bemühen, das nichtbehinderte Kind vor ablehnenden Gefühlen zu bewahren; es wird immer auf irgendeine Weise zu leiden haben. Das behinderte Kind erfordert einfach mehr Aufmerksamkeit. Es ist dem nichtbehinderten Kind unmöglich, Gefühle der Eifersucht auf die zusätzliche Versorgung des Geschwisters, der Wut über eigene ungestillte Bedürfnisse und der Schuld wegen eben dieser Empfindungen gänzlich auszuschließen. Eltern können hier helfend eingreifen, indem sie diese Gefühle verstehen und besprechen und dem Kind zeigen, daß es trotz dieser Empfindungen angenommen und geliebt wird. Natürlich darf das Kind seine Wut und Eifersucht nicht in entsprechendes

Verhalten umsetzen. Gefühle können jederzeit besprochen und im Rahmen der haltenden Umarmung besonders aufgearbeitet werden. Auch dem behinderten Kind kann geholfen werden, mit seinen Gefühlen umzugehen: mit seiner Eifersucht auf das nichtbehinderte Geschwister, weil es normal ist, der Wut über seine eigene Hilflosigkeit, und den Schuldgefühlen wegen seiner negativen Empfindungen und der Tatsache, daß es so viel Mühe verursacht. Eltern können ihren Kindern kein besseres Geschenk machen als die Geborgenheit, die ein Kind empfindet, wenn es sich mit all seinen Empfindungen geliebt und angenommen fühlt.

Kinder mit einem besonders begabten Geschwister haben auch mit besonderen Schwierigkeiten zu kämpfen. Ein Problem ergibt sich, wenn Geschwister unterschiedliche sportliche oder geistige Begabungen aufweisen, oder wenn ein Kind vom körperlichen Aussehen her attraktiver ist als das andere. Kleine Jungen mit hochgewachsenen Schwestern haben oft mit besonderen Schwierigkeiten zu kämpfen, ebenso Kinder, deren jüngere Geschwister größer oder intelligenter sind als sie. Eltern können einen Teil dieser Verstimmungen bei ihren Kindern auffangen, wenn sie eine enge, befriedigende Beziehung zu ihnen haben. Kinder entwickeln ein hohes Selbstwertgefühl, wenn sie sich bedingungslos geliebt wissen. Sie legen dann großen Wert auf zwischenmenschliche Beziehungen, und aus dieser Fähigkeit erwachsen ihr Selbstvertrauen und ihre Freude am Leben. Man muß nicht außergewöhnlich begabt sein, um Beziehungen mit anderen Menschen eingehen zu können. In der Tat haben hochbegabte Kinder oft mehr Schwierigkeiten damit, weil sie empfindsamer sind und von mehr Reizen überflutet werden. Wenn Sie ein hochbegabtes Kind haben, müssen Sie eine enge und wirksame Bindung zu ihm unterhalten, um es vor der Überempfindlichkeit zu schützen. Die haltende Umarmung hilft hier sowohl dem normalen Kind als auch dem hochbegabten Geschwister.

Zwillinge befinden sich in einem besonderen Dilemma, da es schwierig ist, beiden Babys gleichzeitig Sorge und Aufmerksamkeit in angemessener Weise zukommen zu lassen. Wenn Sie sich dieser Schwierigkeiten bewußt sind, können Sie daran arbeiten, sie zu beseitigen. Das haltende Umarmen spielt eine lebensrettende Rolle, denn es ermöglicht auf schnellerem Wege die Schaffung einer engen Bindung, was bei Zwillingen unbedingt erforderlich ist. Es ist ein Trugschluß zu glauben, Zwillinge könnten gegenseitig auf sich aufpassen. Lassen Sie sich nicht darauf ein! Oft nehmen sie die Eltern weniger in Anspruch, weil sie sich miteinander beschäftigen. Versuchen Sie, jedem Kind so viel ungeteilte Aufmerksamkeit wie möglich zukommen zu lassen. Versuchen Sie, ihre Unterschiede herauszufinden.

Wenn Sie zu beiden eine gute Beziehung haben, können Sie sensibel auf die Bedürfnisse von beiden eingehen. Ebenso wie bei anderen Kindern sind Kämpfe um Aufmerksamkeit, Anerkennung oder Besitz klare Signale dafür, daß sie die haltende Umarmung brauchen.

Während die Schwierigkeiten bei Zwillingen offensichtlich sind, ergibt sich bei Kindern, die im Abstand von weniger als achtzehn Monaten geboren wurden, ein Problem, das oft unerkannt bleibt. Wenn das neue winzige Baby geboren ist, erscheint das ältere im Vergleich dazu wie ein Riese und wird auch oft wie ein solcher behandelt. Wenn die zweite Schwangerschaft sich ankündigt, liegt die Versuchung nahe, das ältere Kind vermehrt in die Selbständigkeit hineinzudrängen; in Wirklichkeit ist es noch ein Baby mit enormen Bedürfnissen. Wenn es nicht die Pflege und Aufmerksamkeit erhält, die es benötigt, wenn das neue Baby kommt, werden als Ergebnis heftige Geschwisterrivalitäten oder sogar Depressionen zu erwarten sein. Eltern, die dieses Problem im voraus bereits erkennen, können eine Menge tun, um zu verhindern, daß das ältere Kind sich zurückgestoßen fühlt. Die haltende Umarmung ist ein guter Weg, dem Kind immer wieder neu zu versichern, daß es stets geliebt wird, daß es immer noch Ihr Baby ist, und daß es immer noch von Ihnen gut versorgt wird. Während der Sitzung kann das Kind seine Gefühle darüber zur Sprache bringen, daß es Sie mit dem Baby teilen muß, und Sie können ihm zeigen, daß Sie seine Empfindungen akzeptieren. Das Teilen ist dann kein Problem mehr, wenn ein Kind sich in Ihrer Liebe und der Aufmerksamkeit, mit der Sie sich ihm zuwenden, geborgen fühlt. Dadurch, daß Sie die Bedürfnisse des Kindes stillen, geben Sie ihm die Möglichkeit, sich optimal zu entwickeln, als gesunder Mitstreiter in einer vom Konkurrenzdenken geprägten Welt.

VIERTER TEIL

Arbeitsmaterial zur Halte-Methode: Wie steht es mit Ihren Fortschritten?

15. Fragen zur Halte-Methode, die immer wieder gestellt werden

Viele Fragen tauchen auf, wenn Mütter darüber nachdenken, das haltende Umarmen in ihr Familienleben mit einzubeziehen.

Wie kann ich Zeit dazu finden, wenn ich bereits bis an meine Grenzen ausgelastet bin?
Diese Sorge ist ganz natürlich. Sie werden jedoch sehr bald entdecken, daß die haltende Umarmung Ihnen Lasten abnimmt, anstatt Ihnen neue aufzuerlegen. Dennoch werden Sie nur dann Zeit finden, wenn Sie fest entschlossen sind, sich die Zeit dafür zu nehmen. Stellen Sie sich vor, Ihr Leben und das Ihres Kindes hinge davon ab. Das ist in gewisser Weise wahr, denn ohne die haltende Umarmung ist die Bindung zu Ihrem Kind durch die komplexen Ereignisse des täglichen Lebens ständig bedroht. Der beste Weg, um mit Sicherheit die nötige Zeit zu finden, besteht darin, sie in einem täglichen Rhythmus zu planen. Wenn Sie sich vornehmen, sie lediglich viermal in der Woche zu praktizieren, werden Sie leicht in Versuchung geraten, sie auf den nächsten Tag zu verschieben. Wenn Sie hingegen einen festen Plan aufstellen, wird es kaum nötig sein, eine unvorhergesehen notwendige Sitzung einzuschieben. Ihr Kind bekommt eine so gute Verbindung zu Ihnen, daß es sich im allgemeinen ausgeglichen verhalten und mit Ihnen offen verständigen wird.

Die andere Möglichkeit einer Planung besteht darin, immer dann eine Sitzung einzulegen, wenn das Kind ein entsprechendes Bedürfnis anmeldet. Wenn Sie sich auf den Standpunkt zurückziehen, die haltende Umarmung nur dann anzuwenden, wenn es absolut notwendig wird, müssen Sie damit rechnen, daß Verhaltensstörungen gerade dann auftreten können, wenn eine Sitzung aus Zeitgründen nur schwer oder gar nicht möglich ist. Bei regelmäßiger Anwendung können Sie außerdem mit größerer Sicherheit davon ausgehen, daß zwischen zwei Sitzungen keine nennenswerten Verhaltensstörungen auftreten werden.

Natürlich wäre es am besten, beide Wege miteinander zu verbinden: haltendes Umarmen nach täglicher Planung und bei Bedarf, wenn das Verhalten des Kindes es notwendig macht. Die tägliche Sitzung muß nicht immer um die gleiche Zeit stattfinden; es hilft jedoch unter Umständen, wenn Sie sich auf eine bestimmte Uhrzeit festlegen.

Der andere Vorteil einer Planung auf täglicher Basis besteht darin, daß Kinder ihre Verstimmungen bis zur nächsten Sitzung aufheben, wenn sie mit Sicherheit wissen, wann diese stattfinden wird; dies gilt zum Beispiel auch dann, wenn Sie gerade eine Sitzung mit einem Geschwister haben und das Kind einmal warten muß; es kann dann die dazu nötige Geduld ohne Schwierigkeiten aufbringen. Wenn ein Kind nicht mit Sicherheit weiß, daß es auch an die Reihe kommt, wird es Sie bei Ihrer Sitzung mit seiner Schwester oder seinem Bruder stören. Eines der rührendsten Beispiele für die Fähigkeit eines Kindes, zu warten, bis es an der Reihe ist, war der vierjährige Mike, der zu seiner Mutter gelaufen kam, nachdem seine zweijährige Schwester ihn mit einem Bauklotz am Kopf geschlagen hatte. Anstatt über sie zu schimpfen oder für sich selbst um Zuwendung zu bitten, sagte er: "Mama, Christine hat mich geschlagen. Du mußt sie liebhalten." Dann wartete er an der Seite seiner Mutter, bis sie mit Christine fertig war und er an die Reihe kam.

Wie lange dauert eine Sitzung?
Jede Sitzung kann zu Beginn ungefähr bis zu einer Stunde dauern. Erfahrene Mütter und Kinder, die regelmäßig oder täglich das Mutter-Kind-Halten anwenden, berichten, daß sie in wenigen Minuten alle Phasen durchlaufen. Die Dauer einer Sitzung hängt von vielen Faktoren ab. Wieviel Zeit ist seit der letzten Sitzung verstrichen? Welche Schwierigkeiten sind zwischenzeitlich aufgetreten? Welcher Anlaß hat zu dieser Sitzung geführt? Inwieweit können Sie selbst Ihre Gefühle zulassen und ausdrücken?

Soll ich das Mutter-Kind-Halten endlos fortsetzen, und wenn nein, wann soll ich damit aufhören?
Kinder nehmen ihren Müttern häufig das Versprechen ab, niemals damit aufzuhören. Wenn sie einmal die Freude über den offenen Austausch erlebt haben, den diese Methode ihnen bietet, wollen sie sicherstellen, daß sie sie immer wieder erleben können. Wann immer Sie aufhören, wissen Sie, daß Sie jederzeit wieder fortfahren können, wenn sich die Notwendigkeit ergibt, Ihre Beziehung zu festigen.

Paula und Carl sind ein Beispiel für Eltern, die die haltende Umarmung mit ihren Kindern anwandten, und deren Kinder es heute mit ihren eigenen Kindern anwenden. Sie begannen, als sie feststellten, daß ihr jüngstes Kind Entwicklungsstörungen zeigte. Nun haben zwei der Töchter selbst Kinder und wenden die Methode bei ihnen an. Es hat einige große Schwierigkeiten in dieser Familie gegeben, aber stets haben alle zueinander gehalten und sich gegenseitig geholfen. Sie haben die haltende Umarmung zwar nicht regelmäßig, wohl aber in Krisenzeiten angewandt. Jede Familie kann für sich selbst den am besten geeigneten Rhythmus herausfinden.

Bringt das Mutter-Kind-Halten mein Kind in eine übermäßige Abhängigkeit von mir?
Immer wieder bin ich überrascht über diese Frage. Ich fürchte, daß viele Mütter möglicherweise eine feste Bindung zu ihren Kindern gar nicht zulassen, aus Angst, ihnen wehzutun, wenn sie einmal sterben sollten. Genau das Gegenteil muß befürchtet werden: Wenn Sie eine schwache Bindung zu Ihrem Kind haben, wird es im Falle Ihres Todes zu einem bedauernswerten Geschöpf. Ist die Bindung hingegen fest, wirkt dies wie ein Schutz vor den verheerenden Folgen eines Verlustes der Mutter. Wie ist das möglich? Eine enge Bindung an die Mutter erhöht das Selbstwertgefühl des Kindes, sein Selbstvertrauen und den Willen, der Welt die Stirn zu bieten. Auf der Grundlage der eigenen Erfahrung in einer wechselseitig befriedigenden Beziehung will und wird das Kind in der Lage sein, ähnliche Beziehungen mit anderen Menschen aufzubauen. Seine Chancen, einen guten Ersatz für seine Mutter zu finden, werden größer, ebenso wie seine Chancen, im späteren Leben einen guten Ehepartner zu finden. Die Ansicht, ein Kind werde zu sehr abhängig von der Mutter, kann durch Erfahrungen nicht gestützt werden. Eine feste Bindung scheint im Gegenteil zur Folge zu haben, daß Kinder aller Altersstufen unabhängiger und selbständiger werden und ein größeres Maß an Selbstvertrauen entwickeln. Das Mutter-Kind-Halten schafft keine Abhängigkeit. Beginnt Ihr Kind, sich in einer Sitzung an Sie zu klammern, dann war seine Abhängigkeit bereits vorher vorhanden.

Das Mutter-Kind-Halten macht Sie nicht nur auf bestehende Probleme aufmerksam, indem es sie aufdeckt, sondern trägt auch zu ihrer Lösung bei. Es schafft die Fähigkeit, gegenseitig aufeinander einzugehen. Voraussetzungen, um Beziehungen einzugehen, die auf Gegenseitigkeit beruhen, sind die Empfindsamkeit für das eigene Selbst sowie für die Bedürfnisse und Gefühle des anderen, der Wunsch und die Bemühungen, auf diese einzugehen, der Wunsch und die Fähigkeit, sich offen über Gefühle und Gedanken mit anderen Menschen auszutauschen, und die Fähigkeit, gemeinsam verbrachte Zeit zu genießen.

Kinder sind in beeindruckender Weise in der Lage, sich in eine wechselseitig befriedigende Beziehung einzubringen. Wenn ihre eigenen Bedürfnisse gestillt sind, können sie auch auf die anderer Menschen eingehen. Aus diesem Grund ist die Begegnung mit einem Kind, dessen Bedürfnisse gestillt worden sind, eine lohnende Erfahrung.

Kann die haltende Umarmung, wenn es gegen den Wunsch des Kindes angewendet wird, seinen Willen brechen?
Kinder wollen wirklich liebgehalten werden, wie Sie bald feststellen werden. Sie kämpfen gegen Sie an, weil dies ihnen dabei hilft, sich mit ihren Gefühlen auseinanderzusetzen. Ein Kind drückte es so aus: "Es hilft mir, meine Wut loszuwerden." Ein Kind wird Ihnen tausend gute Gründe nennen, warum Sie es nicht liebhalten sollten, und sich dann umdrehen und sagen: "Können wir das morgen wieder machen?" Mein eigener Sohn sagte im Alter von sieben Jahren vor jeder Sitzung, daß er es haßte, liebgehalten zu werden, nur um mir kurz darauf einen Plan für den Rest der Woche zu geben.

Die ausdrucksvollste positive Aussage eines Kindes zum haltende Umarmen ist die Antwort auf die Frage, wie es sich anschließend fühlt. Sie werden zum Beispiel hören: "Danach fühlst du dich so, als ob du nie wütend gewesen wärst und es niemals mehr werden kannst." Der kindliche Wille wird nicht etwa gebrochen; er wird vielmehr von der Last der Wut und anderer negativer Gefühle befreit, die seine Persönlichkeitsentwicklung behindern.

Wie kann ich sicher wissen, daß ein Kind doch liebgehalten werden möchte, wenn es dies hartnäckig ablehnt?
Angesichts des ausgeprägten Widerstandes und der Ablehnung ist es mitunter sehr schwierig zu glauben, daß Ihr Kind wirklich liebgehalten werden möchte. Immer wieder gehörte Vorwürfe, die eine Mutter wirklich verletzen können, beziehen sich auf ihren Geruch: "Du stinkst.", "Ich halte das nicht aus, wie du riechst.", "Du riechst schlecht.", "Du hast Mundgeruch.", "Ich kriege keine Luft." Es ist faszinierend zu sehen, wie diese sehr persönlichen Beleidigungen schnell in ihr Gegenteil umschlagen. Zumindest die Hälfte der Kinder, die ich beim Halten gesehen habe,

geben, ob zwei oder zehn Jahre alt, Kommentare über den Geruch der Mutter ab, nur um ihr dann zu sagen, daß sie sie lieben.

Andere oft gehörte Einwände sind diese: "Wo bist du gewesen?" "Du bist ja niemals hier." "Du hast es gar nicht verdient, daß ich dich umarme." "Warum sollte ich das gerade dann tun, wenn du es willst?" Unterschwellig klingt hier der Vorwurf mit, daß die Mutter die Bedürfnisse des Kindes nicht ausreichend gestillt hat. Das Kind will eigentlich dies ausdrücken: "Du warst für mich nicht da; warum sollte ich für dich dasein?" Diese Situation ist das Gegenteil von dem, was wir als wechselseitig befriedigende Beziehung bezeichnen. Ohne das Mutter-Kind-Halten könnten Mutter und Kind in ein Wechselspiel von Vergeltung hineingeraten, denn keine Mutter kann für ein Kind, das sie ablehnt, positive Gefühle entwickeln. Und wenn Ihr Kind noch nicht sprechen kann, dann machen Sie sich wieder bewußt, daß die Ablehnung durch ein Baby ohne Worte ebenso ausgeprägt und persönlich ausfallen kann.

Anstatt auf der Basis von Art und Umfang der während der Sitzung gegen Sie gerichteten Ablehnung zu überlegen, ob Ihr Kind wirklich liebgehalten werden will oder nicht, sollten Sie sich lieber auf der Grundlage des anschließenden Verhaltens im allgemeinen und der Art der Verständigung im besonderen ein Urteil bilden. Mütter, die das Mutter-Kind-Halten mit ihren Kindern praktiziert haben, berichten von keinerlei krankmachenden Wirkungen. Selbst unvollständige Sitzungen bringen manche beobachtbaren positiven Ergebnisse mit sich.

Muß es in jeder Sitzung zu einer Phase der Wut kommen?
Nein, nicht immer. Manchmal liegt der Schwerpunkt auf einem anderen Gefühl, zum Beispiel Schmerz, Trauer, Eifersucht oder Angst. Die meisten Mütter berichten, daß Kinder jeden Tag zumindest ein wenig Wut erleben. Die Mehrheit der Mütter hat entdeckt, daß negative Gefühle, wenn sie nicht täglich aufgearbeitet werden, in der Regel plötzlich in Form von unerwünschtem Verhalten auftauchen. Die Mutter der dreijährigen Mary berichtet: "Ich hatte es nicht täglich gemacht. Ich fand, ich hatte einen Punkt erreicht, von dem aus ich nicht weiter gehen konnte. Mary sagte, daß sie Angst hatte, ihre Wut auszudrücken. Kürzlich begann ich, das Mutter-Kind-Halten täglich zu praktizieren, und manchmal frage ich mich: 'Verursache ich so viel zusätzliche Wut?' Aber sie sagt nur: 'Es ist immer schön für mich, liebgehalten zu werden.' Damit gibt sie mir die Rückmeldung, die mir sagt, daß ich auf dem richtigen Weg bin."

Ein anderes Beispiel für die Notwendigkeit, der kindlichen Wut ein

Ventil zu bieten, ist die elfjährige Lisa, die das tägliche Mutter-Kind-Halten immer genoß. An einem Ferientag verbrachte sie den ganzen Tag gemeinsam mit ihrer Mutter: einkaufen, auswärts essen, duschen, kochen, vor dem Schlafengehen zusammen lesen. Lisa begann zu weinen, als der Augenblick kam, das Licht auszumachen. Sie fragte ihre Mutter, warum sie sie heute nicht liebgehalten habe. Die Mutter war so zufrieden mit dem Tag und fühlte sich ihrer Tochter so nahe, daß es sie erschrak zu hören, daß Lisa dies immer noch vermißte. Das Mädchen erklärte ihr, daß das Mutter-Kind-Halten ihr helfe, ihre Verärgerungen loszuwerden und zu einer innigen Nähe zu gelangen, die auf keine andere Weise erreicht werden könne.

Wahrscheinlich ist es von Vorteil, alle drei Phasen täglich einzukalkulieren; aber selbst ein wenig davon kann schon beachtliche Erfolge erzielen. Seien Sie also nicht entmutigt, wenn Sie nicht täglich zu einem kompletten Zyklus gelangen. Andererseits sollten Sie auf Wut in irgendeiner Erscheinungsform vorbereitet sein. Die haltende Umarmung bietet einen genau umrissenen Weg, auf dem das Kind seine Gefühle frei ausdrücken kann, ohne sich schuldig fühlen oder Angst haben zu müssen, wenn die Mutter ihrerseits darauf mit wütenden Gefühlen reagiert. Die haltende Umarmung hat eine vorbeugende Wirkung. Wenn ein Kind nicht sicher sein kann, daß es eine Sitzung haben wird, kann es seine Verstimmung nicht bis dahin aufheben. Wenn Sie darum zu einem vorher vereinbarten Zeitpunkt verhindert sind, sagen Sie es ihm. Vereinbaren Sie einen anderen Zeitpunkt, an dem Sie mit Sicherheit zur Verfügung stehen werden. Wenn ihr Kind es in der Zwischenzeit nicht schafft, seine Verstimmung unter Kontrolle zu halten, dann erklären Sie ihm, daß Sie verstehen, warum die Wut oder der Schmerz jetzt aus ihm herausbrechen, und daß Sie in der nächsten Sitzung mit ihm darüber sprechen werden. Ihr Kind wird Ihnen für Ihr Verständnis dankbar sein und daraus die Kraft schöpfen, seine Verärgerung bis zur nächsten Sitzung nicht weiter auszuleben. Wenn es sich nicht unter Kontrolle halten kann, müssen Sie vielleicht doch einmal die haltende Umarmung anwenden, wenn auch nur in Form einer kurzen Sitzung. Hierbei handelt es sich dann nicht um eine Strafe, sondern um einen Versuch, sein und auch ebenso Ihr Gleichgewicht wiederherzustellen.

Wie wird mein Mann die haltende Umarmung annehmen?
Die folgende Beschreibung der Ergebnisse stammt von einem Vater, der zunächst sehr skeptisch war: "Meistens bin ich während des Mutter-Kind-

Haltens nicht anwesend, aber ich kann je nach dem Verhalten meiner Tochter sagen, wann sie einmal nicht genug hatte. Man kann es richtig an ihr ablesen. Aber eins sage ich Ihnen, es ist schrecklich, dabei zuzuhören. Als ich zum ersten Mal meine Tochter schreien hörte, wollte ich hingehen und sie den Armen meiner Frau entreißen, um sie für immer mitzunehmen, aber ich habe inzwischen eingesehen, daß die Methode in höchstem Maße wertvoll ist. Meine Tochter ist eigentlich ein ganz normales Kind, aber sie hat davon profitiert – und wir auch."

Dieser letzte Satz ist ein Schlüssel zum Verständnis der Einstellungen von Vätern. Wenn es Mutter und Kind hilft, dann hilft es auch Vater und Mutter und ebenso Vater und Kind.

Ein anderer Vater kam immer erst spät abends von der Arbeit nach Hause. Nachdem jedoch das haltende Umarmen Frieden in die Familie gebracht hatte, begann er, immer häufiger schon zum Abendessen oder sogar noch früher nach Hause zu kommen. Schließlich beteiligte er sich selbst daran, zusammen mit seiner Frau und den Kindern.

Wenn sich die Beziehung zwischen Mutter und Kind gebessert hat, kann auch der Vater beginnen, selbst das "Vater-Kind-Halten" mit dem Kind anzuwenden. Es ist leichter für Mütter, die Methode selbst zu praktizieren, als zuzuhören, zu beobachten oder jemand anderem Hilfestellung zu geben. Auch vielen Vätern fällt es am Anfang schwer, ihren Ehefrauen beim haltenden Umarmen behilflich zu sein, aber noch schwerer fällt es ihnen, es selbst anzuwenden. Wenn sie die Mutter einige Male beobachtet haben, fühlen Väter sich in der Regel wohler dabei. Es ist Zeit genug vorhanden. Haben Sie Geduld und lassen Sie es auf ganz natürliche Weise geschehen.

Worüber sollten wir während der haltenden Umarmung sprechen?
Dieses Problem löst sich von selbst, wenn Sie Ihrem Kind die Gelegenheit geben, seine Gefühle auszudrücken. Wenn Sie auf die Punkte eingehen, die dabei angeschnitten werden, haben Sie eine Menge zu besprechen. Achten Sie darauf, daß Sie auch Ihre eigenen Gefühle vor dem Kind zeigen. Selbstverständlich ist es Ihnen freigestellt, selbst Punkte anzuschneiden, die Sie gestört haben. Aber vergessen Sie nicht, daß eine Sitzung auch ablaufen kann, ohne daß etwas gesprochen wird. So lange, wie Sie Ihrem Kind erlauben, sich durch die Ablehnungsphase hindurchzukämpfen und sich mit Ihnen in der Phase der vollständigen Auflösung der Spannung zu vereinen, machen Sie mit Sicherheit keinen Fehler.

Wie gehe ich mit Gewalt um?
Kinder versuchen oft, zu beißen, zu kneifen oder ihre Mütter an den Haaren zu ziehen. Erlauben Sie Ihrem Kind nicht, Ihnen wehzutun. Das ist für ein Kind nicht gut. Es wird sich fürchten und sich selbst als schrecklich empfinden. Sagen Sie ihm, daß es Ihnen nicht wehtun darf. Hindern Sie es daran, wenn es dies trotzdem versucht. Tun Sie, was Sie tun müssen, um es davon abzuhalten. Wechseln Sie Ihre Lage. Für Mütter mit sehr aggressiven Kindern hat sich das Liegen als am vorteilhaftesten herausgestellt. Sie können Ihren ganzen Körper einsetzen, um sich vor Verletzungen durch das Kind zu schützen; zwei Hände sind nicht immer genug.

Ist die haltende Umarmung ein Ersatz für Strafe?
Wenn Sie das Halten regelmäßig anwenden, wird für Strafen kaum eine Notwendigkeit bestehen. Kinder, die ein Verhalten an den Tag legen, das eine Strafe erforderlich macht, stehen nicht in einer guten Verbindung zu Ihnen. Die haltende Umarmung stellt die positive Beziehung zu Ihnen wieder her. Wenn Sie Fehlverhalten beobachten, überlegen Sie, wie Sie die Verbindung zu Ihrem Kind wiederherstellen können. Wenn es anders nicht möglich ist, wenden Sie die haltende Umarmung an. Es ist eine risikolose Methode zum Aufbau von Kontakt.

Der wichtigste Grundsatz besteht in der Weigerung, Fehlverhalten zu akzeptieren. Sie können unannehmbares Verhalten nicht einfach deswegen akzeptieren, weil das Kind nun einmal wütend ist. Kinder sind in der Lage, ihre Wut zu steuern. Sie können mit Ihnen darüber sprechen. Sie können darum bitten, liebgehalten zu werden. Es sollte ihnen jedoch nicht erlaubt sein, ihre Wut *unkontrolliert auszuleben*.

In welchem Alter beginne ich mit der haltenden Umarmung?
Der ideale Zeitpunkt für den Beginn liegt, natürlich, bei der Geburt. Tragen Sie Ihr Baby in einem Tragegurt am Körper. Schlafen Sie bei ihm. Verbringen Sie so viel Zeit wie möglich mit ihm zusammen. Wenn Ihr Baby verstimmt ist, halten Sie es im Arm, bis es wieder ruhig und zufrieden ist. Ist Ihr Kind schon älter, dann beginnen Sie jetzt. Babys und ältere Kinder müssen in der Lage sein, Trost von Ihnen anzunehmen. Die haltende Umarmung wird Ihr Baby oder Ihr älteres Kind in die Lage versetzen, sich mit der Bitte um Trost und Zuwendung an Sie zu wenden, selbst wenn Sie selber der Grund für ihre Verstimmung sind.

Wie führe ich die haltende Umarmung bei der ersten Anwendung durch?
Erkläre ich, was ich tue, oder fange ich einfach an?
Beides ist möglich. Wenn Sie sich besser dabei fühlen, wenn Sie Ihr Vorgehen erklären, dann beschreiben Sie Ihrem Kind ganz kurz den Prozeß. Sie können zum Beispiel sagen: "Ich möchte dich einmal näher bei mir haben als sonst immer. Ich möchte dich jetzt einmal so lange im Arm halten, bis wir uns beide richtig gut fühlen." Dann beginnen Sie. Warten Sie nicht auf die Zustimmung Ihres Kindes. Fangen Sie einfach an.

Sie können Ihr Kind während der verschiedenen Phasen im Arm halten, ohne ein Wort zu sagen, oder Sie können dabei sprechen, wenn Ihnen danach zumute ist. Wenn Ihr Kind etwas sagt, gehen Sie in Ihrer Antwort einfühlend darauf ein. Es ist manchmal hilfreich, darüber zu sprechen, wie Sie sich gefühlt haben, als Sie Ihr Kind noch als Baby im Arm hielten, und wie Sie dieses Gefühl vermißt haben. Auch Ihr Kind hat es vermißt. Oder Sie können beginnen, indem Sie ihm erklären, was Sie in Ihrer Beziehung verletzt, verärgert oder wütend gemacht hat.

Die Hauptaufgabe besteht darin, einfach zu beginnen. Die drei Phasen ereignen sich von selbst. Eine Mutter berichtete, daß sie der Idee des Mutter-Kind-Haltens sehr ablehnend gegenübergestanden hatte. Gleichzeitig spürte sie, daß sie mit ihrem fünfjährigen Sohn etwas unternehmen mußte, da sein Verhalten ziemlich unannehmbar geworden war. Nachdem sie einmal begonnen hatte, lehnte sich Andy, ihr Sohn, kaum gegen sie auf, aber sie gelangten durch alle drei Phasen. Am Ende eröffnete Andy seiner Mutter, daß er es nicht mochte, zur Strafe in sein Zimmer eingesperrt zu werden. Sie fragte, was sie stattdessen tun solle. Er schlug ihr vor, sie könne ihn "auf ein Sofa setzen und dort stillsitzen lassen"; dort könne er bleiben, "ohne isoliert sein zu müssen." Dann beklagte er sich darüber, daß sein Vater ihn während des Fernsehens nicht mehr in den Arm nahm. Seine Mutter versprach ihm, dem Papa zu sagen, er möge ihn wieder im Arm halten. Nach dieser Sitzung verbesserte sich Andys Verhalten ganz entscheidend. Seine Mutter hatte widerwillig mit dem Mutter-Kind-Halten begonnen, fühlte sich aber durch das Ergebnis so ermutigt, daß der Gedanke an eine Wiederholung sie nicht im geringsten beunruhigte.

Ist es leichter, dann zu beginnen, wenn ich mich über ein
bestimmtes Verhalten ärgere?
In mancher Hinsicht mag es Ihnen leichter fallen, wenn Sie provoziert werden. Zweifellos erübrigt sich eine Erklärung für die haltende Umarmung, wenn Ihr Kind sich danebenbenommen hat. Es wußte ja dann

bereits, was Sie davon halten würden. Es wundert sich vielleicht, von Ihnen plötzlich so fest gehalten zu werden, aber es ist nicht überrascht über die Tatsache, daß Sie überhaupt auf sein Verhalten reagieren. Mütter, die leidvolle Erfahrungen mit Kindern gemacht haben, die immer wieder Unruhe stiften, werden entdecken, daß ein Wutausbruch einen passenden Anlaß bietet, mit dem haltenden Umarmen zu beginnen. Das Kind hat sich nicht unter Kontrolle, und auch Sie haben sich nicht unter Kontrolle. Sie haben also nichts zu verlieren. Packen Sie Ihr Kind und drücken Sie es fest an sich.

Wie kann ich es bei mehreren Kindern schaffen, das haltende Umarmen täglich anzuwenden?
Es wird vielleicht nicht möglich sein, es täglich mit jedem Ihrer Kinder durchzuführen. Sie müssen Ihren Zeitplan eben so einrichten, daß nach Möglichkeit für die haltende Umarmung genügend Zeit verbleibt. Eine Mutter fand die Methode so hilfreich für ihre drei Kinder, daß sie sich gedrängt fühlte, täglich Zeit für drei Sitzungen zu finden. Sie nahm jeweils ein Kind nach dem Frühstück, eins vor dem Abendbrot und eins nach dem Abendbrot. Eine andere Frau, Mutter von sechs Kindern, entschloß sich, täglich Sitzungen von zehn Minuten Dauer mit jedem ihrer Kinder durchzuführen und dabei nach Möglichkeit alle drei Phasen zu durchlaufen. Sie fand die Ergebnisse so gut, daß sie es auf dieser Basis fortsetzte. Versuchen Sie, selbst einen Zeitplan zu finden, der Ihnen und Ihrer Familie angenehm ist.

Sollten auch Väter regelmäßig das haltende Umarmen praktizieren?
Hierbei handelt es sich um einen weiteren Punkt, der in jeder Familie individuell geregelt werden muß. Der einzige warnende Hinweis, den ich geben würde, lautet dahingehend, daß der Vater nicht zum Ersatz für die Mutter werden darf. Wenn der Vater eine Art Mutterersatzrolle übernimmt, führt dies zu Problemen in der Beziehung zwischen Mutter, Vater und Kind. Dem Vater obliegt es, die Mutter-Kind-Beziehung sinnvoll zu unterstützen. Wenn er sich selbst zwischen Mutter und Kind stellt, werden diese sich beide bedroht fühlen. Das Anwenden der haltenden Umarmung durch den Vater funktioniert am besten in Familien, in denen Vater und Mutter in einer engen, als angenehm empfundenen Beziehung zueinander stehen und als Eltern gut zusammenarbeiten. Dennoch berichten Mütter, daß es am hilfreichsten ist, wenn ein Vater manchmal die Mutter und das Kind gemeinsam liebhält.

Welche Rolle spielt die Sexualität?
Eltern befürchten, daß enger körperlicher Kontakt auf Kinder sexuell stimulierend wirken könnte. Das vergrößerte Bewußtsein um den sexuellen Mißbrauch von Kindern und den Inzest haben diese Sorgen noch zusätzlich anwachsen lassen. In der Praxis scheinen Kinder körperliche Nähe jedoch nicht als sexuelle Annäherung zu empfinden. Die Sexualität ist wohl ein Thema, das mehr die Eltern betrifft als die Kinder. Die Sorgen verfliegen schnell, wenn erst einmal das haltende Umarmen praktiziert wird. Eltern entdecken dann, daß die so erreichte innige Nähe keineswegs sexueller Natur ist. Tatsächlich bietet die durch diese Methode erreichte offene Verständigung eine Absicherung gegen genau die Art der Heimlichkeit und Manipulation, die beim sexuellen Mißbrauch von Kindern eine Rolle spielt.

Natürlich schließt die innige Beziehung zwischen Mutter und Kind ebenso eine körperliche wie geistige und emotionale Nähe ein. Mutter und Kind sollten die ausdrückliche körperliche Zuwendung auch während der folgenden Entwicklungsjahre beibehalten. Wenn diese gut und normal verlaufen, haben beide ihre Freude daran, und diese ist nicht sexueller Natur. Zu häufig schrecken Eltern aus Angst vor sexueller Überbetonung vor den körperlichen Annäherungen ihrer Kinder zurück. Besonders wichtig ist es, die körperliche Zuwendung aufrechtzuerhalten, wenn die Kinder das Jugendalter erreichen. Wenn sie dann nach Zuwendung hungern, ist nämlich die Wahrscheinlichkeit größer, daß sie vor der Zeit in sexuelle Aktivitäten verwickelt werden.

Väter ziehen sich leichter zurück als Mütter. Väter, tun Sie das nicht! Nehmen Sie Ihre Mädchen in den Arm. Sie müssen es körperlich spüren, daß Sie sich um sie sorgen.

Viele Mütter haben zögernd eingestanden, daß sie im engen Zusammensein mit Babys Empfindungen sinnlicher Freude verspüren, besonders beim Stillen. – Wenn sie entdecken, daß dies für das Überleben der Spezies natürlich und notwendig ist, fühlen sie sich dazu befreit, diese Freude der körperlichen Zuwendung im Laufe der Entwicklung ihres Kindes zu genießen.

Mit welchem Kind beginne ich die haltende Umarmung?
Es ist eine Ironie, daß das Kind, das in den Augen der Mutter am leichtesten erziehbar zu werden verspricht, oft zu ihrem größten Problemkind wird. Warum dem so ist, ist bis heute nicht bekannt. In manchen Fällen, so glaube ich, ist das bevorzugte Kind in den Augen der Mutter das

am leichtesten zu erziehende. **Wenn die Mutter mit dem Mutter-Kind-Halten beginnt, entdeckt sie, daß das Kind eine Menge Wut angestaut hat, weil es trotz seiner wütenden Empfindungen immer "lieb" war.** Machen Sie sich darum keine Sorgen. Sie werden das Verhalten des Kindes auf keinen Fall verschlimmern. Es wird im Gegenteil froh sein, daß es seine Last nicht mehr mit sich herumtragen muß. Versuchen Sie, den Ausdruck seiner Gefühle zuzulassen und zu verstehen. Wenn Sie die Empfindungen einmal akzeptiert haben, werden Sie in einer friedlichen Phase der vollständigen Auflösung der Spannung zueinander finden. Sie werden sehen, wie Ihr Kind sich befreit fühlt und sicher auch dankbar ist für die bedingungslose Liebe, die Sie ihm dadurch erwiesen haben, daß Sie seine Wut ausgehalten haben. Ihr "liebes" oder "leicht erziehbares" Kind wird noch lieber und leichter zu erziehen sein; es wird sogar besser auf Ihre Wünsche und Bedürfnisse reagieren, denn sein Verhalten wird nicht mehr auf seine Kosten gehen.

Grundsätzlich ist es unerheblich, mit welchem Ihrer Kinder Sie beginnen. Achten Sie nur darauf, daß alle Ihre Kinder so bald wie möglich an die Reihe kommen. Wann immer Sie beginnen, sagen Sie ihnen allen, daß jedes an die Reihe kommen wird.

Wird durch die Erlaubnis für das Kind, seine Verstimmungen auszuleben, nicht einfach nur Ärger heraufbeschworen?
Die haltende Umarmung wühlt nicht einfach nur auf. Ein Kind lebt seine Gefühle der Verstimmung auf vielerlei Weise aus; eine offene Begegnung kann hier zu einer wirklichen Konfliktlösung führen. Wenn das Kind seine Gefühle nicht richtig äußert, sollten Sie zu erraten versuchen, worum es sich handelt. Wenn Sie falsch raten, wird das Kind Ihre Vermutung zurückweisen. Ein Kind wird ein Gefühl, das Sie ihm unterstellen, nicht einfach widerspruchslos hinnehmen, solange es nicht dem entspricht, was es wirklich empfindet. Ein Kind wird seiner Gefühle oft erst dann gewahr, wenn Sie ihm dabei helfen, über sie nachzudenken. Es übergeht ohne weiteres falsche Vermutungen von Ihnen und wartet darauf, daß Sie den richtigen, den wunden Punkt treffen. Wichtig ist, daß Sie es immer weiter versuchen.

Wenn ich die haltende Umarmung als Reaktion auf einen Wutausbruch anwende, belohne ich dann nicht ein Fehlverhalten?
Einer der wichtigsten Anwendungsbereiche sind Wutausbrüche. Diese geben Eltern ein Gefühl der Hilflosigkeit, bis hin zur Verzweiflung. Ein

Kind, das die Kontrolle über sich verloren hat, ist furcht- und schreckenerregend. Die meisten Eltern reagieren ebenfalls mit Wut. Dies führt oftmals zu einer fehlenden Kontrolle über das Kind zum Zeitpunkt des Wutausbruchs. Das Halten gibt den Eltern eine zuverlässige und liebevolle Methode an die Hand, mit dieser emotionalen, akuten Situation umzugehen. Sie bewahrt Eltern davor, Dinge zu sagen oder zu tun, die die Situation nur verschlimmern würden. Sie bietet ihnen beiden ein Ventil für ihre Verärgerung, und über diese kurzfristigen Wirkungen hinaus ermöglicht sie eine liebevolle Verbindung zwischen Eltern und Kind. Der unterschwellige Grund für den Wutausbruch liegt darin, daß diese Verbindung gestört ist. Sowohl die Eltern als auch das Kind lernen, wie man auf positive Weise mit Verärgerungen umgeht. Außerdem schließt die regelmäßige Anwendung der haltenden Umarmung weiteres Fehlverhalten weitgehend aus, da sogar Kinder im dritten Lebensjahr bereits in der Lage sind, ihre Wut zu kontrollieren. Davon, daß durch das Halten schlechtes Benehmen belohnt wird, kann keine Rede sein; es wird im Gegenteil eine vorbeugende Wirkung erzielt.

Wenn Sie die haltende Umarmung in nur einer Situation anwenden wollen, dann zur Behandlung von Wutausbrüchen. Diese treten besonders häufig in der Trotzphase, aber auch in allen anderen Altersstufen auf. Packen Sie Ihr Kind in dem Augenblick, in dem ein Wutanfall beginnt, unabhängig davon, wo Sie sich gerade befinden. Halten Sie durch; Sie sichern sich dadurch wieder die Führungsrolle in der Situation. Sie werden sich nicht so hilflos fühlen, wie es angesichts eines kindlichen Wutanfalls bei Eltern oft geschieht. Sie setzen seinem Verhalten eine feste, aber liebevolle Grenze. Kinder erleben solche Grenzen als Zeichen von Liebe und Sorge, selbst wenn sie sich mit aller Kraft dagegen wehren. Die haltende Umarmung bietet Ihnen einen Weg, zu gegenseitiger Nähe zu finden, wenn Sie sich sehr weit voneinander entfernt fühlen.

Sollte ich versuchen, eine Selbsthilfegruppe für die haltende Umarmung zu gründen?
Viele Mütter beginnen aus praktischen Gründen einfach allein. Manche schätzen jedoch den Rückhalt und die Verstärkung in einer Gruppe. In der Tat haben sich die ersten Mütter, die das Mutter-Kind-Halten als Methode zur Festigung der Familienbande kennenlernten, in einer Gruppe zusammengeschlossen, weil es ihnen auf diese Weise leichter schien, in einer gewissen Verbindlichkeit damit fortzufahren. Sie begannen mit einer Müttergruppe, die sich in wöchentlichen Abständen traf. Die erste Stunde

war für das Mutter-Kind-Halten vorgesehen, und in der zweiten nahmen die Mütter untereinander Kontakt auf und besprachen die Themen, die aus den Erfahrungen erwuchsen, die hier und in anderen Familiensituationen gemacht wurden. Die Gruppe traf sich in einer Kirche vor Ort, und der Zutritt war für alle offen. Andere kleinere, weniger organisierte Müttergruppen trafen sich regelmäßig, einige auch lediglich von Zeit zu Zeit. In manchen Fällen trafen sich zwei Mütter zu regelmäßigen gemeinsamen Sitzungen abwechselnd bei sich zuhause. Solche Zusammenkünfte helfen Müttern, und oft werden sie auch von den Kindern geschätzt. Manche Mütter hingegen lehnen sie ab; ihnen ist ihre Privatsphäre wichtiger. Meistens erweisen sich die Gruppen als segensreich für die Mütter; diese müssen selbst entscheiden, welchen Weg sie einschlagen wollen. Wichtig ist, das haltende Umarmen regelmäßig anzuwenden, sei es alleine oder in einer Gruppe.

Sollte ich die haltende Umarmung auch dann anwenden, wenn keine besondere Schwierigkeiten mit meinen Kindern vorliegen?
Eltern finden besonders dann leicht bestimmte Anwendungsbereiche, wenn Probleme mit einem Kind auftreten. Schwieriger ist es, sich die haltende Umarmung vorzustellen, wenn keine offensichtlichen Konflikte vorhanden sind. Ich habe versucht aufzuzeigen, daß die von ihm erzeugte enge Bindung von sehr großem Wert ist, und daß es sehr spezielle Probleme lösen kann. Sie werden aus Ihrer Erfahrung heraus entscheiden, ob Sie es auf regelmäßiger Basis durchführen oder immer dann, wenn Probleme eingetreten sind.

Was geschieht, wenn ich die haltende Umarmung aussetze?
Wenn Sie das Halten eine Zeitlang praktizieren, werden Sie eine innigere, unkompliziertere Beziehung zu Ihrem Kind verspüren, die nicht einfach aufhört, wenn Sie mit dem Halten aussetzen. Die meisten Mütter haben entdeckt, daß die regelmäßige Anwendung zu einer dauerhaft besseren Beziehung führt. Manchmal bitten Kinder von selbst um mehr, wenn ihre Mütter aussetzen, und es geschieht auch, daß Mütter durch ein Fehlverhalten ihrer Kinder daran erinnert werden, daß sie ausgesetzt haben!

Was geschieht, wenn ich nicht zu einer guten Phase der Auflösung der Spannung gelange?
Das Ausbleiben der vollständigen Auflösung der Spannung kann auf eine ganze Reihe von Gründen zurückgeführt werden; der häufigste ist eine

Unterbrechung durch einen unvorhergesehenen Zwischenfall. Ein anderer Grund liegt möglicherweise darin, daß Sie *Ihren* Gefühlen von Schmerz oder Verärgerung nicht Ausdruck verliehen haben. Kinder geben oft nicht auf, bevor die Mutter auf die Ablehnung reagiert hat. Trotz allem jedoch fühlen Kinder sich auch dann besser, wenn eine Phase der vollständigen Auflösung der Spannung nicht erreicht wird.

Warum fühlt mein Kind sich im Anschluß an die haltende Umarmung offensichtlich glücklich, während ich mich immer noch schrecklich fühle?
Nach einer vollständigen Auflösung der Spannung fühlen Mutter und Kind sich in der Regel wunderbar. Wenn Sie sich noch schlecht fühlen, bedeutet dies, daß Sie nicht zu einer wirklichen Auflösung der Spannung gelangt sind. Das ist nicht schlimm; wahrscheinlich ist das Verhalten Ihres Kindes offensichtlich besser, und es reagiert offener auf Sie. Wenn keiner von Ihnen beiden sich besser fühlt, versuchen Sie, weiter durchzuhalten. Fahren Sie fort, bis Ihre Körper in gegenseitigen Liebkosungen ineinander zu verschmelzen beginnen. Schauen Sie einander in die Augen und sagen Sie sich gegenseitig, wie Sie sich fühlen. Es kann passieren, daß Sie durch den versuchten Blickkontakt eine neue Ablehnungsphase herbeiführen. Wiederholen Sie dann den Zyklus, bis Sie schließlich zu einer Auflösung der Spannung gelangen. Diese erkennen Sie daran, daß Sie sich richtig gut fühlen.

Gelangen die meisten Mütter während des ersten Versuches zu einer Auflösung der Spannung?
Manche ja, manche nein. Je entschlossener die Mutter beginnt, umso schneller scheint sie eine Auflösung der Spannung zu erreichen. Wenn es Ihnen in der ersten Sitzung nicht gelingt, versuchen Sie es beim nächsten Mal mit größerem Einsatz. Geben Sie nicht auf, selbst wenn es Sie mehrere Versuche kostet; die Ergebnisse sind die Mühe wert.

Wie kann ich mich vor einer Enttäuschung bewahren, wenn mein Kind einfach nicht aufgeben will, um eine Auflösung der Spannung zu erreichen?
Kinder geben oft solange nicht auf, wie ihre Mütter nicht die eigenen Gefühle von Schmerz, Wut, Ablehnung und Niedergeschlagenheit bis in die Tiefe hinein zum Ausdruck gebracht haben. Sprechen Sie über Ihre

Gefühle. Zeigen Sie Ihre Gefühle. Wahrscheinlich werden Sie weinen. Geben Sie nicht auf.

Bestehen Sie auf dem Blickkontakt. Wenn das Kind nicht darauf eingeht, befinden Sie sich noch immer in der Phase der teilweisen oder totalen Ablehnung. Bestehen Sie auf vollständigem Blickkontakt. Erklären Sie, was Sie empfinden, wenn Sie diesen nicht bekommen. Bestehen Sie darauf, umarmt und gestreichelt zu werden. Es ist für Ihr Kind nicht genug, einfach nur zuzulassen, daß es von Ihnen im Arm gehalten wird. Wenn es sich bei Ihnen nicht ankuschelt, befinden Sie sich noch in der Ablehnungsphase. Geben Sie nicht auf, bevor *Sie* sich nicht besser fühlen. Sie werden sich besser fühlen, wenn Ihr Kind die Auflösung der Spannung erreicht.

Geben manche Mütter vollkommen auf?
Ja, manche Mütter geben auf. In der Regel tritt dann später eine Situation ein, die sie so zur Verzweiflung bringt, daß sie wieder einen neuen Versuch starten. Möglicherweise entschließen sie sich dann dazu, das Mutter-Kind-Halten regelmäßig anzuwenden; andere Mütter belassen es bei einer einmaligen Anwendung und leben so weiter, bis sie wieder in eine Verzweiflungssituation geraten.

Ist die anfängliche Begegnungsphase nicht der Phase der vollständigen Auflösung der Spannung ähnlich?
Die Begegnungsphase zu Beginn der Sitzung kann auf den ersten Blick wie eine Phase der vollständigen Auflösung der Spannung aussehen. Sie und Ihr Kind stimmen sich zunächst mit Ihren jeweils eigenen Gedanken aufeinander ein. In dem Maße, wie Sie sich beide zugestehen, Ihre eigenen Gefühle zu erkennen, werden Sie sowohl positive als auch negative Gefühle bemerken. In der Regel beginnen Kinder, sich dann zu wehren, um zu fliehen und sich den Empfindungen nicht stellen zu müssen. Diese Auseinandersetzung mündet in die Ablehnungsphase. Das Kind bewegt sich möglicherweise zwischen Ablehnung und Auflösung der Spannung hin und her. Die wiederholten Übergänge können dem anfänglichen Übergang von der Begegnung zur Auflösung der Spannung als ähnlich empfunden werden. Wenn jedoch eine endgültige Auflösung der Spannung erreicht ist, sind der Schmerz, die Wut und die Verbitterung vergessen. Mutter und Kind haben eine offene, positive und dauerhafte Beziehung zueinander gefunden. Im weiteren Verlauf der Sitzung wird es dann nicht zu einer erneuten Ablehnungsphase kommen.

Was ist zu tun, wenn die haltende Umarmung nicht in den drei beschriebenen Phasen abläuft?
Es gibt viele verschiedene Möglichkeiten des Ablaufs, wie ich zuvor beschrieben habe. Manchmal beginnt eine Sitzung geradewegs mit der Ablehnungsphase, besonders bei Kindern, denen der Ablauf gut bekannt ist. Manchmal bewegen Sie sich von einer Ablehnung hin zu einer teilweisen Auflösung der Spannung und wieder zurück in die Ablehnungsphase. Wenn die Mutter durchhält, erreicht die Zurückweisung in der Regel einen Höhepunkt, auf dem sich eine Katharsis (griech.: Läuterung, Reinigung. Anm. d. Übers.) ereignet, und es folgt die endgültige Auflösung der Spannung. Es kann vorkommen, daß ein Kind während der Ablehnungsphase einschläft und gelöst aufwacht, aber es kann auch geschehen, daß es aufwacht und sogleich weiterkämpft. Keine Situation gleicht der anderen, und ebenso ist jede Sitzung von allen anderen verschieden. Ihr Ziel als Mutter besteht darin, flexibel zu sein, aber durchzuhalten, bis eine bessere Verständigung und eine innigere Nähe erreicht sind.

Welche Phase der haltenden Umarmung kann als am hilfreichsten angesehen werden?
Alle drei Phasen scheinen Kindern zu helfen, und alle übermitteln eine Botschaft bedingungsloser Liebe: "Ich werde dich halten, unabhängig davon, wie du dich fühlst oder was du sagst." Wenn eine Mutter in der Ablehnungsphase durchhält, gewinnt ihr Kind ein enormes Gefühl der Sicherheit. Es lernt, daß es mit all seinen Empfindungen angenommen wird. Die Mutter lernt, daß sie die Gefühle der Verbitterung bei ihrem Kind ebenso zulassen kann wie ihre eigenen. Beide lernen, die Wut nicht zwischen sie gelangen zu lassen. Sie können Schmerz miteinander teilen. Während der Phase der vollständigen Auflösung der Spannung lernen sie, die ganze Bandbreite positiver Gefühle gemeinsam zu genießen. Da die negativen Gefühle zugelassen werden können, sind Mutter und Kind in der Lage, die Sehnsucht nach gegenseitiger Nähe miteinander zu teilen.

Kann es vorkommen, daß weder die Mutter noch das Kind irgendwelche Wut oder Verbitterung angestaut haben?
Ja, das ist möglich. Wenn keine negativen Gefühle vorhanden sind, können die Mutter und das Kind von der Begegnungsphase gleich in die Phase der vollständigen Auflösung der Spannung gelangen. Dies geschieht manchmal dann, wenn sie die haltende Umarmung regelmäßig mit erfolgreich verlaufenen Phasen der vollständigen Auflösung der Spannung praktiziert

haben. Manchmal führt bereits ein Gespräch über ein vorhandenes Problem zu einer Auflösung der Spannung. Diese tritt jedoch nicht sehr häufig ohne eine vorherige Ablehnungsphase auf, da das Leben täglich neue ärgerliche Situationen mit sich bringt.

Sollte ich die haltende Umarmung auch bei einem kranken Kind anwenden?
Wenn ein Kind erkrankt ist, ist einfaches Schmusen oft mehr zu empfehlen als das Halten. In der Regel akzeptieren Kinder Liebkosungen bereitwillig, wenn sie sich unwohl fühlen. Da sie nur in geringem Maße in der Lage sind, Widerstand aufzubieten, können Sie schnell zu der Phase inniger Nähe gelangen, die ja das Ziel der haltenden Umarmung darstellt. Die Belastung einer Ablehnungsphase mag für ein krankes Kind zu anstrengend sein; wenn es unter Verstopfung leidet, möchten Sie nicht, daß es weint. Leidet es an einer Ohrenentzündung oder an Ohrenschmerzen allgemein, sollten Sie unbedingt vom Halten absehen.

Sollte ich mit meinem seelisch behinderten Kind die haltende Umarmung praktizieren?
Das Halten hilft auch seelisch behinderten Kindern. Dennoch sollte in schweren Fällen fachmännischer Rat hinzugezogen werden. In manchen Fällen könnte die haltende Umarmung in die Therapie miteinbezogen werden.

Kann die haltende Umarmung Kindern helfen, die einnässen?
Ja, es hat in manchen Fällen von Bettnässen schon geholfen. Ungefähr eine Million Kinder in den USA leiden an diesem Problem, und bis heute werden jährlich nur etwa 14% der Fünf-bis Neunjährigen, die unbehandelt bleiben, davon befreit. Manche Bettnässer leiden an körperlichen Beschwerden, die medizinisch behandelt werden müssen. Ein hoher Prozentsatz schläft jedoch nachts lediglich so tief, daß sie das Druckgefühl einer vollen Blase nicht spüren. Ich bin der festen Überzeugung, daß die haltende Umarmung ein Gleichgewicht zwischen zwei biologischen Systemen herstellt, dem Adrenalin und den Endorphinen. Es ist bekannt, daß das Gleichgewicht zwischen ihnen den Erregungszustand eines Menschen im Gleichgewicht hält. Die haltende Umarmung kann Kindern möglicherweise helfen, ihren Erregungszustand sowohl während des Wachens als auch während des Schlafens in einem besseren Gleichgewicht zu halten. Nach meiner Erfahrung hört Bettnässen oft nach vier bis sechs Wochen

Halten auf. Eine weitere positive Wirkung im Fall von Bettnässen liegt darin, daß die Mutter ihre Gefühle der Niedergeschlagenheit und der Verbitterung durch das Halten in geregelte Bahnen lenken kann, anstatt die Situation durch Schreien oder Kritisieren des Kindes noch zu verschlimmern. Mutter und Kind werden keinen Riß mehr zwischen sich verspüren; was sie füreinander empfinden, ist Mitgefühl anstelle von Verbitterung, Schmerz oder Niedergeschlagenheit.

Wenn eines meiner Kinder ein anderes verletzt, welches sollte ich dann zuerst liebhalten?
Das Beste ist, das Kind, das angegriffen hat, zuerst zu nehmen, da es die Kontrolle über sich verloren hat. Die haltende Umarmung macht ihm Ihre Autorität wieder deutlich und hilft ihm, die Kontrolle zurückzugewinnen. Daraufhin können Sie das andere Kind liebhalten, um es zu trösten. Möglicherweise war es am Streit mit seiner Schwester oder seinem Bruder nicht ganz unschuldig; diese Frage wird auftauchen und kann dann behandelt werden.

Was ist zu tun, wenn ein Kind sich nicht durchsetzen kann?
Manche Kinder sind weniger durchsetzungsfähig als andere. Manche haben gelernt, sich so einzuschätzen, daß sie gegen einen bestimmten Angreifer von vornherein nicht gewinnen können. Während der haltenden Umarmung werden Sie entdecken, was sich hinter der Passivität Ihres Kindes verbirgt. Wenn es sich um einen Mangel an Vertrauen handelt, wird es dieses durch die erlebte Nähe und Geborgenheit im Halten gewinnen.

Das Verhalten meines Kindes ähnelt dem rivalisierender Geschwister Was kann das bedeuten?
Ein Einzelkind kann rivalisierendes Verhalten an den Tag legen. Dieses könnte gegen andere Kinder gerichtet sein, gegen einen Elternteil wegen der Liebe zum Ehepartner, oder gegen einen Elternteil wegen der Liebe zu den Großeltern. Wie bei jedem Kind handelt es sich hierbei um ein Zeichen von geringem Selbstwertgefühl und einer gestörten Mutter-Kind-Bindung. Das Heilmittel ist das gleiche wie bei Rivalitäten unter Geschwistern, nämlich eine verbesserte Bindung an die Mutter.

Wie kann ich mein Kind zum Teilen anhalten?
Wenn ein Kind sich in Ihrer Liebe geborgen fühlt, geht es großzügig mit seiner Liebe und seinem Eigentum um. Versuchen Sie nicht, ein Kind zum

Teilen zu zwingen. Gehen Sie mit gutem Beispiel voran und achten Sie darauf, daß Sie ihm ausreichend Liebe und Geborgenheit zukommen lassen. Wenn es im Zusammenhang mit dem Teilen in einen Streit gerät und es sich um etwas Wichtiges handelt, wenden Sie die haltende Umarmung an, um ihm ein Ventil für seine Gefühle der Verbitterung zu geben. Seien Sie einfühlend, aber zwingen Sie es nicht zum Teilen.

Sollte ich die haltende Umarmung bei meinen Kindern anwenden, wenn sie sich gegenseitig anschreien?
Ja, das sollten Sie. Die Kinder haben sich nicht mehr unter Kontrolle. Sie werden die Kontrolle wiederherstellen und sich gleichzeitig mit ihren Gefühlen der Verärgerung auseinandersetzen.

Wie kann ich es meinen Kindern abgewöhnen, sich gegenseitig zu beschimpfen?
Beschimpfungen durch Worte und körperliche Angriffe bedeuten, daß das Verhalten außer Kontrolle geraten ist. Sagen Sie während der haltenden Umarmung jedem Ihrer Kinder, wie es Sie schmerzt zu sehen, wenn sie sich so verhalten. Sagen Sie ihnen, wie sehr Sie sich wünschten, daß sie nett zueinander wären, und fragen Sie beide, was sie wohl glauben, wie der andere sich fühlt, wenn er oder sie beschimpft wird. Versuchen Sie, beiden mehr Aufmerksamkeit zukommen zu lassen.

Sollte ich meinen beiden Kindern zu Hilfe kommen, wenn sie sich um Spielzeug streiten?
Einschreiten hilft selten auf lange Sicht gesehen, aber gar nichts zu unternehmen bringt Sie auch nicht weiter. Eltern möchten keine Kinder um sich herum haben, die sich zanken und streiten, selbst wenn diese sich gar nichts weiter dabei denken. Selbst wenn es nur darum geht, im Zusammenleben von Eltern und Kindern den Frieden zu festigen, sollten Sie im Falle von strittigen Auseinandersetzungen einschreiten. Streit ist keine sinnvolle Verständigungsweise und außerdem ein Zeichen verlorener Kontrolle. Sie können Ihre Kinder ein besseres Verhalten lehren, indem Sie mit gutem Beispiel vorangehen, und Sie können ihnen die Möglichkeit geben, ihre Gefühle beim Halten offen auszudrücken; lassen Sie jedoch dabei keine körperlichen Auseinandersetzungen zu. Eltern, die die haltende Umarmung regelmäßig praktizieren, berichten über ganz neue Dimensionen von Harmonie.

Warum bringt mich das gegenseitige Anklagen meiner Kinder beinahe zum Wahnsinn?
Hierbei handelt es sich um eine andere Form der Rivalität zwischen Geschwistern; sie versuchen, Ihre Aufmerksamkeit zu erringen, aber derartige gegenseitige Anklagen sind als Ausdrucksform für diese Empfindungen abzulehnen. Die haltende Umarmung bietet Ihnen eine konstruktive Möglichkeit, Ihrer Verbitterung Ausdruck zu verleihen und Ihren Kindern die benötigte Aufmerksamkeit zukommen zu lassen.

Sollte ich die haltende Umarmung anwenden, wenn meine Kinder sich darüber streiten, wer von ihnen auf meinem Schoß sitzen darf und sich weigern, den Platz miteinander zu teilen?
Konkurrenzkampf unter Kindern, sei es in Bezug auf Besitz, Anerkennung oder Aufmerksamkeit, ist stets ein Signal dafür, daß ihre Bedürfnisse nicht ausreichend gestillt werden. Es ist Ihr Bestreben, sie spüren und wissen zu lassen, daß Sie beide gleichermaßen lieben und keines von ihnen bevorzugen; die Kinder fürchten nämlich, daß das Gegenteil der Fall ist und Ihre Liebe nicht für beide ausreicht. Die haltende Umarmung zeigt ihnen, daß Sie sie trotz ihrer scheinbar selbstsüchtigen Bedürfnisse lieben, trotz ihrer Eifersucht, ihrer Verbitterung, ihrer Angst oder ihrer Rivalitäten untereinander. Sie werden sich in Ihrer Liebe geborgen fühlen und mit sich selbst zufrieden sein. Geborgenheit und Selbstvertrauen helfen, die Geschwisterrivalitäten auszuschalten. Anstatt zweier kleiner Feinde werden Sie zwei Kinder erleben, die die Gemeinschaft untereinander lieben und genießen, und Sie werden es genießen, zwei Kinder um sich zu haben, die in der Lage sind, Ihre Liebe zu erwidern.

Handelt es sich beim Halten um eine Art Allheilmittel?
Es handelt sich beim Halten um eine Methode, Probleme zu lösen, die aus einer gestörten Bindung erwachsen. Ein großer Teil des schwierigen Verhaltens bei Kindern wird als normal angesehen, da es so häufig auftritt. Die haltende Umarmung hat uns darüber aufgeklärt, indem es uns gezeigt hat, daß Kinder mit einer festen Bindung weniger schwieriges Verhalten zeigen, als wir für möglich gehalten haben. Die aus einer solchen Bindung erwachsende Kraft versetzt Eltern außerdem in die Lage, ihre Erwartungen angemessen, d. h. weder zu hoch noch zu niedrig, anzusetzen. Dies ist eine Grundvoraussetzung für die Entwicklung eines guten Selbstbildes beim Kind und einer positiven Haltung dem Leben gegenüber.

Dennoch gibt es einige wichtige Punkte, die zur haltenden Umarmung hinzukommen sollten: gute Ernährung, ausreichende Ruhe, genügend und angemessene sportliche Betätigung und körperliche Bewegung, Zeit für Spiel und Vergnügen, insbesondere im Rahmen der ganzen Familie, und gemeinsames Lesen. Das Wichtigste von allem ist vielleicht das gute Beispiel der Eltern.

16. Nun praktiziere ich das Halten – mache ich es richtig?

Die Checklisten

Dieses Kapitel enthält eine Checkliste, die entworfen wurde, um Ihnen beim Auswerten der Ergebnisse zu helfen, die Sie mit der haltenden Umarmung erzielt haben. Anhand des Ergebnisses werden Sie zu einer Grundlinie finden, bevor Sie beginnen, und zu einer neuen Ausgangsbasis, wenn Sie Erfahrungen gesammelt haben. Die Ergebnisse (Punktwerte) sind relativ zu sehen: sie sind nicht dazu bestimmt, mit denen anderer Personen verglichen zu werden, sondern dienen lediglich dazu, Ihren Fortschritt zu dokumentieren. Wenn Sie die haltende Umarmung praktizieren, wie es in diesem Buch beschrieben ist, wird die Punktzahl in Ihren Ergebnissen mit der Zeit steigen.

Wenn Sie die Methode regelmäßig anwenden, lernen Sie, allgemein besser zurechtzukommen; das Verhalten Ihres Kindes wird sich verbessern, was Sie natürlich bemerken werden. Die Checkliste dient lediglich als Maßstab, der Ihnen anzeigt, wo Sie begonnen haben und wo Sie sich nun befinden. Das vielleicht Wichtigste besteht darin, daß Sie durch die Fragen darauf aufmerksam gemacht werden können, daß Sie in bestimmten Situationen das haltende Umarmen benötigen.

Teil 1 sollten Sie beantworten, bevor Sie mit dem Halten beginnen.

Liegt Ihre Punktzahl in Teil 1 zwischen 32 und 60, ist der Einsatz des Haltens für Sie im Sinne einer Notbremse absolut erforderlich, denn Sie leiden unnötig.

Liegt Ihre Punktzahl zwischen 61 und 80, könnten Sie Ihre Situation durch das Halten merklich verbessern.

Liegt Ihre Punktzahl zwischen 81 und 90, dann machen Sie so gut weiter wie bisher und wenden Sie das Halten an, um Ihre Situation weiter zu verbessern.

Wiederholen Sie Teil 1 nach einigen Sitzungen. Überprüfen Sie, ob Ihre Punktzahl im Steigen begriffen ist. Führen Sie dann Teil 2 durch. Wenn

Ihre Punktzahl dort zwischen 23 und 40 beträgt, wenden Sie das Halten nicht in ausreichendem Maße an. Lesen Sie noch einmal das zweite und das dritte Kapitel.

Liegt Ihre Punktzahl zwischen 41 und 60, praktizieren Sie das Halten bereits in vielen schwierigen Situationen. Zweifellos haben Sie nur noch in geringerem Umfang mit solchen Situationen zu kämpfen. Wenden Sie das Halten weiterhin an und beobachten Sie, wie Ihre Punktzahl steigt.

So finden Sie Ihre Punktzahl in den Checklisten
Geben Sie Ihren Antworten einen Punktwert.

Teil 1		Teil 2	
oft	= 1	manchmal	= 1
manchmal	= 2	oft	= 2
nie	= 3	immer	= 3

Zählen Sie, wie oft jeder der drei möglichen Punktwerte vorkommt. Multiplizieren Sie die Anzahl der Antworten mit jeweils gleichem Punktwert mit dem jeweiligen Punktwert selbst. Wenn Sie zum Beispiel zwanzig Fragen mit "manchmal" beantwortet haben, sind es 20 × 2 = 40 Punkte. Wenn Sie drei Fragen mit "oft" beantwortet haben, sind es 3 × 1 = 3 Punkte; bei neun "nie"-Antworten sind es 9 × 3 = 27 Punkte. Zählen Sie die Punktwerte zusammen: 40 + 3 + 27 = 70; Ihr Ergebnis in diesem Teil beträgt insgesamt 70 Punkte.

Wenn Sie das Halten eine Zeitlang regelmäßig angewendet haben, wiederholen Sie beide Teile. Ihre Punktzahl sollte nun eine steigende Tendenz aufweisen. Wenn dies nicht der Fall ist, lesen Sie bitte noch einmal das dritte Kapitel. Achten Sie darauf, daß Sie durchhalten, bis Sie zu einer vollständigen Auflösung der Spannung gelangen. Wiederholen Sie noch einmal beide Teile und addieren Sie die beiden Punktwerte. Wenn Sie einen Gesamtwert von 140 erreichen, können Sie sicher sein, daß Sie die Methode ausreichend und richtig anwenden.

Teil 1: Wer braucht die haltende Umarmung? Checkliste I

Punkte:	1	2	3
1. Würden Sie gern länger fortbleiben, wenn Sie aus dem Haus gehen?	oft____	manchmal____	nie____
2. Wünschen Sie sich, daß sich jemand anders um die Situation kümmert, wenn Ihr Kind schwierig ist?	oft____	manchmal____	nie____
3. Werden Sie eifersüchtig, wenn ihr Kind Ihnen gegenüber jemand anders zu bevorzugen scheint?	oft____	manchmal____	nie____
4. Finden Sie, daß eines Ihrer Kinder leichter zu erziehen ist als ein anderes?	oft____	manchmal____	nie____
5. Fühlen Sie sich einem Kind mehr verbunden als einem anderen?	oft____	manchmal____	nie____
6. Beneiden Sie eine andere Mutter um die Beziehung zu ihrem Kind?	oft____	manchmal____	nie____
7. Finden Sie, daß Sie einem Ihrer Kinder eine bessere Mutter sind als einem anderen?	oft____	manchmal____	nie____
8. Finden Sie, daß manche Mütter besser sind als Sie?	oft____	manchmal____	nie____
9. Verlieren Sie mit Ihrem Kind die Beherrschung?	oft____	manchmal____	nie____
10. Müssen Sie Ihr Kind mehr als einmal darum bitten, bevor es etwas tut?	oft____	manchmal____	nie____
11. Müssen Sie Ihr Kind mehr als einmal darum bitten, bevor es mit etwas aufhört?	oft____	manchmal____	nie____
12. Müssen Sie drohen, um eine Reaktion zu erhalten?	oft____	manchmal____	nie____
13. Haben Sie das Gefühl, keine Zeit für sich selbst zu haben?	oft____	manchmal____	nie____
14. Haben Sie das Gefühl, daß alles, was Sie tun, nichts ist als immer nur geben?	oft____	manchmal____	nie____

Punkte:	1	2	3

15. Streiten Ihre Kinder miteinander? oft____ manchmal____ nie____
16. Hat Ihr Kind Probleme mit Gleichaltrigen? oft____ manchmal____ nie____
17. Klammert sich Ihr Kind an Sie? oft____ manchmal____ nie____
18. Ist Ihr Kind für sein Alter extrem selbständig? oft____ manchmal____ nie____
19. Stimmt Ihr Ehemann nicht mit der Art und Weise überein, wie Sie mit Ihrem Kind umgehen? oft____ manchmal____ nie____
20. Widerspricht Ihr Ehemann Ihnen vor dem Kind? oft____ manchmal____ nie____
21. Ärgern Sie sich über Ihren Ehemann, weil er nicht seinen Teil zur Kindererziehung beiträgt? oft____ manchmal____ nie____
22. Bringen Ihre Kinder Sie durch ihr Verhalten vor Freunden und Fremden in Verlegenheit? oft____ manchmal____ nie____
23. Kann Ihr Kind sich nur schwer an veränderte Situationen anpassen? oft____ manchmal____ nie____
24. Ist Ihr Kind aufsässig? oft____ manchmal____ nie____
25. Trödelt Ihr Kind? oft____ manchmal____ nie____
26. Haben Sie Schwierigkeiten, Ihr Kind daran zu gewöhnen, im Haushalt Pflichten zu übernehmen und mitzuhelfen? oft____ manchmal____ nie____

Summe: ____ ____ ____

Summe Teil 1: ____

Teil 2: Überprüfen Sie ihre Fortschritte! Checkliste II

Punkte:	1	2	3

1. Wenden Sie das Mutter-Kind-Halten mit Ihrem Kind täglich an? manchmal____ oft____ immer____
2. Wenden Sie das Mutter-Kind-Halten mit Ihrem Kind immer dann an, wenn Schwierigkeiten zwischen Ihnen auftreten? manchmal____ oft____ immer____

Wenden Sie das Mutter-Kind-Halten an, wenn Ihr Kind ...

3. griesgrämig ist? manchmal____ oft____ immer____
4. sich als uneinsichtig erweist? manchmal____ oft____ immer____
5. sich Ihnen gegenüber herausfordernd verhält? manchmal____ oft____ immer____
6. Ihnen mit offenem Trotz begegnet? manchmal____ oft____ immer____
7. sich störrisch verhält? manchmal____ oft____ immer____
8. trödelt? manchmal____ oft____ immer____
9. sich völlig ablehnend verhält? manchmal____ oft____ immer____
10. streitsüchtiges Verhalten an den Tag legt? manchmal____ oft____ immer____
11. sich respektlos verhält? manchmal____ oft____ immer____
12. sich anderen gegenüber aggressiv verhält? manchmal____ oft____ immer____
13. zerstörerisches Verhalten an den Tag legt? manchmal____ oft____ immer____
14. sich in sich zurückzieht? manchmal____ oft____ immer____
15. Wenden Sie das Mutter-Kind-Halten in Fällen an, in denen Sie Ihr Kind früher in sein Zimmer geschickt hätten? manchmal____ oft____ immer____
16. Zeigt Ihr Kind nach dem Halten Ihnen gegenüber eine vermehrte körperliche Zuwendung? manchmal____ oft____ immer____

Punkte:	1	2	3

17. Spricht Ihr Kind mehr mit Ihnen? manchmal____ oft____ immer____

18. Hat sich die Fähigkeit Ihres Kindes erhöht, auf Belohnung oder die Erfüllung von Bedürfnissen zu warten? manchmal____ oft____ immer____

19. Erweist Ihr Kind sich Ihnen gegenüber hilfsbereiter als vorher? manchmal____ oft____ immer____

20. Erhöht sich das Selbstvertrauen Ihres Kindes? manchmal____ oft____ immer____

21. Erhöht sich das Selbstwertgefühl Ihres Kindes? manchmal____ oft____ immer____

22. Kann Ihr Kind mit Wut besser umgehen? manchmal____ oft____ immer____

23. Kommen Ihre Kinder besser miteinander aus? manchmal____ oft____ immer____

Summe: ____ ____ ____

Summe Teil 2: ____

Summe aus Teil 1 und Teil 2: ____

Nachwort
Jetzt ist die Zeit

Nun gibt es für Sie nur noch eins zu tun. Wenden Sie die haltende Umarmung an. Wahrscheinlich sind Sie darum besorgt, keinen Fehler zu machen. Seien Sie unbesorgt. Beginnen Sie einfach. Ihr Kind wird Ihnen für jeden Versuch, sich einander näher zu kommen, dankbar sein. Wenn Sie sich nach den Grundregeln richten, die in diesem Buch beschrieben sind, wenn Sie jedesmal durchhalten, bis Sie eine vollständige Auflösung der Spannung erreichen, werden die Ergebnisse für sich selbst sprechen. Um zu einer vollständigen Auflösung der Spannung zu gelangen, ist es hilfreich, die folgenden Grundregeln zu beachten:

1. Helfen Sie Ihrem Kind, sich seiner Gefühle bewußt zu werden.
2. Akzeptieren Sie seine Gefühle.
3. Werden Sie sich Ihrer eigenen Gefühle bewußt und teilen Sie sie Ihrem Kind mit.
4. Bestehen Sie auf dem Blickkontakt.
5. Bestehen Sie darauf, daß Ihr Kind auch Sie umarmt und mit Ihnen schmust.
6. Halten Sie durch, bis es sich besser fühlt.
7. Halten Sie durch, bis auch Sie sich besser fühlen.

Die Entdeckung der haltenden Umarmung ist mit einer Wiedererfindung des Rades zu vergleichen. Wenn Sie es erst einmal anwenden, wird es Ihnen leicht erscheinen, und das ist es in der Tat. Das haltende Umarmen ist anstrengend, aber nicht so anstrengend wie der Ärger, den die täglichen Probleme in der Erziehung Ihrer Kinder Ihnen bereiten, oder den Sie sonst bekommen würden.

Wir haben gelernt, ein gewisses Maß an Enttäuschung, Wut und Aggression in der Beziehung zwischen Eltern und Kindern als normal zu betrachten. Zumindest ist die Aggression als nicht normal und in hohem Maße als unnötig anzusehen. Es gibt eine Alternative, die Situation entscheidend zu verbessern. Sie erfordert keine finanziellen Ausgaben, keine andauernden Termine bei Therapeuten, und Sie haben sie vollkommen in der Hand. Das Mutter-Kind-Halten steht allen Müttern zur

Verfügung, die gesunde, glückliche und erfolgreiche Kinder erziehen wollen, die ihrerseits in der Lage sind, andere zu lieben und dies auch zu zeigen. Dabei gibt sie *Ihnen* die Möglichkeit, die Beziehung zu Ihren Kindern liebevoller zu gestalten. Dies kommt der eigenen Familie zugute, und Sie können gleich damit beginnen. Jetzt ist der richtige Augenblick!

Dankworte

Mein tief empfundener Dank und meine Anerkennung gehen an den Nobelpreisträger Niko Tinbergen und an seine Frau Lies, auf deren persönliche Initiative hin sich weltweit ein Kreis von Förderern des Mutter-Kind-Haltens zusammengefunden hat, und die ein Buch schrieben, wie sie sagten, um Therapeuten und Eltern die Welch-Methode vorzustellen.

Unter den hervorragenden Forschern, deren Arbeiten die Grundlage meines Denkens gebildet haben, sind zu nennen John Bowlby, D. W. Winnicott, Margaret Mahler, Marshall Klaus, John Kennell, James Robertson, Jane Goodall, Mary Ainsworth, Bessell Van der Kolk und Ashley Montagu. Ich bin ihnen zu stetem Dank verpflichtet.

Weiter möchte ich die Kolleginnen und Kollegen erwähnen, die mich zu Beginn meiner Arbeiten am Albert Einstein College of Medicine unterstützt haben: Judith Vogel, Tamsin Looker, Leon Yorburg, Paul Low, Howard Owens, Hy Blank, Dave Mann, Byram Karasu, Robert Daly, Ed Sacher, der bereits verstorben ist, und Marianne Kris, die ebenfalls bereits verstorben ist. Am Albert Einstein College kam mir die Idee des Mutter-Kind-Haltens als Schlüssel zu einer festen Mutter-Kind-Beziehung, und dort konnte ich zum erstenmal zeigen, daß es zu einer optimalen Entwicklung führt.

Als nächstes nenne ich die vielen Fachkolleginnen und -kollegen, die die Welch-Methode des Haltens übernommen und dazu beigetragen haben, sie weltweit zu verbreiten, allen voran Jirina Prekop, Arno Gruen, Michele Zappella, John Richer, Geraldine Flanagan, Anders Leissner, Leonie Fisher, George Victor, Rima Laibow, Joyce Forsythe und Jo Stades-Veth. Der Wert ihrer Arbeiten ist unschätzbar.

Fünf weitere Therapeutinnen und Therapeuten verdienen es, besonders erwähnt zu werden; sie haben Mütterzentren nach dem Vorbild des von mir errichteten Zentrum gegründet: Philippa Elmhirst, Jasmine Bailey und Frankie Gardner in England; Christina Skogman in Schweden und Patti Chaput in Michigan. Ich bewundere ihre Arbeit, ihren Mut und ihren Erfolg.

Besonders denke ich an Dr. Henry Massie, der im Rahmen eines Forschungsprojektes die Auswirkung der Welch-Methode als erfolgreiche Therapieform bei gestörten Kindern untersucht.

Während ich dieses Buch vorbereitete, hat mich Zack Abuza in liebevoller Freundschaft unermüdlich unterstützt und mir mit wertvollen Ratschlägen zur Seite gestanden; ohne diese Hilfestellung hätte dieses Buch nicht entstehen können.

Meiner Familie schulde ich mehr, als ich mit Worten ausdrücken kann: meiner Mutter und meinem Vater, Jane und Tom Welch, und Bram, meinem Sohn, für ihre Geduld und Liebe, für ihre ununterbrochene Aufopferung und Unterstützung, und für ihre unmittelbare Anteilnahme an diesem Buch und dem Mütterzentrum; ebenso meiner Schwester, Elizabeth Welch, M. D. (entspricht dem deutschen Titel Dr. med., Anm. d. Übers.) und meinem Schwager, Stephen Glinick, M. D.; sie haben auf ihre Ferien verzichtet, um beim Schreiben und Herausgeben dieses Buches behilflich zu sein, und sie haben einen besonderen Beitrag geleistet, indem sie selbst die haltende Umarmung mit ihrer Tochter Emily anwandten; ebenso auch meiner Großmutter dafür, daß sie meine Mutter und auch mich gelehrt hat, eine gute Mutter zu sein.

Ebenso stehe ich in der Schuld vieler Menschen, von denen ich Dinge gelernt habe, die für meine Arbeit wegweisend geworden sind. Da sind zunächst meine kleinen Patientinnen und Patienten und ihre Familien zu nennen, deren Liebe und Humor, Schmerzen und Wut mir besondere Einblicke in die Probleme und Freuden menschlicher Bindungen erlaubt haben. Darüber hinaus möchte ich meine wunderbare, liebevolle Mentorin erwähnen, Matonah Rubin, die mir sowohl als Psychiaterin als auch als Mutter ein glänzendes Vorbild war.

Ich möchte den Freundinnen und Freunden meinen tief empfundenen Dank aussprechen, die mich unterstützt und mich immer wieder liebevoll dazu angespornt haben, in meiner Arbeit fortzufahren und dieses Projekt zum Abschluß zu bringen: Judith Vogel, Doug Moran, Janet Weisfogel, Aaron Beckwith, Bob Waggoner, Bea und Peter Crumbine, Elaine und Heinz Pagels, Ed Barber und Dan Feld.

Ewig dankbar bin ich meinem Verleger Fred Hills beim Verlag Simon und Schuster für seinen Weitblick und seine Begeisterung bei der Herausgabe von "Holding Time." Er hat immer daran geglaubt, daß ich es schaffen werde, und mir Mut gemacht. Er war hierin und in seinem sensiblen, kreativen Beitrag als Verleger von unschätzbarem Wert.

Weitere Literatur zum Thema

Dokumentation vom 1. Internationalen Kongreß "Festhalten" in Regensburg 1989. Herausgeber und Verleger (nur hier zu bestellen): Gesellschaft zur Förderung des Festhaltens als Lebensform und Therapie e. V., 7000 Stuttgart 1, Annastraße 9
Festhaltetherapie: Pro und Kontra. Tagungsbericht der SBH 1986 Zürich. Aspekte 25. Verlag der Schweizer Zentralstelle für Heilpädagogik. CH-6003 Luzern, Obergrundstraße 61
Festhalten: Ja oder nein? (Leserbriefe zum Artikel "Tatkräftige Liebe" von W. Kischkel u. N. Störmer. In: Psychologie heute, 2/89). Psychologie heute, Mai 1989
Gruen, A., Prekop, J.: Das Festhalten und die Problematik der Bindung im Autismus. Praxis der Kinderpsychologie und Kinderpsychiatrie 35 (1986)
Hassenstein, B.: Verhaltensbiologie des Kindes. München 1987
Innerhofer, P., Klicpera, Ch.: Die Welt des frühkindlichen Autismus. München–Basel 1988
Jacobs, L.: Ich will nur, daß er mich sieht, mich umarmt. Actio Humana 1 (1989)
Lair, J. C., Lechler, W. H.: Von mir aus nennt es Wahnsinn. Stuttgart 1983
Liedloff, J.: Auf der Suche nach dem verlorenen Glück. München 1984
Montagu, A.: Körperkontakt. Stuttgart 1984
Moser, T.: Das zerstrittene Selbst. Frankfurt a. M. 1990
Müller-Trimbusch, G., Prekop, J.: Das Festhalten als Therapie bei Kindern mit Autismus-Syndrom. Frühförderung interdisziplinär 2/3 (1983)
Prekop, J.: Der kleine Tyrann. München 1988
– Hättest du mich festgehalten... München 1989
–, Schweizer, Ch.: Kinder sind Gäste, die nach dem Weg fragen. München 1990
Schnell, W.: Zur Festhalte-Therapie. Sozialpädiatrie 2 (1991)
Schweizer, Ch., Prekop, J.: Was unsere Kinder unruhig macht. Stuttgart 1991
Tinbergen, N. u. E. A.: Autismus bei Kindern. Fortschritte im Verständnis und neue Heilbehandlungen lassen hoffen. Berlin 1984
Welch, M.: Heilung vom Autismus durch die Mutter-und-Kind-Halte-Therapie. In: Tinbergen, N. u. E. A.: Autismus bei Kindern. Berlin 1984
Wittig, H.: Familientherapie und Festhalten. Systema 3 (1990)

Weiterführende Literatur

John Bowlby
Mutterliebe und kindliche Entwicklung
(Beiträge zur Kinderpsychotherapie, 13)
3. Aufl. 1995. 218 Seiten. Kart. (3-497-01366-8)

Roswita von Hauff, Bernd Grosche
Komm, reden wir darüber
41 verzwickte Alltagssituationen aus Kindergarten, Schule und Familie, und Wege, sie zu lösen
1982. 181 Seiten. 41 Abb. Geb. (3-497-00996-2)

Andreas Mehringer
Eine kleine Heilpädagogik
Vom Umgang mit schwierigen Kindern
(Kinder sind Kinder, 12)
1992. 36. Tsd. 98 Seiten. Tb (3-497-01135-5)

Horst Nickel, Ulrich Schmidt-Denter
Vom Kleinkind zum Schulkind
Eine entwicklungspsychologische Einführung für Erzieher, Lehrer und Eltern
5., überarb. u. erg. Aufl. 1995
277 Seiten. 28 Abb. Kart. (3-497-01378-1)

Donald W. Winnicott
Kind, Familie und Umwelt
(Beiträge zur Kinderpsychotherapie, 5)
5. Aufl. 1992. 234 Seiten. Geb. (3-497-00944-X)

Ernst Reinhardt Verlag München Basel